KB240774

世界教養思想百選 · 1

菜根譚

洪自誠 著
趙洙翼 譯

一信書籍出版社

머 리 말

동양의 고전(古典) 가운데 수양(修養)을 위한 명저로《채근담(菜根譚)》만큼 여러 사람의 입에 오른 책은 일찍이 없었다. 책 전편이 처세훈(處世訓)과 격언(格言)으로 구성되어 있는데, 어느 한 구절도 인격을 수양하는 데 빼놓을 수 없는 명언이며 금과옥조(金科玉條)이다.

그 내용에 있어서도 유교적인 교훈(教訓) 일변도에서 벗어나 불교(佛教)와 도교(道教)의 사상까지 수용한 흠잡을 데 없는 인생론(人生論)을 펼치고 있어, 후세의 많은 학자와 문인들 사이에 언급되어 왔으며, 오늘날까지도 동양 삼국에서 널리 읽혀지고 있다.

책 제목의 '채근(菜根)'이란 말은 '나무 뿌리를 캐 먹고 사는 담박한 사람은 모든 일을 성취할 수 있다.'는 송(宋)나라 때의 학자 주희(朱熹)가 엮은《소학(小學)》에서 유래한 말이다.

다만 책의 내용이 현대의 사고와 가치관으로 보면 너무 둔세적(遁世的)이고 한정(閒靜)에 치우쳐 쉽게 이해하기 어려운 부분이 많다는 점이다. 그러나 곰곰히 잘 되새겨 생각해 보면 그 말들 뒤에 숨겨진 깊은 뜻을 이해하고 고개를 끄덕이게 될 것이다. 그러므로 이《채근담》은 눈으로 읽는 책이 아니라 마음으로 읽어야 할 책이라고 생각된다.

저자에 대해서는 여러 설이 있으나 명(明)나라 말기의 학자 홍자성(洪自誠)이 지었다는 것이 통설이다. 그가 어떤 사람인지는 알려져 있지 않으나 책의 내용으로 보아 유교, 불교, 도교에 정통했다는 사실만은 틀림없다.

우리 나라에서도 일찍이 만해(卍海) 한용운(韓龍雲) 선생의《정선강의 채근담(精選講 義菜根譚)》을 비롯해 많은 역해본이 나와 있는데, 대본(臺本)은 인정하지 않고 약간이 차이가 있다. 이 책의 번역에는 이석호(李錫浩) 교수의 역본을 많이 참고했음을 밝혀 둔다.

원문 자체가 함축된 뜻을 많이 띠고 있어 어설픈 풀이가 많음을 고백하지 않을 수 없으며, 초심자를 위해 음과 토를 달고, 간단한 해설을 붙이면서 생각나는 고사를 곁들였다.

1990. 8. 6.

趙 洙 翼 씀

題 詞

逐客孤踪하고 屛居蓬舍하며 樂與方以內人遊하고 不樂與方以外人遊也라. 妄與千古聖賢과 置辯於五經同異之間하고 不妄與二三小子로 浪跡于雲山變幻之麓也라. 日與漁父田夫로 朗吟唱和於五湖之濱綠野之坳하고 不日與競刀錐榮升斗者로 交臂抒情於冷熱之場腥羶之窟也라. 間有習濂洛之說者牧之하고 習竺乾之業者闢之하되 爲譚天雕龍之辯者遠之라. 此足以畢予山中伎倆矣라.

適有友人洪自誠者하여 持菜根譚하여 示予하고 且丐予序라. 予始訑訑然視之耳라. 既而徹几上陳編하고 屛胸中雜慮하고 手讀之하니 則覺其譚性命에 直入玄微하고 道人情에 曲盡岩險하여 俯仰天地에 見胸次之夷猶하고 塵芥功名에 知識趣之高遠하며 筆底陶鑄에 無非綠樹青山하고 口吻化工에 盡是鳶飛魚躍이라. 此其自得何如는 固未能深信이나 而據所擒詞하면 悉砭世醒人之喫緊하여 非入耳出口之浮華也라. 譚以菜根名하니 固自清苦歷練中來하고 亦自栽培灌溉裡得하니 其顚頓風波와 備嘗險阻를 可想矣라.

洪子曰, 「天勞我以形이면 吾逸吾心以補之하고 天阨我以遇하면 吾高吾道以通之하리라」하니, 其所自警自力者를 又可思矣라. 由是로 以數語辯之하여 俾公諸人人하여 知菜根中有眞味也라.

三峯主人 于孔兼 題

題 詞

방문객도 쫓아버리고 외로이 엉성한 집에 들어 박혀 살면서, 유도(儒道)의 사람들과 놀기를 즐기고, 그 밖의 사람들과는 교유하기를 즐기지 않았다. 망령되이 옛날 성현들과는 오경(五經) 뜻의 같고 다름을 의논하되, 두세 젊은이들과 자연의 모습이 때때로 변하는 산기슭에 함부로 자취를 나타내지 아니하였다. 날마다 어부나 농부와 오호(五湖)의 물가나 푸른들 가운데서 읊조리고 노래하되, 날마다 한 푼의 이익을 다투고 조그만 지위의 차를 영광으로 여기는 자들과는 변덕이 심하고 이해만 따지는 자들의 소굴에서 서로 사귀지 않았다. 혹 염락(濂洛 : 儒學)의 설을 배우려는 자가 있으면 이들을 가르치고, 축건(竺乾 : 佛教)의 공부를 하고자 하는 자 있으면 일깨우되, 하늘을 말하고 용을 조각하는 듯한 허황된 변론을 하는 자는 멀리했다. 이렇게 나는 산 속에서 사는 사람의 기량을 다해 왔다.

마침 홍자성(洪自誠)이란 벗이 있어 〈채근담(菜根譚)〉을 가지고 와서 나에게 보이면서 나의 서문을 요구했다. 나는 처음에는 이를 건성으로 보았을 뿐이었다. 그러나 이윽고 책상 위의 묵은 책들을 물리치고, 가슴 속의 잡념을 없애고 손에 책을 잡고 읽어보니, 그가 인생의 본성을 논하매 현묘한 경지에 이르고, 인정을 말하매 인생의 괴로움을 곡진하게 밝혀서, 천지를 바라보며 심중의 유연(攸然)함을 보고, 공명이 티끌같이 여겨지고 견식이 고원(高遠)해져, 붓끝으로 녹수 청산을 만들어 내고, 입으로부터 나오는 말이 연비어약(鳶飛魚躍)의 생동감을 나타냄을 깨달았다. 이는 그가 얼마나 자득(自得)하고 있는가는 진실로 깊이 믿을 수는 없지만, 그가 서술한 말에 의하면 모두가 세인을 깨우치는 긴요한 것들로서, 귀로 듣고 입으로 내뱉는 경박한 것은 아니었다. 〈채근담〉이라 이름했으니, 본디 스스로 청고(清苦)한 경험 속에서 이루어졌고, 또한 스스로 가꾸고 물 주는 속에서 얻어진 것이다. 풍파에 시달리고 험난 함을 겪은 데서 생겨났음을 가히 상상할 수 있다.

홍자성이 말하기를 "하늘이 나를 몸으로써 괴롭히면 나는 내 마음을 편안하게 하여 이를 보충하고, 하늘이 나를 액을 만나게 하면 나는 나의 도를 높여 이를 통하게 하리라." 하였으니, 그가 스스로 경계하고 스스로 힘썼음을 또한 생각할 수 있다. 이로 말미암아 몇 마디 말로써 이 책을 소개하여 여러 사람들에게 공개함으로써 이〈채근담〉 가운데 인생의 참된 맛이 있음을 알게 하는 바이다.

삼봉 주인(三峯主人) 우공겸(于孔兼) 씀

《차 례》

《前 集》

《後 集》

일 러 두 기

* 이책은 홍자성(洪自誠)의 〈채근담〉을 대본으로 하여 한 줄도 빼 놓지 않고 완역한 것이다.
* 원본에는《前集》225조,《後集》134조로 되어 있는데,《後集》을 135조로하여 도합 360조로 나누어 번역했다.
* 한자(漢字), 한문(漢文) 습득에 편케 하기 위하여 원문에 음과 토를 달았으며, 한자 숙어에는 두음법칙(頭音法則)을 적용하였다.
* 원문을 앞에 놓고「해석(解釋)」,「해설(解說)」,「주석(註釋)」,「자의(字意)」순으로 풀이하였다.
* 본문에 숨어 있는 전고(典故)의 내용 · 출처, 기타 인용 시문(詩文), 본문과 유사한 명언 등을 모아 해설(解說)난으로 묶어 내용에 해당하는 예화(例話)를 곁들이기도 했다.

菜根譚

前 集

1. 권세에 아부하는 자는 처량하다.

서수도덕자 적막일시 의아권세자 처량만고
棲守道德者는 寂寞一時나 依阿權勢者는 凄涼萬古라.
달인 관물외지물 사신후지신 영수일시지적막
達人은 觀物外之物하고 思身後之身하니 寧受一時之寂寞
무취만고지처량
이언정 毋取萬古之凄涼하라.

【解釋】 도덕을 지키는 자는 한 때 적막하나 권세에 아부하는 자는 만고에 처량하다. 달관한 사람은 물욕 밖의 진리를 보고 죽은 후의 명예를 생각하니, 차라리 한 때 적막할지언정 만고에 처량하게 되어서는 안 된다.

【解說】 도덕 뿐만 아니라 진리를 탐구하고 명예를 지키기 위하여 세상의 온갖 유혹을 떨치고 살기란 그리 쉬운 일이 아니다. 그렇게 살다 보면 자신은 물론 가족 전체가 각고(刻苦)의 희생을 견디어야 하지만, 뒤돌아 보면 후회 없는 삶이 될 것이다.

〖註釋〗 *棲守(서수) 간직하여 지키다.
*依阿(의아) 아부하여 의지함.
*達人(달인) 사물의 이치에 통달한(달관한) 사람.
*物外之物(물외지물) 사물 밖의 사물이란 뜻으로 세속의 지위나 재산이 아닌 진리 등을 말한다.
*身後之身(신후지신) 현재의 자신이 아닌 죽은 후의 자신으로 명예, 평판 등을 말한다.

〖字意〗 棲 : 깃들 서 阿 : 아첨할 아 凄 : 바람찰 처 涼 : 서늘할 량
寧 : 편안할 녕, 차라리 녕 母 : 어미 모 毋 : 하지말 무, 없을 무
毌 : 꿸 관, 성 관(毌丘儉) 등 비슷한 글자를 조심해야 한다.

2. 군자는 소탈하다.

涉世淺(섭세천)하면 點染亦淺(점염역천)하고 歷事深(역사심)하면 機械亦深(기계역심)이라. 故(고)로 君子(군자)는 與其練達(여기련달)로 不若朴魯(불약박로)하고 與其曲謹(여기곡근)으로 不若疎狂(불약소광)이라.

【解釋】 세상 경험이 적으면 때묻음 역시 적고, 겪은 일이 깊으면 수단 역시 깊게 된다. 그러므로 군자는 숙달하기보다는 박로(朴魯)한 것이 낫고, 곡근(曲謹)하기보다는 소탈한 것이 낫다.

【解說】 세상 경험이 많아 매사를 능숙하게 처리하고 사람을 노련하게 다루는 사람을 보면 부럽게 마련이다. 현대에는 이처럼 처세에 능한 사람이 어디를 가나 환영을 받지만 꼭 그렇게만 생각할 것도 아니다. 세상을 헤쳐 가는 경험이 많으면 그만큼 나쁜 지혜가 발달되고 권모술수(權謀術數)도 늘게 된다. 그러므로 군자는 노련함보다는 순박하고 어리숙하고, 매사에 철저히 조심하는 것보다는 소탈해야 진실성이 있어 친화력(親和力)을 갖는다.

〖註釋〗 *涉世(섭세) 세상 경험.
*點染(점염) 세상살이의 때가 물드는 것.
*機械(기계) 본래 교묘한 구조를 지닌 기구라는 뜻이지만, 흔히 간교(奸巧)한 지혜라는 뜻으로 쓰인다.
*與其~不若(여기~불약)…이 …보다 못하다.
*練達(연달) 노련하고 숙달됨.
*曲謹(곡근) 철저히 조심함.
*朴魯(박로) 소박하고 노둔함.
*疎狂(소광) 소탈하고 거칠다는 뜻으로, 잔 일에 얽매이지 않음.

〖字意〗 涉 : 건널 섭, 걸을 섭 淺 : 얕을 천 深 : 깊을 심
曲 : 굽을 곡, 곡진할 곡 謹 : 삼갈 근 疎 : 거칠 소, 본자는 疏임.
狂 : 미칠 광

3. 군자의 마음은 하늘의 태양처럼 밝다.

군자지심사 천청일백 불가사인부지 군자지재
君子之心事는 天青日白하여 不可使人不知요, 君子之才
화 옥온주장 불가사인이지
華는 玉韞珠藏하여 不可使人易知라.

【解釋】 군자의 마음은 푸른 하늘의 태양 처럼 밝아서 사람들로 하여금 모르게 해서는 안 되고, 군자의 재주는 주옥(珠玉)이 감추어져 있듯 하여 사람들로 하여금 쉽게 알게 해서는 안 된다.

【解說】 하늘을 우러러 한 점 부끄러움 없는 것이 군자의 마음이니 굳이 마음의 문을 닫을 게 무엇인가? 땅을 굽어 보아도 떳떳한 삶이니 남의 평판 따위에 귀 기울일 필요가 없다. 그러나 마음을 활짝 여는 것과 자신의 재능을 떠벌이는 것과는 다르다.

예로부터 재능이 많은 사람은 경박하다고 일러 왔다. 옥은 바위 깊숙한 곳에 자취를 숨기고 있으며 진주는 바다 깊숙이 자태를 숨기고 있어 더욱 값진 것이 아니겠는가?

〖註釋〗 ***君子(군자)** 도덕과 학문을 갖춘 지성인, 교양인.
***天青日白(천청일백)** 푸른 하늘에 빛나는 해. **青天白日.**
***才華(재화)** 밖으로 드러난 훌륭한 재주. 뛰어난 재능.
***玉韞(옥온)** 구슬이 바위 속에 감추어져 있음.
***珠藏(주장)** 진주가 바닷속에 숨어 있음.

〖字意〗 **青** : 푸를 **청** **白** : 흰 **백** **華** : 빛날 **화** **韞** : 감출 **온**
藏 : 감출 **장** **易** : 쉬울 **이**, 바꿀 **역**

4. 권세와 이익을 가까이 하지 말라.

勢利紛華(세리분화)는 不近者爲潔(불근자위결)이요 近之而不染者(근지이불염자) 爲尤潔(위우결)하며,
知械機巧(지계기교)는 不知者爲高(부지자위고)요 知之而不用者(지지이불용자) 爲尤高(위우고)니라.

【解釋】 권세, 명리(名利), 사치, 부귀를 가까이 하지 않으면 깨끗하며, 그런 걸 가까이 하고 있어도 물들지 않으면 더욱 깨끗하다. 권모술수를 모르는 자는 고상하며, 그걸 알고도 쓰지 않는 자가 더욱 고상하다.

【解說】 권세, 명리, 사치, 부귀는 사람마다 탐을 내게 마련이다. 그러나 분수 이외의 이런 것을 바라다가 패가 망신하는 경우를 우리는 흔히 본다. 특히 물질주의가 팽배한 현대 사회에서는 자기 분수를 지키며 사는 사람을 무능으로 몰아 붙이는 풍조가 심화되고 있다.

노력하고 능력을 개발하여 잘 사는 사람이 지탄을 받을 것은 없다. 그러나 중요한 것은 그런 사람이 남과 더불어 행복을 추구하느냐가 문제이다. 기업가가 이익을 추구하는 것이 나쁠 것은 없지만 이익만 너무 쫓다 보면 자칫 도덕성을 잃게 된다.「요즈음 대기업이 중소 기업 분야를 잠식하고 있어 사회 문제가 되고 있는 것이 좋은 본보기이다.」

〖註釋〗 *勢利(세리) : 권세와 명리(名利).
*紛華(분화) : 번화하고 화려함. 繁華
*智械機巧(지계기교) : 권모술수. 정당하지 않은 꾀를 부림

〖字意〗 勢 : 권세 세　利 : 이로울 리　紛 : 번잡할 분　潔 : 깨끗할 결
尤 : 더욱 우　智 : 지혜 지　巧 : 교묘할 교

5. 충고는 수양의 숫돌이다.

이중 상문역이지언 심중 상유불심지사 재
耳中에 常聞逆耳之言하고 心中에 常有拂心之事하면 纔
시진덕수행적지석 약언언열이 사사쾌심 변
是進德修行的砥石이라 若言言悅耳하고 事事快心이면 便
파차생 매재짐독중의
把此生을 埋在鴆毒中矣라.

【解釋】 귀로 항상 거슬리는 말을 듣고 마음 속에 항상 걸리는 일이 있으면 이는 덕을 쌓고 행실을 닦는 숫돌이 된다. 그러나 만약 말마다 듣고서 기쁘고 일마다 마음이 상쾌하면 이는 바로 내 목숨을 독약으로 죽이는 것과 같다.

【解說】 귀에 거슬리는 충고를 자주 들려 주는 친구가 있는 사람은 행복하다.

그래서 나를 칭찬만 해주는 사람은 나를 해치는 사람이며, 나를 꾸짖는 사람은 나의 스승이라고 했다. 이러한 친구끼리의 충고를 책선(責善)이라 하는데, 우리는 흔히 친구의 잘못을 보고도 그가 어떻게 생각할까 몰라 못본 체하고 마는 경우가 종종 있다.

조선 현종 때 대학자 우암(尤菴) 송시열(宋時烈) 선생에 대한 이런 일화가 있다. 송시열은 복어를 몹시 좋아하였다. 하루는 어떤 집에 제자들과 함께 초대되어 식사를 하게 되었는데, 그 집에서는 그의 식성을 아는지라 복어국을 끓였다. 송시열이 막 복어에 손을 대려 할 때 제자 한 사람이 말했다.

"선생님, 복어는 자칫 잘못하면 사람의 목숨을 빼앗습니다. 군자가 배를 불리기 위해 그런 위험을 무릅써야 되겠습니까?"

그 말을 들은 송시열은 들었던 복어를 내려 놓으며 이렇게 말했다.

"그대 말이 참으로 옳다. 내가 미처 그 생각을 못했었네."

〖註釋〗 *逆耳之言(역이지언) 귀에 거슬리는 말, 충고.
*拂心之事(불심지사) 마음에 거슬리는 일.
*進德(진덕) 덕성을 기름.
*修行(수행) 행실을 닦음. 수양.
*砥石(지석) 칼을 가는 숫돌.
*悅耳(열이) 귀를 기쁘게 함. 듣기 좋은 말
*快心(쾌심) 마음이 상쾌함.
*鴆毒(짐독) 짐새의 털을 술에 담가 만든 독. 옛날에는 흔이 이 독으로 사람을 죽였음.

〖字意〗 常 : 항상 상, 떳떳 상　聞 : 들을 문　逆 : 거스릴 역
拂 : 거스릴 불　纔 : 겨우 재　砥 : 숫돌 지　悅 : 기쁠 열
便 : 문득 변　把 : 잡을 파　埋 : 묻을 매　鴆 : 짐새 짐

6. 화평한 마음을 가져라.

질풍노우　금조척척　제일광풍　초목흔흔　가
疾風怒雨엔 禽鳥戚戚하고 霽日光風엔 草木欣欣하니 可
견천지　불가일일무화기　인심　불가일일무희신
見天地에 不可一日無和氣요 人心에 不可一日無喜神이라.

【解釋】 세찬 비 바람이 불면 새들도 걱정스러워 어쩔 줄을 모르고, 날씨가 개어 화창한 날 산들바람이 불면 초목도 기뻐하는 듯하다. 이로써 보면 천지에 하루라도 화평한 기운이 없을 수 없는 것이요, 사람의 마음에는 하루라도 기쁜 정신이 없어서는 안 된다.

【解說】 폭풍우가 몰아치면 이제까지 즐겁게 지저귀던 새들은 날개를 접으며 둥지로 찾아들고 마음껏 뛰놀던 짐승들은 꼬리를 감추고 제 소굴을 찾는다. 그러다가 날씨가 개면 금수는 물론 초목까지도 기쁜 듯 춤을 추니, 이것이 자연의 제 모습이다. 이런 원리는 인간 사회에서도 마찬가지이다. 괜히 화를 잘 내어 부하들의 기를 꺾는 직장의 상사나 집에 들어오면 공연히 짜증을 부리는 가장은 불행한 사람이다. 하루 생활의 대부분을 보내는 직장과 가정이 항상 화기에 차 있어야 자신의 발전은 물론 공동체의 발전도 따르게 된다.

〖註釋〗 *疾風(질풍) 세차게 부는 바람.
*怒雨(노우) : 성낸 듯 즐기차게 내리는 비.
*戚戚(척척) : 근심하고 슬퍼하는 모습
*霽日(제일) : 개인 날씨.
*光風(광풍) : 화창한 날 부는 바람.
*欣欣(흔흔) : 기뻐하는 모습.
*和氣(화기) : 화평한 기운.
*喜神(희신) : 기뻐하는 마음.

〖字意〗 禽 : 새 금　鳥 : 새 조　草 : 풀 초　木 : 나무 목
無 : 없을 무

7. 성인은 평범하다.

> 醲肥辛甘(농비신감)이 非眞味(비진미)요 眞味(진미)는 只是淡(지시담)하며, 神奇卓異(신기탁이)가 非至人(비지인)이요 至人(지인)은 只是常(지시상)이라.

【解釋】 진한 술, 기름진 고기와 맵고 달콤한 음식이 진미가 아니요 진미는 담백한 것이며, 신기하고 뛰어난 재주가 있는 것이 지인이 아니요, 지인이란 평범하다.

【解說】 맛이 짙은 진미는 곧 식상(食傷)하게 마련이다. 사람을 사귀는 데도 이런 원리는 적용되니, 처음에 너무 달콤한 말이 많은 사람은 미덥지가 못하다.

너도나도 탁월한 인재를 찾는 현대 사회이지만, 과연 그런 인재는 어디에 있는가?

평범한 사람을 적재 적소에 등용하여 일할 수 있는 여건을 잘 조성해 주고, 개인은 개인대로 구성원들과 조화를 이루면서 노력하면 좋은 결과를 얻을 것이다. 여기에서 말한 지인(至人)이란 인간성과 능력을 갖춘 엘리트로 생각하면 무방할 것이다.

〖註釋〗 *醲肥辛甘(농비신감) 농은 진한 술, 비는 기름진 고기, 신과 감은 오미(五味 : 시고, 쓰고, 맵고, 달고, 짠맛).

*眞味(진미) 참으로 맛있는 음식, 산해진미(山海眞味).

*神奇卓異(신기탁이) 신기한 재주와 남달리 뛰어난 행실.

*至人(지인) 도(道)에 통달한 사람, 덕(德)이 높은 성인(聖人).

〖字意〗 醲 : 텁텁한 술 **농** 肥 : 살찔 **비** 辛 : 매울 **신**
甘 : 달 **감** 味 : 맛 **미** 淡 : 맑을 **담** 奇 : 이상할 **기**
卓 : 뛰어날 **탁** 異 : 다를 **이**

8. 바쁠 때 일수록 유유 자적하라.

天地(천지)는 寂然不動(적연부동)하되 而氣機(이기기)는 無息少停(무식소정)하고 日月(일월)은 晝夜奔馳(주야분치)하되 而貞明(이정명)은 萬古不易(만고불역)이라. 故(고)로 君子(군자)는 閒時(한시)에 要有喫緊的心思(요유끽긴적심사)하고 忙處(망처)에 要有悠閒的趣味(요유유한적취미)라.

【解釋】 천지는 고요하여 움직이지 않지만 그 활동은 잠시도 쉬는 일이 없고, 해와 달은 밤낮으로 달리지만 그 밝음은 영원히 바뀌지 않는다. 그러므로 군자는 한가할 때에 긴장된 마음을 가져야 하고, 바쁜 때에는 유유자적하는 멋이 있어야 한다.

【解說】 · 천지는 끊임없이 운동하고 있으나 우리는 그걸 느끼지 못한다. 사회를 이끌어 가는 교양 있는 계층을 군자(君子)라 한다. 이 군자는 항상 자연의 이치를 궁리하여 자연과 합치되는 생활을 이상(理想)으로 여겼다. 한가할 때라 하여 사유(思惟)를 게을리하지 않고 앞날을 내다보고 준비하였으며, 바쁜 때라 하여 하는 일에만 매달리지 않고 망중한(忙中閒)을 즐겼다. 유한(悠閒)의 멋이란 오늘날 우리들이 즐기는 소란스런 오락이나 운동, 여행들과는 차이가 있음을 알아야 한다. 조용한 곳에 혼자 있으면서 아득한 우주의 세계를 궁리하면서 거기에 자신이 몰입(沒入)되는 그런 멋이 아니었을까?

〖註釋〗 *寂然不動(적연부동) 고요하여 움직이지 않음.
*氣機(기기) 움직이는 기미. 운동.
*晝夜(주야) 낮과 밤.
*奔馳(분치) 바삐 달리는 것.
*貞明(정명) 항상 밝은 것.
*閒時(한시) 한가한 때.
*要有(요유) …이 있어야 함.
*忙處(망처) 바쁠 때.
*悠閒(유한) 유유하고 한가함.

〖字意〗 息 : 쉴 식, 숨쉴 식
閒 : 한가할 한. 한(閑)과 같음.
少 : 잠깐 소, 적을 소, 젊을 소
喫 : 먹을 끽

9. 깊은 밤 사색하라.

야심인정 독좌관심 시각망궁이진독로 매어
夜深人靜에 獨坐觀心하면 始覺妄窮而眞獨露하니 每於
차중 득대기취 기각진현이망난도 우어차중 득
此中에 得大機趣라. 旣覺眞現而妄難逃하면 又於此中에 得
대참뉵
大慚忸이라.

【解釋】 밤이 깊어 인적이 고요할 때 홀로 앉아 사색에 잠기면 망령된 생각이 다 사라지고 진심이 드러나게 되니, 매양 이러한 가운데서 큰 기취(機趣)를 얻게 된다. 이미 진심이 드러나도 망령된 생각이 사라지지 않음을 깨달으면 이런 가운데서 크게 부끄러움을 느끼게 된다.

【解說】 삼라만상(森羅萬象)이 잠든 고요한 밤에 자신을 돌아다보면 부끄러움이 잘한 일보다 많음을 깨닫는다. 그러나 이튿날부터 우리는 다시 그 부끄러운 일을 반복하면서 산다. 이런 생활의 반복이 인생이지만, 가끔 자신을 뒤돌아 보고 부끄러움을 느끼면 그래도 조금은 참된 삶을 산다고 할 수 있을 것이다.

〖註釋〗 *觀心(관심) 마음을 살펴봄. 사색에 잠기는 것.
*妄窮(망궁) 망령된 생각이 다 없어짐.
*機趣(기취) 기미와 취향.
*眞現(진현) 진심이 드러남.
*慚忸(참뉵) 부끄러움.

〖字意〗 **靜**: 고요할 정, 편안할 정 **覺**: 깨달을 각 **妄**: 망령될 망
窮: 다할 궁 **露**: 드러날 로, 이슬 로, 가쁠 로 **現**: 나타날 현
逃: 도망할 도 **慚**: 부끄러울 참 **忸**: 부끄러울 뉵

10. 뜻대로 안 되는 일에 매달려라.

은리 유래생해 고 쾌의시 수조회두 패후
恩裡에 **由來生害**라 **故**로 **快意時**에 **須早回頭**하라. **敗後**에
혹반성공 고 불심처 막변방수
或反成功이라 **故**로 **拂心處**에 **莫便放手**하라.

【解釋】 은혜를 받는 가운데 해(害)가 이르게 된다. 그러므로 득의(得意)했을 때 일찌감치 머리를 돌려라. 실패한 후에 도리어 성공하게 마련이다. 그러므로 일이 뜻대로 안 된다고 해서 손을 떼지 말라.

【解說】 자신은 은혜를 베풀었다고 생각하는데 상대방은 그걸 갚기는 커녕 해를 끼치기도 하고, 내가 은혜를 받고 있으면 은혜를 베푸는 사람의 기분에 따라 지금까지의 영화가 하루 아침에 화(禍)로 변하게 됨을 알아야 한다. 춘추(春秋)시대 위령공(衛靈公)의 신하에 미자하(彌子瑕)라는 굄받는 신하가 있었다. 그는 임금으로부터 남다른 굄을 받고 있었는데, 하루는 어머니의 병이 위급하다는 말을 듣고 급한 김에 임금의 수레를 몰래 타고 달려갔다. 이런 사실을 뒤늦게 안 위령공은 "아, 참으로 어질도다. 미자하는 어머니에 대한 효심 때문에 형벌까지 두려워하지 않았구나." 하였다. 그후 미자하는 또 위령공을 모시고 궁궐 과수원에 갔다가 먹던 복숭아가 너무 맛이 있자, 반쯤 먹던 걸 임금에게 맛보라고 권했다. 위령공은 더러운 것도 잊고, "아, 나를 사랑하는 마음 때문에 자신이 먹던 것임을 잊는구나." 하였다. 그런데 그후 그에 대한 굄이 시들자 지난 일들을 거론해 죄를 주어 쫓으면서,

"감히 국법을 어기고 임금의 수레를 훔쳤으며, 또 제가 먹던 더러운 것을 임금에게 권하였으니, 이는 임금을 업신여긴 것이 아니고 무엇이겠느냐?"하였다.

〖註釋〗 *快意(쾌의) 마음이 상쾌할 때. 뜻을 얻었을 때.
*回頭(회두) 고개를 돌려 외면하는 것.
*拂心(불심) 마음에 거슬리는 것. 즉 마음대로 되지 않음.
*放手(방수) 손을 놓음. 손을 떼는 것.

〖字意〗 恩 : 은혜 은　裡 : 속 리. 裏와 같음.　須 : 모름지기 수
敗 : 패할 패　功 : 공 공　莫 : 말 막　放 : 놓을 방

11. 지조는 담백한 생활에서 밝아진다.

藜口莧腸者(여구현장자)는 多冰清玉潔(다빙청옥결)하고 袞衣玉食者(곤의옥식자)는 甘婢膝奴顏(감비슬노안)이라 蓋志以澹泊明(개지이담박명)하고 而節從肥甘喪也(이절종비감상야)라.

【解釋】 명아주국이나 비름나물로 창자를 채우는 사람은 얼음처럼 맑고 옥처럼 깨끗한 사람이 많고, 좋은 옷을 입고 맛있는 음식을 먹는 사람은 노예처럼 굽신거리고 아첨하기를 달게 여긴다. 대개 지조는 담박함에서 밝아지고 절개는 사치를 따라서 잃게 된다.

【解說】 나쁠 악(惡) 자가 들어가서 좋은 일이 없지만 '惡衣惡食(나쁜 옷과 나쁜 음식)'이란 문자는 좋은 것이고, 좋을 호(好) 자는 모두 좋은 것 같으나 '好衣好食'의 경우에는 나쁘게 쓰인다.

조선현종(顯宗) 때 공조 참판(工曹叅判)을 지낸 김좌명(金佐明)에게 하인 한 사람이 있었다.

김좌명은 그가 똑똑한 것이 아까와 아전을 시키고 부잣집에 장가를 들도록 주선해 주었다. 그런데 하루는 그의 어머니가 찾아와

아들의 벼슬을 떼어 달라고 애원하는 것이 아닌가? 이상하게 여긴 김좌명이 까닭을 물었더니 그의 어머니는 이렇게 대답하였다.

"그 아이가 예전 가난한 때에는 보리밥, 시라기국도 달게 먹었는데, 벼슬을 하고 부잣집에 장가든 후부터는 뱅어국도 맛이 없다고 타박을 합니다. 하나밖에 없는 아들이 그러다가 무슨 죄를 짓고 형장에 끌려갈 것만 같아 조바심이 나 견딜 수가 없습니다."

〔註釋〕 *藜口莧腸(여구현장) 명아주국을 먹고 비름나물을 먹다. 즉 거친 음식을 말한다.

*氷淸玉潔(빙청옥결) 얼음처럼 맑고 옥처럼 깨끗함. 지조가 고결함을 비유함.

*袞衣(곤의) 곤룡포. 화려한 옷.

*玉食(옥식) 기름지고 맛있는 음식.

*婢膝奴顔(비슬노안) 여종이 무릎으로 기고, 사내 종이 굽실거리는 것.

*肥甘(비감) 기름지고 맛이 있는 음식

〔字意〕 藜 : 명아주 려. 잎은 식용하고 줄기는 지팡이를 만들 수 있다.

莧 : 비름 현　腸 : 창자 장　氷 : 얼음 빙　袞 : 곤룡포 곤

婢 : 여종 비　膝 : 무릎 슬　奴 : 노예 노　顔 : 얼굴 안

澹 : 맑을 담　泊 : 말쑥할 박, 배 머무를 박

12. 남의 불평을 사지 말라.

面前的田地(면전적전지)는 要放得寬(요방득관)하여 使人無不平之歎(사인무불평지탄)하고, 身後的惠澤(신후적혜택)은 要流得久(요류득구)하여 使人有不匱之思(사인유불궤지사)하라.

【解釋】 살아서의 마음은 활짝 열어 너그럽게 해서 사람들로 하여금 불평의 탄식이 없게 하고, 죽은 후의 혜택은 오래도록 전하게 해서 사람들로 하여금 만족하게 여기도록 하라.

【解說】 너그럽다는 말은 자칫 뼈대가 없다는 말로 오해하기 쉽다. 부정(不正)·불의(不義)를 보고도 모르는 체하는 것이 너그러움이

아님은 분명하다.

조선 중종 때 영의정(領議政)을 지낸 정광필(鄭光弼)은 성품이 너그럽기로 유명하였다. 한번은 암행 어사가 되어 진도 군수(珍島郡守)의 부정을 적발하기 위해 그곳으로 향했다. 그런데 벽파정이란 곳에 이르자 아직 해가 많이 남았는데도 곧바로 동헌으로 들지 않고 여관에서 하룻밤 자고 내일 출도하겠다고 아랫사람에게 분부하는 것이었다. 이튿날, 그 군수는 탐욕스러움이 밝혀져 봉고파직(封庫罷職)되었으나 별로 억울해 하는 기색이 없이 오히려 어사의 처분을 고맙게 여기는 눈치였다. 한 사람이 정광필에게 물었다.

"어제 곧바로 출도했으면 군수의 죄가 이처럼 가볍게 되지는 않았을 것 아닙니까?"

그러자 정광필은 빙긋이 웃으며 이렇게 말했다.

"바로 그것을 바랐던 것이다. 저 무식한 무인(武人)이 목민(牧民)하는 도리를 몰라 탐욕을 마음껏 부렸으니 어찌 실제대로 하면 죽음을 면하겠는가? 그래서 짐짓 하룻밤 묵으면서 여유를 준 것이다."

그 군수는 어사가 나타났다는 주막집 주인의 보고를 받고 그날 밤 부랴부랴 장부를 맞추었던 것이다. 법만을 지켜 죽이기보다는 개과천선의 길을 열어주는 것이 낫다는 판단에서였다. 이런 정광필이지만 결코 줏대 없는 재상은 아니었다. 연산군 때 일이다. 황음무도한 임금의 잘못을 간(諫)하다가 마침내 노여움을 사고 말았다.

"전하의 행동은 나라를 망치고 말 것입니다."

자신을 망국의 임금에게 비유하자 연산군은 손수 칼을 뽑으면서 무사에게 칼을 다 뽑거든 정광필의 목을 치라고 명하였다. 그러나 정광필은 조금도 얼굴색을 변하지 않고 여전히 임금의 잘못을 간하니 흉폭한 연산군도 마침내 어쩔 수 없음을 알고는 그만두었다.

〖註釋〗 ***面前(면전)** 현재.

***放得寬(방득관)** 관대함. 마음을 활짝 열어 놓음.

***田地(전지)** 마음, 심지(心志).

***流得久(유득구)** 남기어 오래 가게 함.

〖字意〗 面 : 낯 면 前 : 앞 전 的 : 과녁 적, 어조사 적 田 : 밭 전 要 : 중요할 요

13. 양보하는 미덕을 발휘하라.

경로착처 유일보 여인행 자미농적 감삼분 徑路窄處엔 留一步하여 與人行하고, 滋味濃的은 減三分 양인기 차시섭세 일극안락법 하여 讓人嗜하라 此是涉世의 一極安樂法이니라.

【解釋】 작은 길 좁은 곳에서는 한 걸음을 남기어 남이 지나가도록 하고, 맛있는 음식은 3분의1을 덜어 남이 먹도록 양보하라. 이것이 처세에 가장 마음 편한 방법이다.

【解說】 양보는 고금을 통하여 미덕(美德)이 아닐 수 없다. 그런데 요즈음은 이 미덕이 힘 없고 아둔한 사람의 무능(無能)으로 통하게 되었다.

옛날 사람들은 의(義)가 아니면 임금의 자리도 사양하였다는데 우리의 현실은 너무 자신의 이익만을 위해 사는 살벌한 세상이 되었다. 그래서 부자·형제 사이는 물론 친구 사이에도 어떻게 하면 독식(獨食)하느냐에 혈안이 되어 있으니 부끄러운 일이 아니겠는가?

〖註釋〗 *徑路(경로) 작은 길, 지름길.
*窄處(착처) 좁은 길목.
*滋味濃的(자미농적) 맛있는 음식.

〖字意〗 徑 : 길 경 留 : 머무를 류 窄 : 좁을 착 滋 : 맛 자, 많을 자 濃 : 진할 농 讓 : 사양할 양 嗜 : 즐길 기 極 : 다할 극 安 : 편안 안 樂 : 즐거울 락, 좋아할 요

14. 세속에서 벗어나라.

작인 무심고원사업 파탈득속정 변입명류
作人에 **無甚高遠事業**이나 **擺脫得俗情**이면 **便入名流**하고,

위학 무심증익공부 감제득물루 변초성경
爲學에 **無甚增益工夫**나 **減除得物累**면 **便超聖境**이라.

【解釋】 사람됨은 어떤 위대한 사업을 이룬 것이 없더라도 속된 생각에서 벗어나면 명류에 끼일 수 있고, 학문을 함에는 많은 공부를 하지 않았더라도 물욕을 제거할 수 있다면 성인의 경지로 넘어갈 수 있다.

【解說】 꼭 크게 성공하고 돈이 많은 사람만이 명사(名士)는 아니다. 세속에 찌들지 않으면, 즉 지위·부귀를 다투느라 남을 돌보지 않는 일이나, 자신과 자기 가족만을 위하지 않고 남과 더불어 살 줄 아는 사람이면 명사인 것이다. 꼭 공부를 잘 해야만 훌륭한 인물이 아니다. 물욕(物慾)을 떨쳐버리면 누구나 성인(聖人)의 경지에 들어갈 수 있다.

〖註釋〗 ***作人(작인)** 사람됨됨이.
***高遠(고원)** 드높고 원대함.
***擺脫(파탈)** 벗어나다.
***俗情(속정)** 속된 마음.
***名流(명류),** 명사(名士). 이름 있는 사람.
***增益(증익)** 더하여 도움이 됨. 발전.
***物累(물루)** 물욕(物慾)
***聖境(성경)** 성인의 경지.

〖字意〗 **高**: 높을 고, 고상할 고 **擺**: 열 파 **脫**: 벗을 탈
便: 문득 변 **流**: 흐를 류 **增**: 더할 증 **除**: 뺄 제
累: 더럽힐 루

15. 의협심을 가져라.

교우		수대삼분협기		작인		요존일점소심	
交友	엔	須帶三分俠氣	요,	作人	엔	要存一點素心	이라.

【解釋】 벗을 사귐에는 모름지기 3분의 의협심을 지녀야 하고, 사람됨에는 요컨대 순수한 마음이 있어야 한다.

【解說】 친구를 위해 자신을 돌보지 않는 것이 의협심이다. 검군(劍君)은 신라 진평왕 때 사람인데, 어느 해 흉년이 들어 동료들이 궁궐 창고에 있는 곡식을 훔쳐 나누어 가졌다. 검군만이 배당된 곡식을 받지 않자, 동료들은 그를 죽여 비밀을 유지하기로 하였다. 그런 사실을 안 근랑이란 화랑이 피할 것을 권하자 검군은,

"내가 죽을 것을 두려워하여 여러 친구의 죄를 고발하는 짓은 차마 못하겠으며, 내게 잘못이 없는데 도망하는 것은 장부의 할 짓이 아니다."

하고는 마침내 그들이 주는 독주를 마시고 죽었다.

〖註釋〗 *交友(교우) : 벗을 사귐.
*三分(삼분) : 10 분의 3.
*俠氣(협기) : 의협심.
*素心(소심) : 순수한 마음.

〖字意〗 交 : 사귈 교 須 : 모름지기 수, 잠깐 수 俠 : 의기 협
素 : 흴 소 帶 : 띠 대

16. 이로운 일에 앞장서지 말라.

총리		무거인전		덕업		무락인후		수향		무유
寵利	엔	毋居人前	하고	德業	엔	毋落人後	하라	受享	엔	毋踰

분외		수위		무감분중	
分外	하고	修爲	엔	毋減分中	하라.

【解釋】 굄과 이익을 얻는 데는 남보다 앞장서지 말고, 덕업을 닦는 데는 남보다 뒤지지 말라. 향수하는 데는 분수를 넘지 말고, 수양하는 데는 분수 이하로 줄이지 말라.

【解說】 이익을 위해서 남보다 앞서 뛰어야 하는 우리 현대인에게는 잘 이해되지 않는 대목이다. 조선 세종 때 사람 최치운(崔致雲)이 한 번은 중국에 사신을 갔다오니 임금이 일을 잘 처리하였다 하여 논밭과 노비를 상으로 내렸다. 최치운은 한사코 그걸 사양하고는 술에 취해 집에 돌아왔다. 기분이 좋아 보이는 남편이 이상하여 부인이 무슨 일이 있었느냐고 물었다. 그랬더니, 최치운은 이렇게 대답했다.

"오늘 상감께서 내 청을 받아 주셨거든. 그래서 한 잔 했소."

"무슨 청이기에 그 처럼 기분이 좋으시우."

"응, 내게 공도 없는데 논밭과 노비를 내리신다는 명을 내리시기에 사양했더니 다시 거두셨거든."

"참 좋기도 하겠구려. 어려운 살림에 모른 체하고 받아두시지……."

〖註釋〗 *寵利(총리) 총애와 이익.
*德業(덕업) 덕성스러운 일. 덕과 공업.
*受享(수향) 받아서 누림. 향수.(享受)
*分外(분외) 분수 밖.
*修爲(수위) 수양.
*分中(분중) 가운데를 나눔.

〖字意〗 寵 : 사랑할 총　居 : 살 거　德 : 큰 덕　享 : 누릴 향
踰 : 넘을 유　分 : 분수 분, 나눌 분　修 : 닦을 수

17. 퇴보는 진보의 근본이다.

處世(처세)엔 讓一步爲高(양일보위고)이니 退步(퇴보)는 即進步的張本(즉진보적장본)이요. 待人(대인)엔 寬一分是福(관일분시복)이니 利人(이인)은 實利己的根基(실리기적근기)니라.

【解釋】 처세함에는 한 걸음 양보하는 것이 고상하니 물러서는 것이 바로 진보할 근본이 되는 것이요, 남을 대우함에는 조금 관대하게 하는 것이 복이 되니, 남을 이롭게 해주는 것이 사실은 자기를 이롭게 하는 바탕이 되는 것이다.

【解說】 한 걸음 진보하기 위해 한 걸음 물러설 줄 알아야 한다는 지혜는 오늘날에도 필요하다. 또 남에게 너그럽게 하는 것은 사실 그 사람을 위해서가 아니라 결국은 자신을 위해서인 것이다. 왜냐하면 내가 남에게 잘하면 그 사람도 나에게 해를 끼치지 않을 것이니, 결국 나를 위한 일이 아니겠는가? 이런 이치를 모르고 혹시 남에게 뒤질세라 목전의 이로움에만 급급해서는 안 된다.

〖註釋〗 *處世(처세) 세상을 살아가는 일.
*一步(일보) 한 걸음.
*退步(퇴보) 물러서는 것, 후퇴.
*進步(진보) 나아가는 것.
*張本(장본) 토대, 근본과 같은 말.
*待人(대인) 남을 대접함.
*利人(이인) 남을 이롭게 함.
*利己(이기) 자신을 이롭게 함.
*根基(근기) 근본, 바탕.

〖字意〗 退 : 물러날 **퇴**, 겸양할 **퇴** 步 : 걸음 **보** 即 : 곧 **즉**
進 : 나아갈 **진** 張 : 펼 **장** 待 : 대할 **대** 寬 : 너그러울 **관**
根 : 뿌리 **근** 基 : 터 **기**

18. 공은 자랑하지 말라.

개세공로 당부득일개긍자
蓋世功勞도 **當不得一個矜字**요,
미천죄과 당부득일개회자
彌天罪過도 **當不得一個悔字**니라.

【解釋】 세상을 뒤덮을 만한 공로가 있더라도 '자랑할 긍(矜)'자를 당할 수 없고, 하늘까지 가득찬 죄라도 '후회할 회(悔)'자는 당하지

못한다.

【解說】 아무리 세상을 뒤흔드는 공을 세웠다 하더라도 스스로 떠벌이고 다니면 공로가 무색해진다. 조선 태조 때 이숙번(李叔蕃)은 제1차 왕자(王子)의 난 때 방원(芳遠 : 太宗)을 도와 공신이 되었는데, 그 공을 믿고 안하무인으로 굴어 심지어 재상들까지도 자기집 하인 다루듯이 하였다. 그의 집이 돈의문 안에 있었는데 드나드는 인마(人馬) 소리가 시끄럽다 하여 돈의문을 마음대로 막아 사람들을 드나들지 못하게 하기도 했다. 이런 교만이 오래 갈 리 없어 마침내 죄를 짓고는 매를 맞고 함양으로 귀양을 갔다. 귀양 생활에서도 그는 자신의 잘못을 반성하기는커녕 사치와 방종을 일삼으며 임금을 원망했다. 세종(世宗)이 용비어천가(龍飛御天歌)를 지으면서 그가 역사적 사실을 잘 안다고 하여 잠시 서울로 불렀는데, 조정에 들어오자 줄지어 서 있는 정승들을 죽 둘러보며 "아무 아무개가 어려서부터 싹수가 있더니, 벌써 정승이 되었구나?"하는 등 예전 습관을 버리지 못하였다. 일을 마치자 이숙번에게 뇌물을 받은 김돈이란 자가 석방해 줄 것을 청하니, 세종은

"이숙번은 태종 때 공신으로 죄를 지어 귀양갔으니 내 마음대로 용서할 수 없다."

하고는 다시 함양으로 내려 보냈다.

〖註釋〗 *蓋世(개세) : 세상을 덮다. *不得(부득) : …을 할 수 없다. *彌天(미천) : 하늘까지 가득참. *罪過(죄과) : 죄와 허물.

〖字意〗 **蓋** : 덮을 개, 지붕이을 합 **當** : 마땅 당 **得** : 얻을 득 **矜** : 자랑할 긍 **彌** : 두루 미, 오래 미, 더할 미 **過** : 허물 과 **個** : 낱 개 **悔** : 후회할 회

19. 허물은 자신에게 돌려라.

완명미절 불의독임 분사여인 가이원해전신
完名美節은 不宜獨任이니 分些與人이면 可以遠害全身이요,

욕행오명 불의전추 인사귀기 가이도광양덕
辱行汚名은 不宜全推이니 引些歸己면 可以韜光養德이라.

【解釋】 완전한 명예와 아름다운 절조는 혼자만 차지해서는 안 되니 조금 나누어서 남을 주면 해를 멀리 해 몸을 보전할 수 있고, 욕된 행실과 더러운 이름은 모두 남에게 미루어서는 안 되고 조금 자기에게 돌리면 빛을 지니고 덕을 기를 수가 있다.

【解說】 공로가 될 일은 자기의 것으로 돌리고, 잘못은 남에게 미루려는 것이 사람의 마음이다. 그러나 현명한 상사라면 공로는 부하에게 돌리고 허물은 자신이 뒤집어 쓴다. 그렇게 되면 그의 부하들은 그 상사를 위해 신명을 다 바치기 때문이다. 이순신(李舜臣)은 우리가 다 아는 덕장(德將)이다. 그가 여러 차례의 해전에서 승리할 수 있었던 것은 그 혼자의 용맹이 아니라 목숨을 바쳐 싸워준 부하들이 있었기 때문이다. 중국에서 응원군으로 나온 진린(陳璘)은 퍽 시기심이 많고 난폭한 장수였다. 그는 자신의 군사는 전공을 세우지 못하고 이순신의 조선군만이 공을 세우는 것이 부끄러웠다. 그래서 사사건건이 이순신의 잘못을 트집잡으려 했다. 그러나 이순신은 거기에 말려들지 않았다. 전과(戰果)를 보고할 때면 진린의 중국 군사의 공으로 돌렸으며 진린에게도 깍듯이 대접했다. 그런 결과 이제까지 질시하던 진린은 이순신의 도량에 크게 감동하여 중국 조정에 이순신의 용맹을 알리는가 하면, 이순신이 전사하자 제일 먼저 제문(祭文)을 지어 애도의 뜻을 표했던 것이다.

〖註釋〗 *完名(완명) 온전한 명예.
*美節(미절) 아름다운 절조(節操).
*不宜(불의) 마땅하지 않음.
*與人(여인) 남에게 주다.

*全身(전신)	몸을 보전하다.	*歸己(귀기)	자신에게 돌림.
*辱行(욕행)	욕된 행실.	*韜光(도광)	빛을 받음.
*汚名(오명)	더러운 이름.	*養德(양덕)	덕성을 기름.

〖字意〗 完 : 완전할 완, 마칠 완 美 : 아름다울 미 宜 : 마땅 의
節 : 절개 절, 마디 절 獨 : 홀로 독 任 : 맡을 임 些 : 조금 사
與 : 줄 여, 더불 여, 번성할 여 遠 : 멀 원 害 : 해칠 해
辱 : 욕될 욕 汚 : 더러울 오 推 : 미룰 추 己 : 몸 기
養 : 기를 양 韜 : 감출 도 歸 : 돌아올 귀

20. 부족한 것이 아름답다.

事事留個有餘(사사류개유여)하여 不盡的意思(부진적의사)면 便造物(변조물)이 不能忌我(불능기아)하고 鬼神(귀신)도 不能損我(불능손아)하나 若業必求滿(약업필구만)하며 功必求盈者(공필구영자)는 不生內變(불생내변)하면 必召外憂(필소외우)니라.

【解釋】 일마다 조금 여유를 남기어 모조리 다하겠다는 뜻을 두지 않으면 조물주가 나를 시기하지 않을 것이요, 귀신도 나를 해치지 못한다. 만약 사업을 반드시 만족스럽게 하고자 하고 공을 반드시 가득차게 하고자 하는 자는 안에서 변란이 생기지 않으면 반드시 밖의 근심을 부르게 된다.

【解說】 매사에 철저하다는 것은 좋은 일이다. 그러나 철저하게 할 일이 따로 있고, 자신의 이익에 관계된 일이면 문제가 달라진다. 약간 모자란 듯 할 때 물러서는 것이 옛 사람들의 지혜였다. 이지란(李之蘭)은 본래 여진 사람으로 이성계(李成桂 : 太祖)를 도와 조선 건국에 큰 공을 세운 인물이다. 조선이 건국되자 그는 벼슬에서 물러나 중이 되기로 결심하고 태조에게 상소하기를

"임금을 도와 나라를 세웠으니 이제 제 할 일은 다하였습니다.

조정에서 물러나 승려의 길을 걷겠습니다."
하고는 자신의 상투를 잘라 그 상소문과 함께 올렸다.

태조는 그의 뜻이 굳음을 알고는 더 이상 만류하지 않았는데, 이지란은 자신의 신분을 숨기며 사람을 만나지 않고 불도만 닦다가 72세에 일생을 마쳤다. 그래서 그와 함께 공을 세웠던 많은 사람들이 후에 참화를 당하는 것과는 달리 명예를 보전할 수 있었다.

〖註釋〗 *事事(사사) 일마다.
*有餘(유여) 여유.
*造物(조물) 조물주.
*求滿(구만) 만족하기를 구함.
*內變(내변) 안에서 생긴 변란.
*外憂(외우) 밖으로부터 온 근심스러운 일.

〖字意〗 留 : 머무를 류, 기다릴 류　餘 : 남길 여　盡 : 다할 진
造 : 만들 조　忌 : 꺼릴 기　損 : 덜 손　滿 : 가득찰 만
盈 : 가득찰 영　變 : 변할 변　召 : 부를 소　憂 : 근심 우.

21. 가정의 화합이 수양의 첫 걸음이다.

家庭有個眞佛(가정유개진불)하며 日用有種眞道(일용유종진도)라. 人能誠心和氣(인능성심화기)하고 愉色婉言(유색완언)하여 使父母兄弟間(사부모형제간)으로 形骸兩釋(형해양석)하고 意氣交流(의기교류)하면 勝於調息觀心萬倍矣(승어조식관심만배의)라

【解釋】 집안에 참 부처가 있고 일상 생활 속에 참다운 도가 있는 법이다. 사람이 정성된 마음과 화평한 기운을 갖고 부드러운 얼굴과 말씨를 지녀서 부모 형제로 하여금 몸과 마음이 편안하게 하고 뜻이 통하게 하면 조식·관심하는 것보다 만배나 나을 것이다.

【解說】 가정은 우리의 안식처일 뿐만 아니라 하루 생활의 발진기지이다. 따라서 집안이 화목하지 않고 원만한 사회 생활이 이루어질 수 없는 것이다. 조선 정조(正祖) 때 학자 이덕무(李德懋)는

그의 수필에서 '부모님이 건강하시고, 약한 아내는 열심히 길쌈을 하고, 어린 아들은 글을 열심히 읽고, 여윈 황소는 묵은 밭을 잘 갈아서 집안 형편이 조금 펴지면 좋은 책을 저술해 후세에 남겼으면 한다.' 라고 하였다. 이런 경지야말로 소시민(小市民)이 바라는 조그마한 행복이 아니겠는가?

〖註釋〗 *眞佛(진불) 참다운 부처. 불교의 진리.
*眞道(진도) 참다운 도.
*誠心(성심) 정성된 마음.
*和氣(화기) 화평스런 기운.
*愉色婉言(유색완언) 부드러운 얼굴빛과 어여쁜 말.
*形骸(형해) 형체, 몸과 마음.
*調息(조식) 숨을 고르게 쉬는 양생법(養生法)의 하나.
*觀心(관심) 조용히 앉아 자신의 마음을 살피는 일. 관조(觀照).

〖字意〗 眞 : 참 진, 진실로 진　佛 : 부처 불　種 : 종류 종
誠 : 정성 성　和 : 화평할 화　愉 : 기뻐할 유　形 : 형상 형
骸 : 뼈 해　釋 : 놓을 석　勝 : 이길 승　於 : 어조사 어
調 : 고를 조　觀 : 볼 관　倍 : 갑절 배

22. 자연스런 도를 터득하라.

好動者(호동자)는 雲電風燈(운전풍등)이요 嗜寂者(기적자)는 死灰槁木(사회고목)이라. 須定雲止水中(수정운지수중)에 有鳶飛魚躍氣象(유연비어약기상)하니 纔是有道的心體(재시유도적심체)라.

【解釋】 움직이기를 좋아하는 자는 구름에 있는 번개와 바람 앞의 등불 같으며, 고요함을 즐기는 자는 식어버린 재나 마른 나무와 같다. 모름지기 머무른 구름, 잔잔한 물결 위에 소리개가 날고 물고기가 뛰는 기상이 있어야 하니, 이것이 겨우 도(道)의 심체(心體)이다.

【解說】 매사에 적극적인 사람과 너무 소극적인 사람은 모두 병폐가

있게 마련이다. 적극적이다 보면 평지풍파를 일으키기 쉽고, 그와 반대로 세상 일에 전혀 관심을 두지 않는 둔세적(遁世的)인 사람도 답답하기 그지없다. 이 중간쯤 되는 태도가 연비어약(鳶飛魚躍)의 경지일 것이다. 활기에 차면서도 중도(中道)를 벗어나지 않는 그런 기상을 갖기란 그리 쉬운 일은 아닐 것이다.

〖註釋〗 ***雲電(운전)** 구름 사이에 생기는 번개.

***風燈(풍등)** 바람 앞의 등불. 풍전등화(風前燈火).

***嗜寂(기적)** 고요함을 즐김.

***死灰(사회)** 불이 꺼진 재.

***槁木(고목)** 시든 나무.

***定雲止水(정운지수)** 멈추어 있는 구름과 고요한 물결.

***鳶飛魚躍(연비어약)** 소리개가 날고 물고기가 뛴다는 뜻으로, 자연스러운 도(道)를 뜻한다.

***心體(심체)** 마음의 실체(實體).

〖字意〗 **動**:움직일 동, 일어날 동 **雲**:구름 운 **電**:번개 전
風:바람 풍 **燈**:등불 등 **灰**:재 회 **槁**:마를 고
鳶:매 연 **飛**:날 비 **躍**:뛸 약 **象**:형상 상
纔:겨우 재 **體**:몸 체

23. 남의 악을 지나치게 공격하지 말라.

공인지악 무태엄 요사기감수
攻人之惡은 **毋太嚴**하고 **要思其堪受**하라.
교인이선 무과고 당사기가종
教人以善은 **毋過高**하고 **當使其可從**하라.

【解釋】 남의 나쁜 점을 공격함에 있어 너무 엄격해서는 안 되고, 요컨대 그가 감당해 받아들일 수 있는가를 생각해야 한다. 남에게 선(善)을 가르침에 있어 너무 고상한 것을 바라지 말고 그가 행할 수 있게 해야 한다.

【解說】 나는 선의(善意)로 남의 잘못을 충고하지만 경우에 따라서

는 오해를 받아 서먹서먹한 관계가 되는 것을 본다. 이럴 때에는 너무 곧이곧대로 하는 것보다는 상대의 기분을 보아가며 둘러서 깨닫게 하는 방법이 효과적이다.

〖註釋〗 *太嚴(태엄) 지나치게 엄격함.
*堪受(감수) 감당하여 받아들임.
*過高(과고) 지나치게 높은 것.

〖字意〗 攻 : 칠 공 嚴 : 엄할 엄 善 : 착할 선 過 : 지나칠 과
堪 : 견딜 감 使 : 부릴 사 從 : 따를 종

24. 깨끗한 것은 더러운 데서 나온다.

糞蟲至穢(분충지예)나 變爲蟬而飮露於秋風(변위선이음로어추풍)하고, 腐草無光(부초무광)이나 化爲螢而耀采於夏月(화위형이요채어하월)하니, 固知潔常自汚出(고지결상자오출)하며 明每從晦生(명매종회생)也(야)니라.

【解釋】 굼벵이는 매우 더럽지만 변하여 매미가 되어서 가을 바람에 이슬을 먹고 살며, 썩은 풀은 빛이 없지만 변하여 반딧불이 되어 여름철 빛을 내니 참으로 깨끗한 것은 더러운 것으로부터 나오고, 밝음은 매양 어두운 데서 생김을 알 수 있다.

【解說】 굼벵이와 매미는 형태만 바뀌었을 뿐인데 하나는 지극히 더러운 것으로 보이고 하나는 깨끗하고 신선하게 보이는 것은 우리의 관념 탓이다. 연꽃은 더러운 흙탕물 속에서 자라지만 그 꽃은 꽃 가운데서 제일 아름답지 않은가.

〖註釋〗 *糞蟲(분충) 꽁지벌레를 말하는데 여기서는 굼벵이의 뜻으로 쓰였다.
*腐草(부초) 썩은 풀.
*耀采(요채) 광채를 냄.

〖字意〗 糞 : 똥 분 穢 : 더러울 예 蟬 : 매미 선 飮 : 마실 음
露 : 이슬 로 腐 : 썩을 부 螢 : 반딧불 형 耀 : 빛날 요
晦 : 어두울 회

25. 거만하지 말라.

긍고거오 矜高倨傲는	무비객기 無非客氣니	항복득객기하이후 降伏得客氣下而後에	정기신 正氣伸하며,
정욕의식 情欲意識은	진속망심 盡屬妄心하니	소쇄득망심진이후 消殺得妄心盡而後에	진심현 眞心現이라.

【解釋】 뽐내고 거만스러운 것은 모두 객기이니, 그 객기를 항복시켜 끌어내린 후에야 정기가 펴지며, 정욕은 모두 망령된 마음에 속하니, 감소시켜 망령된 생각이 사라진 후에야 참된 마음이 나타난다.

【解說】 자신의 지위와 명성에 도취되어 아무 데서나 뽐내는 것이 객기이다. 맹사성(孟思誠)은 조선 세종 때의 어진 재상이었는데 고향인 온양에 계시는 부모님을 뵈러 다닐 때는 허름한 옷에 소를 타고 혼자 다녔다. 그날도 역시 온양엘 다녀오다 비를 만나 여관에서 피해 가기로 하였다. 여관에는 마침 어떤 영남의 부호가 많은 종을 거느리고 거드름을 피우며 들어 있었다. 그 사람이 초라한 촌 노인 같은 맹사성을 보고 물었다.

"영감은 어디 사시는 누구시오?"

"나는 온양 사는 맹영감이오."

"심심하니 우리 장난이나 합시다."

"좋지요."

그래서 공(公)자와 당(堂)자를 넣어 문답을 나누다가 헤어졌다. 알고보니 그 영남 부호는 벼슬을 얻기 위해 서울로 가는 길이었다. 맹사성이 조정에 들어와 일을 보는데 그 부호를 녹사란 벼슬에 천거하는 서류가 돌아왔다. 마음씨 좋은 맹사성은 그의 버릇 없음을

탓하지 않고 그대로 서명을 했는데, 이튿날 들어온 그 사람은 맹사성을 보자 까무라칠 뻔했다.

"어떤 공?"

맹사성의 장난기 섞인 물음에 그는 물러나 엎드리면서 이렇게 말했다.

"죽어야 마땅하당."

〖註釋〗 *矜高(긍고) : 뽐내며 높은 체함.
*倨傲(거오) : 거만스러운 것.
*客氣(객기) : 쓸 데 없는 기개.
*正氣(정기) : 올바른 기운.
*情欲(정욕) : 욕망.
*妄心(망심) : 헛된 생각.
*消殺(소쇄) : 소멸시키고 낮추는 것.

〖字意〗 矜 : 자랑 **긍**　倨 : 거만할 **거**　傲 : 거스릴 **오**　客 : 손 **객**
伸 : 펼 **신**　降 : 항복할 **항**, 내릴 **강**　伏 : 엎드릴 **복**

26. 배부를 때 먹는 음식은 맛이 없다.

포후　사미　즉농담지경　도소　색후사음　즉
飽後에 **思味**면 **則濃淡之境**이 **都消**하며, **色後思婬**하면 **則**
남녀지견　진절　고　인상이사후지회오　파림사지
男女之見이 **盡絶**이라. **故**로 **人常以事後之悔悟**로 **破臨事之**
치미　즉성정이동무부정
癡迷면 **則性定而動無不正**이라.

【解釋】 배가 부른 후에 음식 맛을 생각하면 기름지고 담백한 맛의 구분이 전혀 없게 되고, 정사(情事)를 끝낸 후에 색을 생각해 보면 성욕(性欲)이 싹 가신다. 그러므로 사람은 항상 일을 마친 후의 후회를 가지고 일에 당하여 범할 어리석음을 깨뜨리면 성질이 안정되어 행동이 모두 바르게 된다.

【解說】 먹는 것과 색은 인간의 본능이지만 너무 지나치면 심신을 해친다. 주지육림(酒池肉林)이란 말이 있는데, 맛좋은 술과 미녀들 사이에서 실컷 즐긴다는 말이다. 그런데 이런 환락이 언제까지 계속될 수는 없고, 거기에서 벗어났을 때의 허탈감을 미리 염두에 두면 후회하는 일이 적게 되지 않겠는가?

〖註釋〗 *濃淡之境(농담지경) 음식의 맛있고 없음에 대한 구별.
*思婬(사음) 색에 대해 생각함.
*男女之見(남녀지견) 남과 여에 대한 의식, 성욕.
*臨事(임사) 일을 처음 시작할 때.
*癡迷(치미) 어리석음과 미혹(迷惑)됨.
*性定(성정) 본성이 정해짐.
*悔悟(회오) 후회.

〖字意〗 飽 : 배부를 포, 물릴 포 境 : 경계 경 色 : 빛 색
都 : 모두 도, 도회 도, 거느릴 도 絶 : 끊어질 절 悔 : 뉘우칠 회
悟 : 깨달을 오 破 : 깨뜨릴 파 癡 : 어리석을 치 迷 : 어두울 미

27. 산림에 살더라도 정치적 경륜을 가져라.

居軒冕之中(거헌면지중)이나 不可無山林的氣味(불가무산림적기미)요, 處林泉之下(처림천지하)나 須要懷廊廟的經綸(수요회랑묘적경륜)이라.

【解釋】 높은 벼슬에 있더라도 자연과 더불어 사는 기상과 취미가 없어서는 안 될 것이요, 시골에 묻혀 살더라도 모름지기 조정(朝廷)의 경륜을 품고 있어야 한다.

【解說】 벼슬이 높아지면 자칫 번다한 업무에 시달리느라 자연의 생활을 잊고 지내기가 쉽다. 또 벼슬을 마다하고 자연에 묻혀 사는 선비는 세상과 나는 아무 상관이 없다는 듯이 자신만을 깨끗이 지키려고 하기 쉽다. 여기에서 말하는 산림(山林)의 취미란 무엇일까?

옛날 사람들은 벼슬을 할 만한 입장이 되면 나아가 벼슬을 하여, 자신의 포부와 경륜을 펴다가 환경이 여의치 못하면 언제나 향리로 돌아가 학문과 수양에 힘을 썼다. 조선 효종 때의 미수(眉叟) 허목(許穆)은 50세가 지나도록 벼슬을 하지 않고 향리에서 학문에만 전념하였다. 그러다 나라가 자신을 필요함을 알고는 벼슬에 나아가 마침내 우의정까지 지냈다. 그러다 뜻이 맞지 않자 벼슬을 버리고 고향으로 돌아가 후진을 양성하였다.

〖註釋〗 ***軒冕(헌면)** 높은 벼슬아치.
***山林的氣味(산림적기미)** 산림에 묻혀 사는 기상과 취미.
***林泉(임천)** 시골 초야(草野)와 같은 말.
***廊廟(낭묘)** 조정(朝廷).
***經綸(경륜)** 정치에 대한 포부.

〖字意〗 **軒** : 초헌 **헌**. 높은 사람이 타는 수레. **冕** : 면류관 **면**
泉 : 샘 **천** **懷** : 품을 **회**, 생각 **회** **廊** : 행랑 **랑**
廟 : 사당 **묘** **經** : 날줄 **경**, 다스릴 **경** **綸** : 실가닥 **륜**.

28. 조건 없이 베풀라.

處世(처세)에 不必邀功(불필요공)하라 無過(무과)면 便是功(변시공)이라.
與人(여인)에 不求感德(불구감덕)하라 無怨(무원)이면 便是德(변시덕)이라.

【解釋】 세상을 살아감에 반드시 공 세우기를 바라지 말라. 허물이 없으면 그것이 바로 공인 것이다. 남에게 베풀 때에는 덕에 감격할 것을 바라지 말라. 원망이 없으면 그것이 바로 덕인 것이다.

【解說】 공을 세우기보다는 허물을 짓지 않는 게 낫고, 남에게 무엇을 베풀었다 해서 상대방이 감덕하기를 바라서는 안 되니, 자칫하면 은인을 원수로 여기기 때문이다. 조선 선조(宣祖) 때 영의정을 지낸 박순(朴淳)은 불우한 정개청(鄭介清)을 이끌어 벼슬에 오르게 하였다. 신분이 미천한 정개청으로서는 박순의 배려가 눈물겹도록 고마

워 아버지처럼 섬겼다. 그런데 박순이 정변에 몰리어 영의정에서 파직되자 자신에게도 화가 미칠까 두려워 박순을 배반하고 박순을 해친 정여립(鄭汝立) 일당에게 붙어 박순을 모함하는데 앞장섰다가 정여립의 모반 사건이 일어나자 자신도 귀양을 가 죽고 말았다.

〖註釋〗 *邀功(요공) 공으로 맞이하는 것.
*無過(무과) 허물이 없는 것.
*與人(여인) 남에게 베푸는 것.
*感德(감덕) 은덕에 감격함.

〖字意〗 邀 : 맞이할 요　與 : 줄 여, 더불 여　感 : 느낄 감
怨 : 원망할 원

29. 지나친 근심은 본성을 해친다.

우근 시미덕 태고즉무이적성이정 담박 시
憂勤은 **是美德**이나 **太苦則無以適性怡情**하고, **澹泊**은 **是**
고풍 태고즉무이제인이물
高風이나 **太枯則無以濟人利物**이니라.

【解釋】 매사에 근심하고 부진런함은 미덕이긴 하나 너무 고통스러울 정도로 하면 천성에 따라 마음을 기쁘게 할 수 없으며, 담박한 생활은 고상한 기풍이지만 너무 메마를 정도로 하면 사람을 구제하고 이롭게 할 수 없다.

【解說】 만사를 걱정하는 것은 실패할 염려가 없어 좋다. 그렇다고 걱정만 해서 일이 해결되는 것은 아니고 오히려 보기에 딱하다. 비가 오면 짚신이 안 팔릴까 걱정하는 것보다 우산이 많이 팔릴 것을 좋아하고, 날이 개면 우산이 안 팔릴 걱정보다는 짚신이 잘 팔릴 것을 기뻐하는 것이 보다 즐거운 삶이 되지 않겠는가? 또 지나치게 고결한 사람에게는 사람들이 따르지 않는다. 적당하게 어리숙한 점을 보여 남들과 스스럼없이 사귀며 사는 것이 세상을 사는데 외롭지 않은 법이다.

〖註釋〗 *憂勤(우근) 걱정하고 부지런함.
*美德(미덕) 아름다운 덕성.
*適性怡情(적성이정) 타고난 성정에 따라 마음이 기뻐지는 것.
*澹泊(담박) 지조가 맑고 깨끗함.
*濟人利物(제인이물) 남을 구제하고 이롭게 함.

〖字意〗 憂 : 근심 **우**, 그윽할 **우**　勤 : 부지런할 **근**　苦 : 괴로울 **고**
太 : 클 **태**, 지나칠 **태**, 콩 **태**　適 : 나아갈 **적**　性 : 성품 **성**
怡 : 기쁠 **이**　濟 : 건질 **제**　物 : 만물 **물**

30. 성공한 후에는 말로를 생각하라.

> **事窮勢蹙之人**(사궁세축지인)은 **當原其初心**(당원기초심)하고, **功成行滿之士**(공성행만지사)는 **要觀其末路**(요관기말로)니라.

【解釋】 사세(事勢)가 궁하고 불리한 사람은 마땅히 그 처음 일을 시작할 때의 마음을 생각해야 하고, 공을 이루어 크게 성공한 사람은 그 말로를 생각해야 한다.

【解說】 정상(頂上)에 올랐던 인물들의 말로를 생각나게 하는 잠언이다. '화무십일홍(花無十日紅) 이니, 권불십년(權不十年)'이라는 말은 역사가 증명하는 데도 아직 그 경계를 모르고 날뛰는 사람들이 있으니 한심한 일이다.

고려 인종(仁宗) 때 권신(權臣) 가운데 이자겸(李資謙)이란 인물이 있었다. 그의 누이는 순종(順宗)의 비(妃)였고, 그 연줄로 권력을 잡은 이자겸은 둘째 딸을 예종의 비로, 예종이 죽고 인종이 즉위하자 셋째와 넷째 딸을 인종의 왕비로 바치고 모든 권력을 쥐고 조정을 어지럽혔다. 심지어 자신의 생일을 '인수절(仁壽節)'이라 하여 거국적으로 축하하게 하고 임금이 자기의 뜻에 따르지 않으려 하니 독살까지 하려 했다. 그러나 그의 권력에도 한계가 있어 마침내 왕의 명령을 받은 척준경(拓俊京) 등에게 잡혀 귀양을 가 죽고 말았다.

〖註釋〗 *事窮勢蹙(사궁세축) 사세가 불리함.
*初心(초심) 처음 먹은 마음.
*功成行滿(공성행만) 크게 성공함.
*末路(말로) 길의 끝, 인생의 후반.

〖字意〗 勢 : 형세 세 蹙 : 쭈그러질 축 原 : 언덕 원, 여기서는 근원이란 뜻인 원(源)과 같은 뜻으로 쓰였다. 初 : 처음 초 滿 : 가득할 만 末 : 끝 말 路 : 길 로

31. 재능을 감춰라.

富貴家(부귀가)는 宜寬厚(의관후)어늘 而反忌刻(이반기각)이면 是(시)는 富貴而貧賤其行矣(부귀이빈천기행의)니 如何能享(여하능향)이리오? 聰明人(총명인)은 宜斂藏(의렴장)이어늘 而反炫耀(이반현요)하면 是(시)는 聰明而愚懵其病矣(총명이우몽기병의)니 如何不敗(여하불패)리오?

【解釋】 부귀한 집안은 마땅히 너그럽고 후해야 하는데 도리어 시기하고 각박하게 한다면 이는 부귀하면서 가난하고 천한 사람의 행실을 하는 것이니 어찌 오래 누릴 수 있겠는가? 총명한 사람은 마땅히 그 재능을 거두어 감추어야 하는데도 도리어 뽐내면 이는 총명하면서 어리석고 몽매한 병통을 지닌 것이니 어찌 실패하지 않겠는가?

【解說】 아흔 아홉 가진 사람이 백을 채우기 위해 한 개 가진 사람의 것을 빼앗는 세태이다. 이는 하늘이 준 부귀의 본뜻을 모르는 천박한 행실이다. 총명한 사람은 재주를 믿다가 도리어 실패하여 일생을 불우하게 사는 사람이 많다.

〖註釋〗 *寬厚(관후) 너그럽고 후함.
*忌刻(기각) 시기하고 각박함.

*貧賤(빈천) 가난하고 천박함.
*斂藏(렴장) 거두어 갈무리함.
*炫耀(현요) 밝게 비춤, 뽐내는 것.
*愚懵(우몽) 어리석고 어쩔줄 몰라 하는 것.

〖字意〗 寬 : 너그러울 관, 용서할 관 厚 : 두터울 후 忌 : 꺼릴 기
刻 : 새길 각, 시각 각, 해할 각 賤 : 천할 천 享 : 누릴 향
聰 : 총명할 총 斂 : 거둘 렴 炫 : 밝을 현 病 : 질병 병
耀 : 뽐낼 요, 빛날 요 懵 : 어리둥절할 몽 敗 : 패할 패

32. 높은 지위는 위태롭다.

居卑而後(거비이후)에 知登高之爲危(지등고지위위)하고 處晦而後(처회이후)에 知向明之太露(지향명지태로)하며, 守靜而後(수정이후)에 知好動之過勞(지호동지과로)하고 養默而後(양묵이후)에 知多言之爲躁(지다언지위조)니라.

【解釋】 낮은 곳에 있어 본 연후에야 높은 데 오르는 것이 위태로운 줄을 알고, 어두운 곳에 있어본 연후에야 밝은 곳으로 향하는 것이 너무 드러나는 것을 알게 된다. 고요함을 지켜 본 연후에야 움직이는 것을 좋아함이 너무 수고로운 줄을 알게 되고, 침묵을 지켜 본 후에야 말 많은 것이 시끄러운 줄을 알게 된다.

【解說】 높은 곳에 올라 본 연후에야 위태로움을 알 수 있고, 너무 밝은 곳에 나아가면 몸둘 바를 모르게 된다. 그래도 우리는 누구나 더 높은 곳을 향하여 부지런히 뛰고 있다. 떨어질 때에는 떨어지더라도 우선 오르고 보면 어떻게 되겠지 하는 생각에서이다.

조선 숙종 때 사람 김수항(金壽恒)의 집안은 벌열(閥閱)하기가 당대 으뜸이었다. 김수항은 영의정을 지냈고, 그의 아들 김창집 역시 영의정을 지냈다. 집안이 이렇게 벌열하자 또 다른 아들인 김창협,

김창흡, 김창업, 김창즙 등은 모두 뛰어난 자질을 갖고도 높은 벼슬에 오르지 않기 위해 갖은 어려움을 겪을 정도였다. 김창협은 숙종이 대제학(大提學)을 제수하자 상소하기를,

"저희 집안은 대대로 너무 화려한 벼슬을 많이 하여 위태로울 지경입니다."

하고 사양하였다. 김수항과 김창집은 자제들의 벼슬을 억제하기에 이처럼 힘썼으나 그 두 사람은 마침내 사약을 받고 죽는 비운을 겪었던 것이다.

〖註釋〗 *居卑(거비) 낮은 곳에 있음.
*登高(등고) 높은 곳에 오름.
*處晦(처회) 어두움에 처함.
*太露(태로) 너무 드러남.
*守靜(수정) 고요함을 지킴.
*養默(양묵) 침묵을 지킴.

〖字意〗 卑 : 낮을 비, 천할 비 登 : 오를 등 危 : 위태로울 위
晦 : 어두울 회 向 : 향할 향 露 : 드러날 로, 이슬 로
靜 : 고요할 정 過 : 지나칠 과 勞 : 수고로울 로 養 : 기를 양
默 : 조용할 묵 躁 : 움직일 조

33. 부귀 공명의 집착을 버려라.

> 放得功名富貴之心下(방득공명부귀지심하)라야 便可脫凡(변가탈범)하고, 放得道德仁義之心下(방득도덕인의지심하)라야 纔可入聖(재가입성)이니라.

【解釋】 부귀 · 공명에 대한 집착을 버린 뒤에야 범속(凡俗)을 벗어나게 되고, 도덕군자와 · 인의로운 사람이 되겠다는 마음을 버린 후에야 겨우 성인의 경지에 들어갈 수 있다.

【解說】 부귀 공명이 정당한 방법으로 얻어진 것이라면 천오시(賤惡視)되어서는 안 되며 오히려 존경의 대상이 되어야 한다. 그러려면 우선 거기에 대한 집착이나 자만심을 떨쳐버려 탈속해야 한다. 도

덕 · 인의가 높은 사람도 마찬가지다. 자신의 도덕과 인의가 높다고 자긍해서는 결코 성인의 경지에 들 수가 없는 것이다.

〖註釋〗 *脫凡(탈범) 범속함에서 벗어남.
*仁義(인의) 어질고 의로움.
*入聖(입성) 성인의 경지에 들어감.

〖字意〗 放 : 놓을 방, 쫓을 방　便 : 문득 변　脫 : 벗어날 탈
凡 : 무릇 범　仁 : 어질 인　義 : 옳을 의　纔 : 겨우 재
聖 : 성인 성

34. 독선은 자신을 해친다.

> 利慾(이욕)은 未盡害心(미진해심)이요 意見(의견)이 乃害心之蟊賊(내해심지모적)이라. 聲色(성색)이 未必障道(미필장도)요 聰明(총명)이 乃障道之藩屏(내장도지번병)이니라.

【解釋】 이욕이 모두 마음을 해치는 것이 아니요, 독선적(獨善的) 의견이 바로 마음을 해치는 좀벌레이다. 성색이 반드시 도를 가로막는 것이 아니요, 총명이 바로 도를 가로막는 장애물이다.

【解說】 이익을 얻고자 하는 욕심이 나쁜 것이 아니라 다만 독단하는 의견이 마음을 해친다. 노래와 미희(美姬)가 도(道)에 방해가 되는 것이 아니라 총명하다고 자부하는 것이 도에 이르는 길을 막는다. 역사를 보면 총명한 사람들이 간신(奸臣)이 되는 예가 허다하다. 중종 때 사람 남곤(南袞)은 젊어서 무척 총명하여 김종직(金宗直)의 문하에서 수업하여 벼슬길에 올랐다. 갑자사화 때 귀양을 가는 등 정도를 지켰으나 벼슬에 너무 집착한 나머지 기묘사화를 일으켜 조광조(趙光祖) 등 신진 사류를 모조리 제거한 후 자신은 영의정이 되었다. 그러나 자신이 저지른 죄악을 잘 아는 남곤은 죽을 무렵 평생 저술을 모두 태우면서,

"이 글을 남겨 후세 사람들에게까지 욕을 먹을 필요는 없다."

라고 하고 죽었는데, 과연 명종이 즉위하자 그의 관작을 모두 삭탈하였다.

〖註釋〗 *利慾(이욕) 사사로운 이익을 탐하는 마음.
*意見(의견) 견해. 여기서는 독선적인 견해.
*蟊賊(모적) 곡물을 해치는 좀벌레.
*聲色(성색) 음악과 여색(女色).
*障道(장도) 도를 가로막음.
*藩屛(번병) 울타리, 장애물.

〖字意〗 盡 : 다할 진, 극진할 진　害 : 해할 해　蟊 : 벌레 모
聲 : 소리 성　障 : 막을 장　藩 : 울타리 번　屛 : 병풍 병.

35. 사람의 마음은 믿을 수 없다.

人情(인정)은 反復(반복)하며 世路(세로)는 崎嶇(기구)라. 行不去處(행불거처)엔 須知退一步之法(수지퇴일보지법)하고, 行得去處(행득거처)엔 務加讓三分之功(무가양삼분지공)하라.

【解釋】 사람의 마음은 반복 무상하며 세상 길은 험난 기구하다. 행하여 갈 수 없는 곳에는 모름지기 한 걸음 물러서는 법을 알아야 하고, 행하여 갈 만한 곳에서는 삼분(三分)의 공을 사양하기에 힘쓰라.

【解說】 오늘의 친구가 내일은 적이 되고, 어제의 원수가 오늘은 한편이 되는 것이 세상이다. 이런 세파를 무사히 건너려면 자신이 손해 보는 '바보 철학'이 필요하다. 남에게 양보해서 눈에 보이는 이익은 줄어들겠지만 적어도 남의 눈총은 받지 않으니 마음이 편안하고 원수 사는 일은 없을 것이다.

〖註釋〗 *反復(반복) 자주 변함. 반복 무상.
*世路(세로) 세상 살아가는 길. 행로(行路).
*崎嶇(기구) 험한 산길.
*行不去處(행불거처) 가려 해도 갈 수 없는 곳.
*行得去處(행득거처) 가려면 갈 수

있는 곳.

*三分(삼분) 10분의 3.

〖字意〗 **復** : 돌아올 **복**, 다시 **부** **崎** : 험할 **기** **嶇** : 험할 **구**
務 : 힘쓸 **무** **讓** : 사양할 **양**

36. 미워하지 않기가 어렵다.

待小人(대소인)엔 **不難於嚴**(불난어엄)이나 **而難於不惡**(이난어불오)하며, **待君子**(대군자)엔 **不難於恭**(불난어공)이나 **而難於有禮**(이난어유례)니라.

【解釋】 소인을 대함에 엄격하게 하기는 어렵지 않으나 미워하지 않기가 어려운 것이며, 군자를 대함에 공손하게 하기는 어렵지 않으나 예의 있게 하기가 어렵다.

【解說】 소인이란 요즈음 말로 교양을 갖추지 못한 사람이다. 소인을 꾸짖으면 자칫 원수를 지게 마련이어서 함부로 꾸짖어도 안 되고, 더군다나 미워해서도 안 된다. 꾸짖을 만한 가치가 있는 사람은 불쾌하게 여기는 대신 자신의 허물을 반성할 것이다.

세종 때 너그럽기로 유명한 황희(黃喜) 정승이 하루는 공조 판서 김종서(金宗瑞)를 호되게 꾸짖었다. 그날 늦게까지 정승들이 모여 회의를 하는 것을 본 김종서가 약간의 음식을 준비해 들여보낸 것이 발단이었다.

"우리가 배가 고프면 어련히 예빈시(禮賓寺)에 시켜 먹을 터인데 어찌 사사로이 음식을 마련했는가?"

김종서는 잘못했다고 빌고 나왔는데 후에 어떤 사람이 황희에게 물었다.

"김종서도 재상인데 어찌 그런 일로 그처럼 심히 꾸짖으십니까?"

그러나 황희는 정색을 하고 이렇게 말했다.

"김종서는 우리가 죽은 후 나라의 중책을 맡아야 할 인물이오. 그런데 너무 감정적으로 일을 처리하는 버릇이 있어 그걸 진정시켜야 후에 실수가 없을 것 아니겠소?"

황희의 말대로 김종서는 후에 육진(六鎭)을 개척하고 마침내 우의정에 올랐고, 단종을 보호하다가 수양대군(首陽大君: 世祖)에게 격살 당했다.

〖註釋〗 *小人(소인) 도량이 좁고 수양이 적은 사람.
*不惡(불오) 미워하지 않음.
*有禮(유례) 예의가 있음.

〖字意〗 **待**: 대접할 **대**, 기다릴 **대** **嚴**: 엄할 **엄** **難**: 어려울 **난**
惡: 미워할 **오**, 사나울 **악**, 모질 **악** **恭**: 공경할 **공** **禮**: 예의 **예**

37. 깨끗한 이름을 남겨라.

영수혼악 이출총명 유사정기환천지 영사분
寧守渾噩하고 **而黜聰明**하여 **留些正氣還天地**하며 **寧謝紛**
화 이감담박 유개청명재건곤
華하고 **而甘澹泊**하여 **遺個清明在乾坤**하라.

【解釋】 소박함을 지키고 총명함을 물리침으로써 얼마간의 정기를 남기어 천지로 돌려주고, 화려함을 사양하고 담박함을 달게 여겨 약간의 맑은 이름을 세상에 남겨라.

【解說】 총명을 숨기고, 사치를 멀리 하는 것이 옛 사람들의 수양의 기본이었으며 그래야 청렴하다는 이름을 후세에 남길 수 있었다.

조선 세종 때 우의정을 지낸 유관(柳寬)은 총명이 남달리 뛰어나 일찍 벼슬에 올랐으나 검소에 힘써 청백하기로 유명하였다. 그의 집이 홍인문 밖에 있었는데 어찌나 초라했던지 비가 오면 방안에서 우산을 받아야 했다. 그것만으로도 다행스럽게 여긴 유관이 부인을 보고 말했다.

"이런 장마에 우산이 없는 사람은 어떻게 지낼까?"

"그런 집이야 지붕이 새지 않겠지요."

태종이 그런 사정을 알고 선공감(繕工監)에 명하여 새집을 지어주었다. 유관은 집에 있을 때면 겨울인데도 맨발에 짚신을 신고 다녔으며, 손님이 찾아가면 탁주 한 동이를 들여 놓고 늙은 여자 종을 시켜 사기 그릇에 술을 따라 대접했는데도, 그의 청백을 아는 터라 아무도 흉을 보지 않았다.

〖註釋〗 *渾噩(혼악) 소박하여 꾸밈이 없음.
*正氣(정기) 올바른 기운.
*紛華(분화) 번잡하고 화려함.
*澹泊(담박) 소박함.
*清名(청명) 깨끗한 이름.
*乾坤(건곤) 천지(天地) 세상.

〖字意〗 渾 : 흐릴 혼, 온후할 훈 噩 : 놀랄 악 黜 : 내칠 출
些 : 조금 사 還 : 돌아올 환 謝 : 사양할 사 甘 : 달 감
遺 : 남길 유 乾 : 하늘 건, 마를 건, 이름 건 坤 : 땅 곤

38. 자신의 마음을 정복하라.

항마자 선항자심 심복 즉군마퇴청
降魔者는 先降自心하라. 心伏하면 則君魔退聽이라.
어횡자 선어차기 기평 즉외횡불침
馭橫者는 先馭此氣하라 氣平이면 則外橫不侵이라.

【解釋】 마귀를 항복시키려는 자는 먼저 자신의 마음을 항복받아야 한다. 마음이 항복하면 마귀 떼들이 물러가 명령을 따를 것이다. 횡포를 제어하려는 자는 먼저 객기를 제어하라. 객기가 평정되면 외부의 횡포가 침범하지 않을 것이다.

【解說】 남을 이기려는 자는 먼저 자신을 극복해야 하며, 다른 사람의 횡포를 막으려면 먼저 자신의 횡포한 마음을 눌러야 한다. 사실 가장 두려운 적은 외부로부터의 적이 아니라 자신의 마음 속에 있는 적이다. 하루에도 몇 번씩 이성(理性)과 욕망의 치열한 싸움을 겪어야 하는 게 보통의 우리이다.

〖註釋〗 *降魔(항마) 악마를 항복시킴. *心伏(심복) 마음이 행복함.

*退聽(퇴청) 물러나 명령을 따름.
*馭橫(어횡) 횡포를 다 제압함.
*氣平(기평) 객기(客氣)가 평정됨.
*外橫(외횡) 외부로부터의 횡포.

〖字意〗 降 : 항복할 **항**, 내릴 **강** 魔 : 마귀 **마** 伏 : 엎드릴 **복**
聽 : 들을 **청** 馭 : 다스릴 **어** 橫 : 가로 **횡**, 횡포할 **횡**
侵 : 침범할 **침**

39. 자녀 교육에는 교우가 중요하다.

교제자 여양규녀 최요엄출입 근교유 약
教弟子는 **如養閨女**하여 **最要嚴出入**하고 **謹交遊**하니 **若**
일접근비인 시 청정전중 하일부정종자 변종
一接近匪人이면 **是**는 **清淨田中**에 **下一不淨種子**하여 **便終**
신난식가화
身難植嘉禾니라.

【解釋】 자제를 가르치는 것은 마치 규중 처녀를 기르는 것 같아서 출입을 엄히 하고 교유를 삼가게 하는 것이 가장 중요하다.만약 한번 좋지 못한 사람과 접근하면 이는 깨끗한 논밭에 좋지 못한 종자 하나를 떨어뜨리는 것과 같아서 생을 마치도록 좋은 곡식을 심기가 어렵다.

【解說】 자녀 교육은 예나 지금이나 어렵기는 마찬가지이다. 김유신(金庾信)과 천관녀(天官女)의 애틋한 이야기가 유명하다. 김유신의 어머니 만명부인(萬明夫人)은 자녀 교육이 매우 엄격하였다. 그래서 함부로 나돌아다니며 벗을 사귀는 것을 경계하였다. 김유신이 천관녀와 사귀고 있는 사실을 안 만명부인은 아들을 불러 세우고 꾸짖었다.

"나는 네가 훌륭한 인물이 되기만을 기대하는데 너는 못된 친구들과 기생방 출입을 하느냐?"

김유신은 어머니께 다시는 천관녀를 만나지 않겠다고 맹세했는데, 하루는 자신이 술에 취해 조는 사이 말이 습관에 따라 천관녀의 집으로 갔다. 김유신은 즉시 말의 목을 베었는데, 천관녀도 곧 죽었다. 후에 김유신은 그녀의 넋을 위로하기 위해 천관사를 지었다 한다.

〔註釋〕 *閨女(규녀) 규중의 처녀.
*最要(최요) 가장 요긴함.
*交遊(교유) 친구와 사귐. 함께 학문을 토론함.
*匪人(비인) 좋지 못한 사람.
*清淨(청정) 맑고 깨끗함.
*種子(종자) 씨앗.
*終身(종신) 일생을 마침.
*嘉禾(가화) 좋은 곡식.

〔字意〕 敎 : 가르칠 교, 본받을 교 如 : 같을 여 閨 : 문 규
謹 : 삼갈 근 遊 : 놀 유 淨 : 깨끗할 정 植 : 심을 식
嘉 : 아름다울 가

40. 정욕에 물들지 말라.

欲路上事(욕로상사)는 毋樂其便(무락기편)하여 而姑爲染指(이고위염지)하라. 一染指(일염지)면 便(변) 深入萬仞(심입만인)하리라. 理路上事(이로상사)는 毋憚其難(무탄기난)하여 而稍爲退步(이초위퇴보)하라. 一退步(일퇴보)면 便遠隔千山(변원격천산)하리라.

【解釋】 정욕(情欲)에 관한 일은 하기 편한 것을 즐겨 하여 물드는 일이 없게 하라. 한번 물들면 천길만길 깊은 곳으로 떨어진다. 도리(道理)에 관한 일은 그것이 어려움을 꺼려서 조금이라도 물러서지 말라. 한번 물러서면 1천 개의 산을 사이에 둔 것처럼 멀어지게 된다.

【解說】 욕정을 따르는 일은 매우 달콤하고 부드럽고 짜릿하다. 그러나 그런데 한번 발을 들여 놓으면 쉽게 헤어나기가 어려워 결국 일생을 그르치고 만다. 이성적(理性的)인 생활은 무미건조하고 견디기가 어렵다. 그러나 참고 견디는 가운데 생의 보람을 느낀다.

〔註釋〕 *欲路上事(욕로상사) 정욕에 관계된 일.
*染指(염지) 손가락이 물드는 것.
*萬仞(만인) 만길되는 낭따러지.
*理路上事(이로상사) 도리(道理)에 관계된 일.
*退步(퇴보) 물러서는 것.
*遠隔(원격) 멀리 떨어짐.
*千山(천산) 1천 개의 산

〖字意〗 路 : 길 로, 중요할 로 便 : 편할 편 染 : 물들일 염
指 : 손가락 지 仞 : 길 인 憚 : 꺼릴 탄 稍 : 조금 초
遠 : 멀 원 隔 : 사이 격

41. 기호는 중간을 취하라.

念頭濃者(염두농자)는 自待厚(자대후)하고 待人亦厚(대인역후)하여 處處皆濃(처처개농)하며 念頭淡者(염두담자)는 自待薄(자대박)하고 待人亦薄(대인역박)하여 事事皆淡(사사개담)이라. 故(고)로 君子(군자)는 居常嗜好(거상기호)에 不可太濃艶(불가태농염)하며 亦不宜太枯寂(역불의태고적)이라.

【解釋】 마음이 농후한 사람은 자신에게도 후하고 다른 사람에게 역시 후하여 곳곳에 모두 후하다. 생각이 담담한 자는 자신에게 박하고 남을 대접함 역시 박하여 일마다 모두 담담하다. 그러므로 군자는 보통 때의 기호를 너무 지나칠 정도로 농후하고 아름답게 하는 것도 옳지 않고 역시 너무 메마르고 쓸쓸하게 해서도 안 된다.

【解說】 마음이 후한 사람은 자신에게도 후하고 남에게도 후하여 남보기에 좋다. 매일 남을 끌고 다니며 술을 사는 사람은 인기가 있다. 그러나 그게 지나치면 어쩐지 모자란 사람으로 인식되기 쉽다. 또 너무 각박한 사람은 얌체로 통하게 된다. 그러므로 군자는 너무 지나치게 후하거나 각박한 짓은 하지 않고 중도를 지킨다.

〖註釋〗 *念頭(염두) 생각. 마음.
*自待(자대) 자신을 대접함.
*處處(처처) 곳곳마다.
*待人(대인) 남을 대접함.
*居常(거상) 보통 때. 일상(日常)
*嗜好(기호) 좋아함.
*濃艶(농염) 농후하고 아름다움.
*枯寂(고적) 메마르고 쓸쓸함.

〖字意〗 念 : 생각 념 頭 : 머리 두 待 : 대접할 대 處 : 곳 처
薄 : 박할 박

42. 남에게 구속받지 말라.

彼富(피부)면 我仁(아인)이요 彼爵(피작)이면 我義(아의)라 君子(군자)는 固不爲君相(고불위군상)所牢籠(소뇌롱)이라. 人定(인정)하면 勝天(승천)하고 志一(지일)하면 動氣(동기)라. 君子(군자)는 亦(역)不受造物之陶鑄(불수조물지도주)라.

【解釋】 저 사람이 부(富)를 내세우면 나는 인(仁)을 내세우고, 저 사람이 벼슬을 내세우면 나는 의(義)를 내세우면 된다. 군자는 본디 임금이나 재상(宰相)에게 구속당하지 않는다. 사람의 마음이 정해지면 하늘을 이길 수 있고, 뜻이 한결같으면 기(氣)를 움직일 수 있다. 군자는 또 조물주가 만든 틀에 구애받지 않는다.

【解說】 부자나 신분 높은 사람에게는 어쩐지 꿀리게 마련이다. 괜히 자신이 초라해져 몸놀림이 자연스럽지 못하고 어색하다. 이런 때에 배짱을 부릴 수 있는 것이 그 사람에게 없는 나의 인의(仁義)이다. 그러면 임금이나 재상도 나를 어쩌지 못한다. 수양대군이 단종을 폐위시키자 사육신들이 복위 운동을 전개했다. 이개(李塏)는 평소 수양대군과 친분이 두터웠고 몸이 옷을 이기지 못할 정도로 허약했다. 세조(수양대군)는 어떻게든 옛 친구인 이개만은 살려주고 싶었다.

"네가 실로 거기에 참여했더라도 다 털어 놓으면 용서하겠다"

그러나 이개(李塏)는 아무 말도 하지 않고 형을 받았다. 그의 인의는 임금의 위력으로도 어쩌지 못했던 것이다.

〖註釋〗 *君相(군상) 임금과 재상.

*牢籠(뇌롱) 뇌는 감옥, 농은 새장이란 뜻으로 구속받는 것.

*人定勝天(인정승천) 사람의 마음이 정해져 진실하면 하늘도 이길 수 있다는 뜻.

*志一(지일) 뜻이 한결같은 것.

*動氣(동기) 기질을 변화시킴.

*造物(조물) 조물주.

*陶鑄(도주) 그릇을 만드는 일정한 틀.

〖字意〗 彼 : 저 피　爵 : 벼슬 작　固 : 굳을 고, 본디 고
牢 : 감옥 뢰　籠 : 새장 롱　勝 : 이길 승　志 : 뜻 지
陶 : 그릇 도　鑄 : 쇠부릴 주

43. 남보다 뛰어나라.

立身(입신)에 不高一步立(불고일보립)하면 如塵裡(여진리)에 振衣(진의)하며 泥中(니중)에 濯足(탁족)하니 如何超達(여하초달)이리오? 處世(처세)에 不退一步處(불퇴일보처)하면 如飛蛾(여비아)가 投燭(투촉)하며 羝羊(저양)이 觸藩(촉번)이니 如何安樂(여하안락)이리오?

【解釋】 입신함에 있어 한 걸음 더 높이 세우지 않으면 마치 먼지 속에서 옷을 털고 진흙 속에서 발을 씻는 것과 같으니 어떻게 멀리 뛰어 도달할 수 있겠는가? 처세함에 한 걸음 물러서서 처하지 않으면 마치 불나방이 촛불에 몸을 던지고, 뿔난 양이 울타리를 받음과 같으니 어떻게 편안할 수 있겠는가?

【解說】 입신이란 출세이다. 출세에 한 걸음 높이 한다는 뜻은 벼슬의 높이를 말하는 것이 아니라, 그 처신과 마음가짐을 남보다 한 등 높이 가지라는 뜻이다. 처세에 저돌적인 사람은 한 걸음 물러날 줄 모르는 사람으로 촛불에 몸을 던지는 불나방이나 울타리에 뿔이 걸린 양의 꼴이 되기 쉽다.

〖註釋〗 *立身(입신) 출세.
*振衣(진의) 옷을 터는 것.
*濯足(탁족) 발을 씻다.
*超達(초달) 뛰어 넘어 도달함.
*飛蛾(비아) 불나방.
*羝羊觸藩(저양촉번) 숫양이 뿔로 울타리를 받다. 뿔이 걸려 어쩌지 못하는 모양.

〖字意〗 立 : 설 립　塵 : 티끌 진　振 : 떨칠 진　泥 : 진흙 니
濯 : 씻을 탁　超 : 뛰어넘을 초　達 : 이를 달　投 : 던질 투
燭 : 촛불 촉　觸 : 받을 촉　安 : 편안할 안　樂 : 즐거울 락

44. 성공과 명예를 마음에 두지 말라.

學者(학자)는 要收拾精神(요수습정신)하여 併歸一路(병귀일로)라. 如修德而留意於事功名譽(여수덕이류의어사공명예)하면 必無實詣(필무실예)하며, 讀書而寄興於吟咏風雅(독서이기흥어음영풍아)하면 定不深心(정불심심)이라.

【解釋】 학문을 하는 사람은 정신을 가다듬어 모두 한곳으로 집중해야 한다. 만약 덕을 닦으면서 마음을 성공과 명예에 두면 반드시 실제의 성과가 없을 것이며, 책을 읽으면서 시 읊는 것이나 풍류에 흥을 붙이면 참으로 깊이 느끼지 못할 것이다.

【解說】 학자는 학문에만 전념하여야지 공명에 마음을 쓰면 그의 학문은 알맹이가 없다. 기묘사화(己卯士禍) 때 화를 당한 조광조(趙光祖) 등은 실로 학문과 도의(道義)에 있어 당대의 명사들이었다. 그런 명류(名流)들이었기에 중종(中宗)의 간절한 부름을 입어 사심없이 오직 나라를 위한 개혁 정치를 폈다. 그러나 그 결과는 자신을 망쳤을 뿐 아니라 전국의 선비들을 화의 그물에 빠뜨리고 말았다. 그 원인은, 중용의 도를 제대로 지키지 못하고 과격을 일삼았기 때문이라고 역사가 평하니, 어찌 조심하지 않을 수 있겠는가?

〖註釋〗 *學者(학자) 학문하는 사람.
*收拾(수습) 거두어 모음.
*一路(일로) 외길.
*修德(수덕) 덕성을 닦음.
*事功(사공) 일의 성공.
*實詣(실예) 실제의 성과.
*寄興(기흥) 흥을 붙이는 것.
*吟咏(음영) 시를 읊음.
*風雅(풍아) 풍류

〖字意〗 收 : 거둘 수　拾 : 주울 습, 열 십　併 : 아우를 병
譽 : 기릴 예　詣 : 이를 예, 학문에 달통할 예　寄 : 부칠 기
雅 : 바를 아, 깨끗할 아

45. 부처님과 망나니의 마음은 같다.

인인 개유대자비 유마도회 무이심야 처처
人人이 有個大慈悲하니 維摩屠劊가 無二心也며, 處處에
유종진취미 금옥모첨 비양지야 지시욕폐정봉
有種眞趣味하니 金屋茅簷이 非兩地也라. 只是欲蔽情封하여
당면착과 사지척천리의
當面錯過하면 使咫尺千里矣라.

【解釋】 사람마다 모두 큰 자비심을 갖고 있어 유마거사(維摩居士)와 백정, 망나니의 마음이 둘이 아니며, 곳곳에 참다운 취미가 있어서 호화로운 집과 초가집이 서로 다른 두 곳이 아니다. 다만 욕심에 덮이고 정에 가리워지면 눈 앞의 일에도 착오가 생겨 지척이 천리가 되게 한다.

【解說】 사람마다 선(善)과 악(惡)의 양면성을 갖고 있지만 근본은 모두 선하다. 사람의 목을 자르는 회자수라 하여 어찌 그의 본심이 꼭 잔인해서이겠는가?

〖註釋〗 *大慈悲(대자비) 큰 자비심.
*維摩居士(유마거사) 석가모니와 같은 시대 사람으로 집에서 보살의 업을 닦았음
*屠劊(도회) 도는 백정, 회는 회자수(망나니).
*金屋茅簷(금옥모첨) 화려한 집과 초가집.
*錯過(착과) 과실.
*咫尺千里(지척천리) 지는 8치. 매우 가까운 거리가 천리나 되도록 멀다는 뜻.

〖字意〗 慈 : 사랑 자, 착할 자　悲 : 슬플 비　茅 : 띠풀 모
屋 : 집 옥　簷 : 처마 첨　蔽 : 가릴 폐　封 : 봉할 봉
面 : 얼굴 면　錯 : 어긋날 착

46. 위정자는 탐욕을 버려라.

진덕수도 요개목석적염두 약일유흔선 변추욕
進德修道엔 要個木石的念頭니 若一有欣羨이면 便趨欲
경 제세경방 요단운수적취미 약일유탐착 변
境이라. 濟世經邦엔 要段雲水的趣味니 若一有貪著이면 便
타 위기
墮危機니라.

【解釋】 덕과 도를 닦는 데는 목석과 같은 냉정한 마음을 지녀야 하니, 만일 한번이라도 부러워하는 마음이 있게 되면 문득 욕망의 경지로 치닫게 된다. 세상을 구하고 나라를 다스리는 데는 한 조각 구름이나 물과 같이 깨끗한 취미가 있어야 하니, 만일 한번이라도 탐욕이 붙게 되면 문득 위기로 떨어지게 된다.

【解說】 신라 시대에 달달박박과 노힐부득이 경치 좋은 곳에 나란히 거처를 정하고 수도(修道)를 시작하였다. 그런데 어느 날 밤에 20세쯤 된 아리따운 여인이 두 스님의 암자를 차례로 찾아왔다.

"날이 저물어 하루밤 쉬어가기를 청합니다."

그러자 달달박박은 수도하는 곳에 여인을 들일 수 없다고 거절하고 노힐부득은 받아 들여 해산(解産) 구완을 해주었다. 그 여인은 두 스님의 도심을 시험하기 위해 내려온 관음보살로 시험에 통과한 노힐부득은 먼저 성불(成佛)하고, 달달박박도 그의 도움을 받아 성불하였다 한다.

〖註釋〗 ***進德修道(진덕수도)** 덕에 나아가고 도를 닦음.

***木石的念頭(목석적염두)** 목석처럼 냉정한 생각.

***欣羨(흔선)** 기뻐하고 부러워 함.

***濟世經邦(제세경방)** 세상을 구제하고 나라를 다스림.

***雲水的趣味(운수적취미)** 떠도는 구름, 조용히 흐르는 물과 같이 한가로운 취미.

***貪著(탐착)** 욕심에 집착함.

〖字意〗 **進** : 나아갈 진, 오를 진 **欣** : 기쁠 흔 **羨** : 부러워할 선
趨 : 달릴 추 **濟** : 건질 제 **經** : 다스릴 경 **邦** : 나라 방
貪 : 욕심 탐 **著** : 붙을 착, 나타날 저, 지을 저 **墮** : 떨어질 타
危 : 위태로울 위 **機** : 기틀 기

47. 악인은 웃음소리에도 살기가 있다.

길인 무론작용안상 즉몽매신혼 무비화기
吉人은 **無論作用安祥**이요, **即夢寐神魂**도 **無非和氣**라.
흉인 무론행사낭려 즉성음소어 혼시살기
凶人은 **無論行事狼戾**요, **即聲音咲語**도 **渾是殺機**니라.

【解釋】 선한 사람은 행동이 안락하고 상서로운 것은 물론 잠자는 사이의 정신도 모두 화기에 차 있다. 흉한 사람은 행하는 일이 사나울 뿐만 아니라 말소리, 웃음소리 조차도 모두 살기를 띠고 있다.

【解說】 길한 사람은 모든 행동과 마음씨가 평화롭고 자상하지만 흉한 사람은 하는 일이 모두 사납고 거칠며 말소리, 웃음소리까지 음흉하여 살기를 머금고 있다. 즉 마음씨와 교양이 그 사람의 언행에 잘 나타난다는 뜻이다.

〖註釋〗 ***吉人**(길인) 마음이 바르고 선한 사람.
***作用**(작용) 하는 일. 행동.
***安祥**(안상) 안락하고 상서롭다.
***夢寐**(몽매) 잠자는 동안.
***神魂**(신혼) 정신, 넋.
***凶人**(흉인) 마음이 좋지 못한 사람.
***狼戾**(낭려) 이리처럼 사납다.
***聲音**(성음) 목소리.
***咲語**(소어) 웃음.
***殺機**(살기) 남을 해치는 기운. 殺氣

〖字意〗 **吉** : 길할 길, 이로울 길 **祥** : 자세할 상 **寐** : 잠잘 매
狼 : 이리 랑 **戾** : 어그러질 려 **咲** : 웃음 소

48. 남이 안 보는 곳에서 삼가라.

간수병 즉목불능시 신수병 즉이불능청
肝受病이면 則目不能視하고, 腎受病이면 則耳不能聽하니,
병수어인소불견 필발어인소공견 고 군자 욕
病受於人所不見하여 必發於人所共見이라. 故로 君子는 欲
무득죄어소소 선무득죄어명명
無得罪於昭昭어든 先無得罪於冥冥하라.

【解釋】 간에 병이 나면 눈이 보이지 않고, 신장에 병이 나면 귀가 들리지 않으니, 병은 사람이 볼 수 없는 곳에서 생겨 반드시 사람들이 모두 볼 수 있는 곳에 나타난다. 그러므로 군자는 밝은 곳에서 죄를 얻지 않으려면 먼저 어두운 곳에서 죄를 짓지 말아야 한다.

【解說】 질병이 처음에는 남이 볼 수 없는 곳에서 발생하여 나중에는 여러 사람이 다 볼 수 있게 되듯이 남이 알 수 있는 죄를 짓지 않으려면 먼저 자신만이 아는 죄를 짓지 말아야 한다. 사지(四知)란 말이 있다. 중국 후한 때 양진(楊震)은 청렴한 관리였다. 그가 고을에 부임하자 어떤 사람이 금 10근을 가져와 바치면서 아무도 모르니 받아두라고 하였다. 양진은 그걸 돌려주면서 "왜 아는 사람이 없다고 하는가? 내가 알고 그대가 알고 하늘이 알고 땅이 안다."라고 하였다.

〖註釋〗 *受病(수병) 병을 얻다.
*人所不見(인소불견) 사람들이 볼 수 없는 곳.
*昭昭(소소) 환히 밝은 곳.
*冥冥(명명) 캄캄하게 어두운 곳. 남이 모르는 곳.

〖字意〗 肝 : 간 간, 요긴할 간　目 : 눈 목　視 : 볼 시
耳 : 귀 이　受 : 받을 수　共 : 한 가지 공　得 : 얻을 득
昭 : 밝을 소　先 : 먼저 선　冥 : 어두울 명

49. 일 적은 것이 복이다.

복막복어소사 福莫福於少事하고 화막화어다심 禍莫禍於多心이니, 유고사자 唯苦事者라야 방지 方知 소사지위복 少事之爲福이요, 유평심자 唯平心者라야 시지다심지위화 始知多心之爲禍니라.

【解釋】 복은 일이 적은 복보다 더한 것이 없고, 화는 마음을 많이 쓰는 화보다 더한 것이 없다. 일에 시달려 본 사람이라야 바야흐로 일 적음이 복임을 알게 되고, 마음이 평안한 자라야만 비로소 마음 많이 쓰는 것이 화가 됨을 알 수 있다.

【解說】 현대인에게는 역설적인 말로 들리기 쉬운 내용이다. 일을 적게 하는 것이 복이요, 마음을 많이 쓰는 것이 화가 된는 말은 얼른 이해되지않는다. 그러나 억지로 일을 많이 만들어 분주하고, 매사에 고심하는 것도 복은 아닐 것이다. 평화로운 마음으로 열심히 일하고 많이 생각하고, 적당한 휴식을 취하되 괜스런 일은 떨쳐버리라는 교훈일 것이다.

〖註釋〗 ***少事(소사)** 일이 적음.
***多心(다심)** 마음을 많이 씀.
***苦事者(고사자)** 일에 괴로움을 당해 본 사람.
***平心者(평심자)** 마음이 평안한 자.

〖字意〗 **福** : 복 **복** **莫** : 말 **막** **禍** : 재앙 **화** **唯** : 오직 **유** **始** : 비로소 **시** **多** : 많을 **다**

50. 어지러운 세상에서는 원만히 처세하라.

처치세 의방 처난세 의원 처숙계지세 당
處治世엔 宜方하고 處亂世엔 宜圓하며 處叔季之世엔 當
방원병용 대선인 의관 대악인 의엄 대용
方圓並用이라. 待善人엔 宜寬하고 待惡人엔 宜嚴하며 待庸
중지인 당관엄호존
衆之人엔 當寬嚴互存이라.

【解釋】 정치가 잘 행해지는 세상에 처해서는 방정해야 하고, 어지러운 세상에 처해서는 원만해야 하며, 말세에는 방정함과 원만함을 함께 써야 한다. 선한 사람을 대할 때는 너그럽게 해야 하고, 악한 사람을 대할 때는 엄격해야 하며, 평범한 사람을 대할 때는 너그러움과 엄격함을 함께 지녀야 한다.

【解說】 방정(方正)이란 원만과 대립되는 말로 모나고 바르다는 뜻이다. 좋은 정치가 이루어지는 세상에서는 자신의 의견이나 행동을 분명하고 모나게 나타내어도 아무 탈이 없다. 그러나 어지러운 세상에서는 둥글둥글 모나지 않게 사는 게 지혜이며, 보통의 시대에는 두 가지를 함께 해야 한다. 우리가 사는 시대는 과연 어떻게 해야 할지 생각해 봄직하다.

〖註釋〗 ***治世(치세)** 잘 다스려지는 세상, 태평 시대.
***亂世(난세)** 어지러운 세상.
***叔季之世(숙계지세)** 말세. 여기서는 치세와 난세의 중간적 시대로 쓰였음.
***庸衆之人(용중지인)** 평범한 사람.

〖字意〗 **處** : 곳 **처**, 거처할 **처**, 정할 **처** **宜** : 마땅 **의** **亂** : 어지러울 **란**
圓 : 둥글 **원** **季** : 끝 **계**, 막내 **계** **叔** : 작은아버지 **숙**

51. 베푼 은혜는 생각하지 말라.

아유공어인 불가념 이과즉불가불염 인유은
我有功於人은 **不可念**이나 **而過則不可不念**이요, **人有恩**
어아 불가망 이원즉불가불망
於我는 **不可忘**이나 **而怨則不可不忘**이라.

【解釋】 내가 다른 사람에게 베푼 공은 마음에 두어서는 안 되나, 허물은 마음에 두지 않아서는 안 되고, 다른 사람이 나에게 베푼 은혜는 잊어서는 안 되나, 원망은 잊지 않아서는 안 된다.

【解說】 내가 남에게 실수한 일은 잊어서는 안되고, 남에게 받은 원한은 잊어야 한다. 조선 영조(英祖) 때 암행 어사로 유명한 박문수(朴文秀)는 조태채(趙泰采) 집안과 당이 달라 원수처럼 여기는 사이였다. 그래서 대궐에서 회식이 있을 때면 꼭 콩나물 대가리를 손으로 떼어 먹으면서 "콩나물은 대가리를 떼고 먹어야 한다"하였으니 태채는 바로 콩나물의 한자 표기로 조태채의 머리를 베겠다는 뜻을 암시한 말이다. 그런데 조태채의 아들 조관빈이 죄에 걸려 극형을 받게 되었다. 박문수는 임금에게 "조관빈의 죄가 비록 무겁다 하나 극형에는 해당되지 않습니다."하니 임금은 의아하다는 듯이 물었다.

"조관빈은 그대 집안과 원수 사이가 아닌가?"

그러자 박문수는 이렇게 말했다.

"성상께서 저의 집안 원수를 갚아 주시려면 그를 죽이십시오. 그러나 사사로운 원수와 나라의 죄와는 구별이 되니 어찌 죽을 죄가 아닌 줄 알고도 그가 죽는 것을 보고 있겠습니까?" 그래서 조관빈은 살아날 수가 있었다.

〖註釋〗 ***有功於人**(유공어인) 남에게 베푼 공.
***不可不**(불가불) …하지 않으면 안 된다.
***有恩於我**(유은어아) 나에게 베푼 은혜가 있음.

〖字意〗 **過** : 허물 **과**　**恩** : 은혜 **은**　**忘** : 잊을 **망**　**怨** : 원망할 **원**

52. 갚기를 바라면 한푼의 공도 되지 않는다.

시은자 내불견기 외불견인 즉두속 가당만종
施恩者 内不見己하고 **外不見人**하면 **則斗粟**도 **可當萬鍾**
지혜 이물자 계기지시 책인지보 수백일
之惠라 **利物者 計己之施**하고 **責人之報**하면 **雖百鎰**이라도
난성일문지공
難成一文之功이라.

【解釋】 은혜를 베푸는 자가 안으로는 자기를 보지 않고 밖으로는 남이 보이지 않으면 한 말의 곡식을 주어도 수만 섬의 곡식을 준 은혜에 해당할 것이다. 남에게 물질의 이로움을 주는 자가 자기가 남에게 베푼다는 생각을 갖고 갚기를 바란다면 비록 수천 냥을 주더라도 한 푼을 주는 공도 이루기가 어렵다.

【解說】 조건 없이 남에게 베풀면 하찮은 것이라도 은혜가 된다. 그러나 어떤 계산을 하고 보답을 바라서 하는 베품은 비록 많은 돈을 주더라도 한 푼의 공도 되지 않는다. 베품 가운데서 가장 값 있는 것은 몰래 베푸는 음덕(陰德)이다. 인조(仁祖) 때 영의정을 지낸 홍서봉(洪瑞鳳)은 어려서 집안이 무척 가난하여 채소 국도 제대로 먹지 못하고 굶을 때가 많았다. 하루 아침은 그의어머니가 여종을 시켜 생선을 사오게 하였는데, 생선이 상하여 식중독을 일으킬 것 같았다. 그의 어머니가 여종에게 물었다.

"이런 생선이 얼마나 있더냐?"

그리고는 꽂고 있던 비녀를 뽑아 여종에게 주면서 남아 있는 생선을 모조리 사다 묻게 하였다. 다른 사람이 모르고 사다 먹으면 탈이 날까 염려해서였다. 홍서봉은 그런 어머니의 행동에 감탄하였다.

"어머니의 저런 마음씨는 하늘도 감동할 것이니, 우리 집안이 번성하지 않을 수 있겠는가?"

〖註釋〗 *不見己(불견기) 자신을 보지 않는다. 즉 자신이 남에게 베푼다는 생각을 갖지 않음.
*不見人(불견인) 남이 보이지 않는다. 즉 남이 자기에게 은혜를 받는다는 생각을 갖지 않음.
*斗粟(두속) 한 말의 곡식. 작은 수량.
*萬鍾(만종) 많은 양의 곡식.
*百鎰(백일) 많은 돈.
*一文(일문) 한 푼의 돈

〖字意〗 施 : 베풀 시, 젠체할 이　己 : 몸 기　斗 : 말 두
粟 : 곡식 속　鍾 : 쇠북 종　惠 : 은혜 혜　責 : 맡을 책
報 : 갚을 보　雖 : 비록 수　鎰 : 스물넉냥 일

53. 남의 기분도 이해하라.

人之際遇(인지제우)는 有齊有不齊(유제유부제)어늘 而能使己獨齊乎(이능사기독제호)아? 己之情理(기지정리)도 有順有不順(유순유불손)이어늘 而能使人皆順乎(이능사인개순호)아? 以此相觀對治(이차상관대치)면 亦是一方便法門(역시일방편법문)이라.

【解釋】 사람들이 세상을 만남은 갖출 것을 다 갖춘 사람도 있고 다 갖추지 못한 사람도 있는데, 자기 홀로만 다 갖추기를 바라서야 되겠는가? 자신의 마음도 순탄할 때가 있고 순탄하지 못할 때가 있는데 남들은 다 순탄하기를 바라겠는가? 이것을 서로 대조하여 다스려 나가는 것도 하나의 편리한 방편이 될 것이다.

【解說】 세상은 고르지 못하여 잘 사는 사람, 못사는 사람이 있게 마련이며, 잘난 사람 못난 사람이 섞여 살게 마련이다. 그런데 유독 자신만 잘나고 잘 살기를 바라겠는가? 자신의 마음도 순할 때도 있고 순하지 못할 때도 있는데 남들 보고만 항상 순한 마음을 가지라고 할 수는 없다. 상대방의 기분을 이해하여 너무 탓하지 말아야 한다.

〖註釋〗 *際遇(제우) 여러 가지 경우. 갖가지 사정.

*相觀對治(상관대치) 다른 사람과 비교하여 균형을 잡아 다스려 나감.
*方便法門(방편법문) 불교에서 진실법문(眞實法門)에 상반되는 말로 편리하게 세상을 사는 방법이란 뜻.

〖字意〗 際 : 가 제 사귈 제 遇 : 만날 우 齊 : 엄숙할 제 使 : 부릴 사 乎 : 어조사 호

54. 깨끗한 마음으로 독서하라.

心地乾淨(심지건정)이라야 方可讀書學古(방가독서학고)라. 不然(불연)이면 見一善行(견일선행)에 竊以濟私(절이제사)하고 聞一善言(문일선언)에 假以覆短(가이부단)이리니, 是(시)는 又藉寇兵(우자구병) 而齎盜糧(이재도량)이라.

【解釋】 마음이 맑아야만 비로소 책을 읽어 옛 것을 배울 수가 있다. 그렇지 못하면 옛 사람의 한 가지 착한 행실을 보면 그것을 훔쳐 자신의 욕심을 채우고, 한 가지 착한 말을 들으면, 그것을 빌어 자기의 단점을 덮으려 할 것이니, 이는 바로 적에게 무기를 주고 도둑에게 양식을 대주는 격이다.

【解說】 조용한 마음으로 책을 읽어야 옛 현인들을 배울 수 있다. 그렇지 않으면 독서로 얻은 지식으로 자신을 이롭게 하는 무기를 삼고, 착한 행실을 듣고는 그걸 자신의 단점을 덮는데 이용한다. 이런 것은 독서가 한갓 욕심을 채우고 단점을 돕는 도구에 불과한 것이다.

〖註釋〗 *心地(심지) 마음 바탕.
*乾淨(간정) 깨끗함.
*濟私(제사) 자기의 욕심을 채움.
*覆短(부단) 단점을 덮다.
*藉寇兵而齎盜糧(자구병이재도량) 적에게 무기를 빌려주고, 도둑에게 양식을 대어주다.

〖字意〗 乾 : 마를 건, 하늘 건 淨 : 조촐할 정 讀 : 읽을 독 竊 : 훔칠 절 覆 : 덮을 부, 다시 복

假: 빌 가 **藉**: 빙자할 **자**, 도울 **자** **寇**: 도둑 **구** **齎**: 가질 **재**
糧: 양식 **량**

55. 검소한 사람은 여유가 있다.

사자	부이부족	하여검자	빈이유여
奢者는	**富而不足**하나니	**何如儉者**의	**貧而有餘**리오.
능자	노이부원	하여졸자	일이전진
能者는	**勞而府怨**하나니	**何如拙者**의	**逸而全眞**이리오?

【解釋】 사치스런 사람은 부를 누리면서도 만족할 줄을 모르니 어찌 검소한 사람의 가난하지만 여유 있는 것과 같겠는가. 능력 있는 자는 수고로움이 많으나 원망을 쌓으니 어찌 능력 없는 사람의 편안하면서도 천성을 온전히 하는 것만 같겠는가?

【解說】 사치스러운 사람은 만족을 모르니, 검소하게 사는 사람이 가난을 만족하게 여기며 사는 것만도 못하다. 우리 나라 선비들은 가난을 미덕으로 알고 살아 왔다. 우리가 지금 생각해 보면 마땅치 못한 생활철학 가운데 하나이다. 아정(雅亭) 이덕무(李德懋)와 혜풍(惠風) 유득공(柳得恭)은 정조 시대 사검서(四檢書)로 문명이 당대에 높았다. 둘이 만나면 자주 술을 마셨는데, 하루는 돈이 떨어지자 유득공이 집에 있던《맹자(孟子)》한 질을 팔아 술집으로 갔다. 그렇게 산 술을 다 마신 유득공은,

"《맹자》한 질을 이제야 뱃속에 넣었군."하였다. 다음 번에는 이덕무가 소장하고 있던 책을 판 것은 물론이다. 그의 일기 한 토막을 소개한다.

"내 작은 초가가 너무 추워 입김이 서려 성애가 되어 이불깃에서 와삭와삭 소리가 난다. 밤중에 일어나 책을 펴 이불 위에 죽 덮어 추위를 막았으니 망정이지 그렇지 않았으면 얼어 죽었을 것이다.

〖註釋〗 ***富而不足(부이부족)*** 부하면서도 부족을 느끼는 것. ***貧而有餘(빈이유여)*** 가난하면서도 여유가 있는 것.

*勞而府怨(노이부원) 수고롭게 일하면서도 원망을 사는 것.

*逸而全眞(일이전진) 편안하고 천성을 그대로 보전함.

〖字意〗 奢 : 사치스러울 사, 조카사위 사 儉 : 검소할 검 餘 : 남을 여 能 : 능할 능 勞 : 수고로울 로 府 : 마을 부 拙 : 어리석을 졸 逸 : 편안할 일

56. 의관을 갖춘 도둑.

讀書(독서)하되 不見聖賢(불견성현)하면 爲鉛槧庸(위연참용)이요, 居官(거관)하되 不愛子民(불애자민)하면 爲衣冠盜(위의관도)라. 講學(강학)하되 不尙躬行(불상궁행)이면 爲口頭禪(위구두선)이요, 立業(입업)하되 不思種德(불사종덕)하면 爲眼前花(위안전화)라.

【解釋】 책을 읽으면서 성현을 보지 못하면 책의 노예가 되고, 벼슬에 있으면서 백성을 사랑하지 않으면 의관을 갖춘 도둑이 된다. 학문을 가르치면서 몸소 실천함을 숭상하지 않으면 구두선이 되고, 사업을 하면서 은덕 베풀기를 생각하지 않으면 금방 시드는 꽃이 된다.

【解說】 벼슬이란 자신의 부귀를 채우기 위해 있는 것이 아니요, 백성을 돌보기 위해 있는 것이며, 사업을 해서 돈을 버는 것은 만인을 구제하기 위해서이지 일신의 영화를 위해서가 아니라는 것이다.

조선 정조 때 제주도에 큰 흉년이 들었다. 이 때 빈민들을 구제한 것은 조정이나 제주 목사가 아니라 미천한 기녀 출신의 만덕이란 여인이었다. 그녀는 어려서 기적(妓籍)에 들어 돈을 모은 후 무서운 가난을 다시는 겪지 않기 위해 악착스레 돈을 벌었다. 그런데 막상 많은 돈을 모으고 보니 그 돈은 자신을 위해 있는 돈이 아님을 알았다. 그래서 흔연히 그 돈과 곡식을 내어 놓았던 것이다. 나라에서는 그녀의 가상한 마음을 위로하기 위해 소원대로 궁궐로 초대하고, 금강산 구경을 시켜주었다.

〖註釋〗 *鉛槧庸(연참용) 글을 베끼는 고용인. 서노(書奴).
*子民(자민) 백성.
*衣冠盜(의관도) 의관을 갖춘 도둑, 즉 탐관 오리.
*躬行(궁행) 몸소 실천함.
*口頭禪(구두선) 말로만 하는 참선.
*種德(종덕) 은덕을 심음.
*眼前花(안전화) 눈 앞에 잠깐 피었다가 곧 시드는 꽃.

〖字意〗 賢 : 어질 현 鉛 : 납 연 槧 : 서판 참 冠 : 갓 관
庸 : 쓸 용. 여기서는 고용한다는 뜻의 용(傭)과 통함. 盜 : 도둑 도
講 : 강론할 강 尙 : 숭상할 상 躬 : 몸 궁 禪 : 참선할 선
種 : 심을 종

57. 외물에 구애받지 말고 본래의 것을 찾으라.

人心(인심)에 有一部眞文章(유일부진문장)이로되 都被殘編斷簡封錮了(도피잔편단간봉고료)하며 有一部眞鼓吹(유일부진고취)로되 都被妖歌艷舞湮沒了(도피요가염무인몰료)하니 學者(학자)는 須掃除外物(수소제외물)하고 直覓本來(직멱본래)하여 纔有個眞受用(재유개진수용)하라.

【解釋】 사람의 마음 속에는 한 편의 참다운 문장이 있지만 모두 옛 사람이 남긴 조각 글에 구애 받고, 한 곡조의 참다운 음악이 있지만 모두 요염한 가무에 인멸됨을 입는다. 그러므로 배우는 사람은 모름지기 외물을 쓸어버리고 곧바로 본래의 것을 찾아야만 겨우 참된 것을 받아들이게 된다.

【解說】 사람에게는 문장, 음악에 대한 소질이 있어 참다운 문장, 음악에 접근할 수 있는데, 기존의 이론에 이끌려 거기에 접근할 수 없다. 책은 하나의 길잡이이니 거기에 매달릴 필요는 없다.

〖註釋〗 *眞文章(진문장) 참다운 문장.
*殘編(잔편) 옛 사람이 남긴 책.
*斷簡(단간) 조각난 글, 편지.

*封錮(봉고) 갇히다.
*鼓吹(고취) 북을 치고 피리를 부는 것. 음악.
*妖歌(요가) 건전하지 못한 노래.
*艶舞(염무) 요염한 춤.
*湮沒(인몰) 파묻혀 없어짐.
*掃除(소제) 쓸어 없애는 것.
*外物(외물) 외부의 유혹

〖字意〗 部 : 떼 부, 거느릴 부　章 : 글 장　被 : 입을 피
殘 : 남을 잔, 쇠잔할 잔, 나머지 잔　編 : 엮을 편　斷 : 끊어질 단
簡 : 편지 간, 간소할 간, 진실로 간　鼓 : 북 고,　吹 : 맛 불 취
妖 : 요사스러울 요, 아양부릴 요　艶 : 아름다울 염　舞 : 춤 무
湮 : 떨어질 인　沒 없어질 몰　掃 : 쓸 소　覓 : 찾을 멱

58. 괴로움 뒤에 기쁨이 있다.

苦心中(고심중)에 常得悅心之趣(상득열심지취)하고 得意時(득의시)에 便生失意之悲(변생실의지비)니라.

【解釋】 마음이 괴로울 때에는 항상 마음을 기쁘게 하는 멋을 가져야 하고, 득의할 때에는 문득 실의의 슬픔이 생기게 마련이다.

【解說】 고진감래(苦盡甘來), 흥진비래(興盡悲來)란 세상살이의 평범한 진리이다. 이런 이치를 깨달으면 괴로울 때 즐거운 희망을 가질 수 있고, 너무 일이 순조롭게 되는 때에는 앞날을 예비하여 삼가고 두려워 할 줄 알아야 한다.

〖註釋〗 *苦心(고심) 마음이 괴로운 것.
*得意(득의) 뜻을 얻었을 때.
*悅心之趣(열심지취) 마음을 기쁘게 하는 멋.
*失意之悲(실의지비) 실의에 잠기는 슬픔.

〖字意〗 苦 : 괴로울 고, 가난할 고　常 : 항상 상　悅 : 기쁠 열
趣 : 취미 취　悲 : 슬플 비

59. 권력으로 얻은 부귀 명예는 꽃병의 꽃이다.

富貴名譽(부귀명예)가 自道德來者(자도덕래자)는 如山林中花(여산림중화)하여 自是舒徐繁衍(자시서서번연)하고, 自功業來者(자공업래자)는 如盆檻中花(여분함중화)하여 便有遷徙廢興(변유천사폐흥)하며, 若以權力得者(약이권력득자)는 如甁鉢中花(여병발중화)하여 其根(기근)을 不植(불식)이니 其萎(기위)를 可立而待矣(가립이대의)라.

【解釋】 부귀, 명예가 도덕으로부터 얻어진 것은 산 속에 핀 꽃과 같아 저절로 천천히 무성해지고, 공업에서 온 것은 마치 화분의 꽃과 같아 문득 옮겨져서 흥하고 폐함이 있으며, 만약 권력으로부터 얻어진다면 마치 화병 속의 꽃과 같아 뿌리를 심은 것이 아니니, 그 시드는 것은 서서도 기다릴 수 있다.

【解說】 정의로운 재산, 노력에 의해 얻은 지위는 오래도록 보전할 수가 있다. 그러나 권력에 의해 강점한 부나 정당하지 못한 방법으로 일확천금한 재산은 오래 지탱하지 못한다. 그것은 마치 꽃병에 꽂은 꽃처럼 뿌리가 없기 때문이다.

〖註釋〗 *山林中花(산림중화) 숲에 피는 꽃. 산속에 피는 꽃
*舒徐(서서) 천천히.
*繁衍(번연) 무성해 짐.
*盆檻(분함) 화분.
*遷徙(천사) 옮김.
*廢興(폐흥) 흥하고 망하는 것.
*甁鉢(병발) 병이나 바릿대, 즉 화병.
*立而待(입이대) 서서 기다려도 된다. 즉, 오랜 시간이 걸리지 않는다.

〖字意〗 譽 : 기릴 예, 칭찬할 예 舒 : 펼 서, 한가할 서, 천천히할 서
徐 : 천천히 서 繁 : 번성할 번 衍 : 성할 연 盆 : 동이 분
檻 : 난간 함 徙 : 옮길 사 鉢 : 바릿대 발 萎 : 시들 위
待 : 기다릴 대

60. 좋은 언행은 선비의 기본이다.

준지시화 화상포일단호색 조차전기구호음
春至時和하면 花尙鋪一段好色하고 鳥且囀幾句好音하니
사군자 행렬두각 부우온포 불사립호언행호사
士君子가 幸列頭角하고 復遇溫飽하여 不思立好言行好事하면
수시재세백년 흡사미생일일
雖是在世百年이라도 恰似未生一日이라.

【解釋】 봄이 와서 시절이 화창해지면 꽃들도 오히려 한층 아름다운 색깔을 펴고, 새들도 몇 곡조 아름다운 노래를 지저귄다. 사군자가 다행히 두각을 드러내고 거기다가 따뜻이 입고 배불리 먹으면서 좋은 말을 하고 좋은 일 행하기를 생각하지 않는다면 이는 비록 1백년을 살더라도 하루도 사는 것이 아님과 같다.

【解說】 좋은 세상을 만나 자신의 포부를 펴기 위해 벼슬하고 배불리 먹고 따뜻이 입는 것은 참으로 좋은 일이다. 또 거기에서 그치지 말고 사회의 지도 계층인 사군자는 좋은 본보기를 보여 사회를 이끌어야 할 의무가 있다. 그런데 지위와 권력을 이용하여 자신만이 배부르고 따뜻하기를 구하면 이는 1백년을 살아도 하루 사는 것 만큼의 가치도 없는 인생이다.

〖註釋〗 *時和(시화) 화창한 계절.
*好音(호음) 좋은 노래.
*士君子(사군자) 선비.
*頭角(두각) 머리를 드러냄.
*温飽(온포) 따뜻히 입고 배불리 먹음.
*立好言(입호언) 좋은 말을 함.
*行好事(행호사) 좋은 일을 행함.

〖字意〗 春 : 봄 춘, 화할 춘　尙 : 오히려 상　鋪 : 깔 포
囀 : 지저귈 전　幾 : 몇 기　幸 : 다행 행　角 : 뿔 각
飽 : 배부를 포　恰 : 비슷한 흡　似 : 같을 사

61. 너무 청고하지 말라.

學者(학자)는 要有段兢業的心思(요유단긍업적심사)하고 又要有段瀟灑的趣味(우요유단소쇄적취미)라. 若一味斂束淸苦(약일미렴속청고)하면 是(시)는 有秋殺無春生(유추살무춘생)이니 何以發育萬物(하이발육만물)이리오?

【解釋】 배우는 사람은 일단 일을 부지런히 처리하는 마음을 지녀야 하고, 또 맑고 시원한 취미를 지녀야 한다. 만약 한결같이 규칙만 따라 청고하면 이는 가을의 살기(殺氣)만 있고 봄의 생기(生氣)가 없는 것이니 무엇으로 만물을 발육시키겠는가?

【解說】 학문을 하는 사람은 다른 사람들의 사표(師表)가 되어야 하는 만큼 항상 처신에 조심하여야 한다. 그렇다고 해서 소탈하고 맑은 취향을 기르지 않으면 기상이 답답해질 것이니 이에 조심하지 않으면 안 된다.

〖註釋〗 *兢業(긍업) 일을 삼감. 일에 부지런함.
*瀟灑(소쇄) 산뜻하고 깨끗함.
*一味(일미) 한 가지의 맛. 변화가 없이 한결같음.
*斂束(염속) 거두어 묶은. 단속.
*淸苦(청고) 지나치게 맑음.
*秋殺(추살) 만물을 시들게 하는 가을의 살기.
*春生(춘생) 만물을 소생시키는 봄의 기운.

〖字意〗 兢 : 조심할 긍, 굳셀 긍 瀟 : 맑을 소 灑 : 물뿌릴 쇄
斂 : 거둘 렴 束 : 묶을 속 苦 : 괴로울 고 育 : 기를 육

62. 참된 청렴에는 이름이 없다.

진렴 무렴명 입명자 정소이위탐 대교 무
眞廉은 **無廉名**이니 **立名者**는 **正所以爲貪**이요, **大巧**는 **無**
교술 용술자 내소이위졸
巧術이니 **用術者**는 **乃所以爲拙**이라.

【解釋】 참된 청렴에는 청렴하다는 이름이 없고, 청렴하다는 이름을 얻고자 하는 자는 탐욕스럽기 때문이며, 큰 기교가 있는 사람은 교묘한 술책을 부리지 않으니, 술책을 부리는 자는 못났기 때문이다.

【解說】 참으로 청렴한 사람은 남이 그의 청렴을 모르게 해야 한다. 세상에 청렴하다는 이름이 떠들썩하게 알려진 사람들은 청렴하다는 이름을 탐해서 청렴한 척한 사람이 많다.

조선 중종 때 학자인 김안국(金安國)은 청렴하기로 유명하였다. 그가 고양(高陽)에 물러나 있는데 한번은 그의 동생 김정국(金正國)이 찾아왔다. 둘이 서로 환담을 하고 있는데 어떤 사람이 수박을 가지고 와서 바치니, 김안국은 얼른 받고는 장부에 그 사람의 이름과 물명을 적는 것이었다. 깜짝 놀란 김정국이 물었다.

"그까짓 하찮은 물건을 받아 무엇하시려고 청렴한 이름을 더럽히십니까?"

그러자 김안국은 웃으면서 이렇게 말했다.

"순박한 시골 노인의 정성을 내 청렴을 위해 어찌 거절하겠는가?"

"받으셨으면 되지 장부에 기록까지 할 필요는 없지 않습니까?"

"책에 기록해 두지 않으면 잊기가 쉽네. 남의 은혜를 잊는 것도 도리가 아니지 않겠나?"

〖註釋〗 ***眞廉(진렴)*** 참다운 청렴.
立名者(입명자) 이름을 세우는 사람.
大巧(대교) 크게 똑똑함.
用術(용술) 술책을 부림.

〖字意〗 **廉**：청렴할 렴　　**貪**：탐욕스러울 탐　　**術**：꾀 술
拙：못날 졸

63. 소유하지 말라.

기기　　이만복　　　박만　　이공전　　　　고　　군자　　　영
敧器는 **以滿覆**하고 **撲滿**은 **以空全**이라. **故**로 **君子**는 **寧**
거무　　　　불거유　　　　영처결　　　　불처완
居無이언정 **不居有**하며 **寧處缺**이언정 **不處完**이라.

【解釋】 기기는 가득차게 되면 넘어지고 박만은 속이 비어 있으면 온전하다. 그러므로 군자는 차라리 무(無)의 경지에 처할지언정 유(有)의 경지에 처하지 않으며, 차라리 모자라는 경지에 처할지언정 완전한 곳에 처하지 않는다.

【解說】 무소유(無所有)가 참다운 소유이며 완전한 행복보다는 조금 아쉬운 듯한 행복이 값지다.

〖註釋〗
*敧器(기기) 그릇 이름. 의기(欹器) 또는 유좌기(宥坐器)라고도 한다. 이 그릇은 속이 비면 기울어지고, 반쯤 채우면 반듯해지고, 가득 채우면 넘어진다고 한다. 그래서 중용(中庸)의 도를 배우는 표준으로 삼았다.
*樸滿(박만) 흙으로 만든 저금통. 술을 넣는 구멍만 있고 나오는 구멍이 없으므로 가득차면 깨뜨려야 한다.
*不居有(불거유) 소유하는 데 처하지 않다.
*不處完(불처완) 완전한 데 처하지 않는다.

〖字意〗 **器**：그릇 기, 중히여길 기　　**滿**：가득할 만　　**覆**：넘어질 복
空：빌 공　　**全**：온전할 전　　**寧**：차라리 영　　**缺**：모자랄 결

64. 객기는 금물이다.

명근미발자 名根未拔者는 종경천승감일표 縱輕千乘甘一瓢라도 총타진정 總墮塵情이요, 객기 客氣 미융자 未融者는 수택사해리만세 雖澤四海利萬世라도 종위잉기 終爲剩技니라.

【解釋】 명예에 대한 뿌리를 뽑아버리지 못한 사람은 비록 임금의 자리를 가볍게 여기고 한 표주박의 음식을 달게 여기더라도 속세의 욕망에 빠진 것이며, 객기를 없애지 못한 자는 비록 세상에 은택을 주고 만세에 이로움을 주더라도 마침내는 여기(餘氣)가 되고 만다.

【解說】 명예를 얻겠다는 마음의 뿌리를 뽑지 않으면 제왕(帝王)의 지위를 가볍게 여기더라도 속된 마음을 벗어날 수 없다.

양녕대군(讓寧大君)은 세자의 지위를 동생 충녕대군(忠寧大君)에게 양보한 지극한 겸양의 덕이 역사에 기록되고 있다. 그러나 양녕대군도 속세의 마음은 떨쳐 버리지 못하였다. 후에 단종(端宗: 세종의 손자)을 폐위시킬 때 이런 상소를 올렸다.

"지난번 사육신의 난에 단종이 깊이 관계하였으니, 처형하여야 합니다."

〖註釋〗 *名根(명근) 명예에 집착하는 마음의 뿌리.

*千乘(천승) 제후(諸侯). 임금.

*一瓢(일표) 한 표주박에 담은 하찮은 음식.

*塵情(진정) 속된 마음.

*客氣(객기) 쓸 데 없는 기개. 쓸 데 없는 용기.

*四海(사해) 온 세상.

*剩技(잉기) 남은 재주. 쓸 데 없는 기능.

〖字意〗 根: 뿌리 근, 수레이름 근　拔: 뽑을 발　縱: 비록 종
輕: 가벼울 경　乘: 수레 승, 탈 승, 다스릴 승　瓢: 표주박 표
塵: 티끌 진　融: 녹일 융　澤: 혜택 택, 못 택, 윤택할 택
終: 마침내 종　剩: 남을 잉

65. 마음이 어두우면 대낮에 도깨비가 나타난다.

심체광명 암실중 유청천 염두암매 백일
心體光明하면 暗室中에 有青天이요 念頭暗昧하면 白日
하 생려귀
下에 生厲鬼니라.

【解釋】 마음이 광명 정대하면 캄캄한 방 가운데에도 푸른 하늘이 있고, 생각이 캄캄하면 밝은 낮에도 악귀가 나타난다.

【解說】 내 마음이 광명 정대하면 세상에 두려울 것이 없다. 내가 자신에 부끄러움이 없으니 세상을 뒤덮을 만한 부귀, 권력에도 굴하지 않을 수가 있는 것이다. 그렇지 못하고 마음에 어두운 그늘이 있으면 사물이 거기에 따라 모두 우울하게 보이고, 어쩐지 자신이 떳떳하지 못하여 밝은 태양을 두려워한다.

〖註釋〗 *心體(심체) 마음의 바탕.
*光明(광명) 밝음.
*暗室(암실) 어두운 방.
*青天(청천) 푸른 하늘.
*念頭(염두) 생각.
*暗昧(암매) 컴컴함, 어리석음.
*白日(백일) 밝은 대낮.
*厲鬼(여귀) 악귀, 마귀.

〖字意〗 體 : 몸 체 暗 : 어두울 암 室 : 방 실 青 : 푸를 청
昧 : 어두울 매 厲 : 사나울 려 鬼 : 귀신 귀

66. 명예와 지위가 없는 즐거움.

인지명위위락 부지무명무위지락위최진 인지
人知名位爲樂하고 不知無名無位之樂爲最眞하며, 人知
기한위우 부지불기불한지우위갱심
饑寒爲憂하고 不知不饑不寒之憂爲更甚이라.

【解釋】 사람들은 명예와 지위가 즐거운 것인 줄만 알고, 명예와 지위

가 없는 즐거움이 가장 참된 즐거움인 줄을 모른다. 사람들은 굶주리고 추위에 떠는 것을 걱정할 줄만 알고, 굶주림과 추위에 떨지 않는 근심이 더욱 심함을 모른다.

【解說】 남 포(南褒)는 중종 때 권신으로 유명한 남곤(南袞)의 동생이었다. 그는 형이 권력에 눈이 어두워 날뛰는 것을 보다 못하여 거짓 눈이 멀었다 핑계하고는 벼슬에서 물러나 무명 옷과 해진 갓을 쓰고 전국 산천을 유람하며 일생을 마쳐 형은 더러운 이름을 남긴 반면 그는 깨끗한 이름을 역사에 남겼다.

〖註釋〗 ***名位(명위)** 명예와 지위.
***無名無位之樂(무명무위지락)** 명예와 지위가 없는 즐거움.
***饑寒(기한)** 굶주리고 추위에 떠는 것.
***不饑不寒之憂(불기불한지우)** 굶주리지 않고 추위에 떨지 않는 근심.

〖字意〗 **位** : 자리 **위**, 바를 **위** **樂** : 즐거울 **락** **最** : 가장 **최**
眞 참 **진** **饑** 굶주릴 **기** **寒** : 추울 **한** **憂** : 근심 **우**
更 : 다시 **갱**, 고칠 **경**, 대신할 **경** **甚** : 심할 **심**

67. 선은 악의 근원이다.

> 위악이외인지 악중 유유선로 위선이급인지
> **爲惡而畏人知**는 **惡中**에 **猶有善路**요, **爲善而急人知**는
> 선처즉시악근
> **善處卽是惡根**이라.

【解釋】 악을 행하고 나서 사람들이 알까 두려워하는 것은 악한 가운데도 오히려 선한 마음이 있기 때문이요, 선한 일을 행하고서 사람들이 빨리 알아주었으면 하는 마음이 급한 것은 선을 행하는 것이 바로 악의 근원이기 때문이다.

【解說】 남이 알아주기 위해 선한 일을 하는 것은 아니지만 알아주었으면 하는 것이 보통 사람의 마음이다.

중국 춘추 시대 초(楚) 나라의 대부(大夫)에 손숙오(孫叔敖)란 인물이 있었는데 그가 어려서의 일이었다. 하루는 울면서 돌아온 아들을 보고 그의 어머니가 까닭을 묻자, 손숙오는 이렇게 말하였다.

"제가 오늘 머리 둘 달린 뱀을 보았습니다. 그 뱀을 보면 곧 죽는다고 하기에 울었습니다."

"그래, 그 뱀을 어떻게 했느냐?"

"저야 이미 보았으니 할 수 없지만 남이 보고 저와 같은 불행을 당하지 않게 하기 위해 죽여서 묻었습니다."

그 말을 듣자, 어머니는 아들의 등을 두드리며 말했다.

"너는 죽지 않을 테니 걱정하지 말거라.남을 위해 그런 훌륭한 일을 하였는데 하늘이 어찌 불행을 내리겠느냐?"

〖註釋〗 *畏人知(외인지) 남이 알까 두렵다.

*善路(선로) 선한 길. 선을 행하려는 마음.

*急人知(급인지) 남이 알아주기를 급히 여김.

*惡根(악근) 악의 근원

〖字意〗 惡 : 악할 **악**. 미워할 **오**　畏 : 두려울 **외**　猶 : 오히려 **유**

善 : 착할 **선**　路 : 길 **로**　急 : 급할 **급**　知 : 알 **지**

處 : 처할 **처**, 곳 **처**, 정할 **처**　根 : 뿌리 **근**

68. 편안할 때 위태로움을 생각하라.

天地機緘(천지기함)은 不測(불측)하여 抑而伸(억이신)하고 伸而抑(신이억)하니 皆是播弄(개시파롱)英雄(영웅)하고 顚倒豪傑處(전도호걸처)라. 君子(군자)는 只是逆來順受(지시역래순수)하고 居安思危(거안사위)하니 天亦無所用其技倆矣(천역무소용기기량의)라.

【解釋】 하늘의 기밀(機密)은 헤아리기가 어려워서 억제하였다가 신장시키기도 하고, 신장시켰다가 억제하기도 하니, 모두 영웅을 조롱하고 호걸을 넘어뜨리는 것이다. 군자는 다만 거슬리는 운명이 와도 순리로

받아들이고 편안하게 있을 때에 위태로울 때를 생각하니, 하늘 역시 그런 기량을 사용하지 못한다.

【解說】 하늘은 너무 지나치면 억제했다가 다시 펴주는가 하면, 영웅호걸을 내었다가 곧 패망시키는 등 걷잡을 수가 없다. 그런 뜻을 알고 하늘의 뜻에 따르는 것이 인생이다. 연산군 때 대제학을 지낸 홍귀달(洪貴達)은 처음 함양(咸陽)의 한 병사였다. 그러다 과거를 보아 이조판서를 거쳐 대제학(大提學)을 지냈다. 성품이 강직하여 평소 연산군의 비위를 많이 건드렸는데, 그의 손녀를 세자빈(世子嬪)으로 들이라는 명을 거역하고 귀양을 가 사약을 받았다. 그는 집안 식구와 작별하면서 이렇게 말했다.

"다 하늘의 뜻이다. 내가 함양의 일개 병졸로 재상까지 되었으니 부귀는 본래 내 소유가 아니었다."

〖註釋〗 *機緘(기함) 기밀(機密).
*不測(불측) 헤아리기 어렵다.
*抑而伸(억이신) 억제하였다가 신장시킴.
*伸而抑(신이억) 신장시켰다가 다시 억제시킴.
*播弄(파롱) 희롱함.
*逆來順受(역래순수) 역경이 오더라도 순하게 받아들임.
*居安思危(거안사위) 편안할 때 위태로움을 생각함.
*技倆(기량) 기술, 재주.

〖字意〗 緘 : 봉할 함, 묶을 함 測 : 헤아릴 측 抑 : 누를 억
伸 : 펼 신 播 : 심을 파 弄 : 희롱할 롱 英 : 꽃뿌리 영
雄 : 수컷 웅, 웅장할 웅, 영웅 웅 豪 : 호걸 호 傑 : 호걸 걸
逆 : 거스릴 역 倆 : 재주 량

69. 융통성 없는 사람은 복이 없다.

燥性者(조성자)는 火熾(화치)하여 遇物則焚(우물즉분)하고 寡恩者(과은자)는 冰淸(빙청)하여 逢物必殺(봉물필살)하며 凝滯固執者(응체고집자)는 如死水腐木(여사수부목)하여 生機已絶(생기이절)하니 俱難建功業而延福祉(구난건공업이연복지)니라.

【解釋】 성질이 조급한 자는 타는 불꽃 같아서 만나는 것마다 불태우고, 은혜가 적은 사람은 너무 얼음처럼 맑아서 만나는 것마다 반드시 죽이고 말며, 꼭 막혀 고집이 센 자는 고인 물이나 썩은 나무 같아서 생기가 이미 끊어져 모두 공업을 세우고 복을 맞아들이기가 어렵다.

【解說】 여기에 열거된 사람은 모두 수양이 부족한 사람들이다. 옛날 선비들은 조급하게 구는 것을 막기 위해 방울을 차고 다녔다 한다. 생각을 적게 한 사람은 남을 이롭게 함이 없고, 고집이 세고 꼭 막힌 사람은 마치 썩은 나무나 물과 같이 생기가 전혀 없어 공로를 세우지도 못하고 복도 받지 못한다.

〖註釋〗 *燥性者(조성자) : 성질이 조급한 사람.
*火熾(화치) : 불꽃.
*寡恩者(과은자) : 은혜로움이 적은 사람.
*氷淸(빙청) : 얼음처럼 맑음.
*凝滯固執者(응체고집자) : 꼭 막혀 고집이 센 사람.
*死水(사수) 웅덩이에 괸 썩은 물.
*腐木(부목) 썩은 나무.
*福祉(복지) : 복.

〖字意〗 燥 : 마를 조, 녹일 조 熾 : 활활 탈 치 遇 : 만날 우
焚 : 탈 분 寡 : 적을 과 恩 : 은혜 은 逢 : 만날 봉
凝 : 엉킬 응 滯 : 막힐 체 執 : 잡을 집 腐 : 썩을 부
俱 : 함께 구 延 : 맞을 연 祉 : 복 지

70. 복은 억지로 구할 수 없다.

복 불 가 요 양 희 신 이 위 소 복 지 본 이 이 화 불 가 피
福不可徼니 養喜神하여 以爲召福之本而已요, 禍不可避니
거 살 기 이 위 원 화 지 방 이 이
去殺機하여 以爲遠禍之方而已니라.

【解釋】 복은 억지로 구해서는 안 되니, 즐거운 마음을 함양하여 복을 부르는 근본을 삼아야 할 뿐이며, 화는 피해서는 안 되고 살기를 제거하여 화를 멀리하는 방편을 삼아야 할 뿐이다.

【解說】 복은 구한다고 해서 되는 것이 아니요, 덕을 쌓아야 하며, 닥쳐오는 화를 피하려 애쓸 것이 아니라 살리기를 좋아하는 마음을 가져야 한다.

연산군 때 사람 이인(李麟)이 박팽년의 딸에게 장가드는 첫날밤이었다. 꿈에 한 노인이 나타났다.

"공은 어서 일어나 내 여덟 아들을 살려 주십시오. 지금 내 아들들이 끓는 물 속에 들어가고 있습니다."

이인은 이상한 생각이 들어 아내를 깨워 부엌으로 나가보게 하니, 방금 자라 여덟 마리를 끓이려는 중이었다. 깜짝 놀란 이인은 아내와 함께 그 자라를 가져다 강물에 방생하였다. 이튿날 밤 꿈에 다시 그 노인이 나타나,

"고맙습니다. 공의 후한 덕은 꼭 보상을 받을 것입니다."

하고는 사라졌다. 과연 이인은 훌륭한 아들 여덟을 두었는데 모두 물에 사는 동물로 이름을 붙였다.

이와 반대되는 이야기가 있다. 조선 중종 대 좌의정을 지낸 안 당(安瑭)은 기묘사화 때 신진 사류들을 구하기 위해 애를 많이 쓴 명재상이었다. 그런데 자라를 즐겨 먹는 벽이 있어, 서울 근처의 강에서 잡히는 자라는 모두 그의 집으로 모이는 형편이었다. 그런데 하루 아침에는 일어나 보니 동전 크기만한 자라 새끼들이 뜰에 가득 차 돌아다니는 것이 아닌가? 하인들을 시켜 쓸어다 강에 버리고 나면 또 어디서 몰려오는지 다시 가득하곤 하였다. 그런 얼마 후 아들 처겸(處謙)이 모함을 받아 죽고 자신도 거기에 연루되어 화를 당하고 말았다.

〖註釋〗 ***喜神(희신)** 기쁜 마음.
***召福之本(소복지본)** 복을 부르는 근본.
***殺機(살기)** 남을 해치려는 마음.
***遠禍之方(원화지방)** 화를 멀리하는 방도.

〖字意〗 徼 : 구할 **요**, 돌아다닐 **요**　養 : 기를 **양**　喜 : 기쁠 **희**
召 : 부를 **소**　禍 : 재앙 **화**　避 : 피할 **피**　機 : 기틀 **기**
遠 : 멀 **원**　方 : 방위 **방**, 방법 **방**, 모질 **방**　已 : 말 **이**

71. 침묵하고 기교를 부리지 말라.

십어구중 미필칭기 일어부중 즉건우변집
十語九中이라도 未必稱奇나 一語不中이면 則愆尤駢集하며,

십모구성 미필귀공 일모불성 즉자의총흥
十謀九成이라도 未必歸功이나 一謀不成이면 則訾議叢興하나니

군자 소이녕묵 무조 영졸 무교
君子는 所以寧默이언정 毋躁하고 寧拙이언정 毋巧니라.

【解釋】 열 마디 말 가운데 아홉 마디가 맞더라도 반드시 기이하다고 칭찬하지 않지만 한 마디 말이 맞지 않으면 허물이 한꺼번에 몰려 들며, 열 가지 꾀 가운데 아홉 가지가 성공하더라도 공으로 돌리지 않으나 한 가지 꾀라도 이루어지지 않으면 비난하는 말이 떼로 일어난다. 그러므로 군자는 차라리 침묵할지언정 함부로 떠들지 않고 차라리 못난 체할지언정 재주를 부리지 않는다.

【解說】 정도전은 조선 왕조 건국의 일등 공신이었다. 지금의 서울 터를 잡아 성을 쌓고 각 궁궐의 이름을 지은 것도 그였으며, 법전(法典)을 정리하여 조선 왕조의 기틀을 세웠다. 그의 공로를 태조는 이렇게 기렸다.

"오늘날 내가 이 자리에 오를 수 있었던 것은 모두 경의 공로이다. 자자손손 우리 왕조와 함께 복록을 누릴 것이오."

그런데, 왕자(王子)의 난이 일어났다. 방석(芳碩)을 추대하려던 정도전은 결국 방원(芳遠 : 太宗)에게 죽음을 당하고 말았다. 아홉 번의 공이 한 번의 실수를 감싸주지 못했던 것이다.

〖註釋〗 *十語九中(십어구중) 열 마디 말 가운데 아홉이 맞다.
*稱奇(칭기) 기이하다고 칭찬함.
*愆尤(건우) 허물을 탓함.
*駢集(변집) 사방에서 일제히 모여 듦.
*歸功(귀공) 공로로 돌리는 것.
*訾議(자의) 헐뜯는 의논.
*叢興(총흥) 무더기로 일어남.

〖字意〗 中 : 맞을 중, 가운데 중　稱 : 일컬을 칭, 맞을 칭, 저울 칭
謀 : 꾀 모　歸 : 돌아갈 귀　訾 : 헐뜯을 자　叢 : 무더기 총
默 : 묵묵할 묵　躁 : 바시댈 조

72. 온화한 사람에게 복이 있다.

天地之氣暖則生(천지지기난즉생)하고 寒則殺(한즉살)이라. 故(고)로 性氣淸冷者(성기청랭자)는 受享亦涼薄(수향역량박)하니 唯和氣熱心之人(유화기열심지인)이라야 其福亦厚(기복역후)하고 其澤亦長(기택역장)이라.

【解釋】 천지의 기운이 따듯하면 만물이 소생하고, 추우면 죽게 된다. 그러므로 성품과 기질이 맑고 차가운 사람은 누리는 바 역시 박하니, 오직 기질이 온화하고 마음이 뜨거운 사람이라야만 그 복 역시 후하고 그 은택 역시 오래 간다.

【解說】 연산군이 세자로 있을 때 조지서(趙之瑞)와 허침(許琛)이 스승이 되었다. 어린 연산군은 장난이 심하고 놀기를 좋아하여 학문에 진보가 없었다. 조지서는 성격이 냉엄하여 연산군이 조금만 한눈을 팔면 책을 그 앞에 던지며,

"공부에 힘을 쓰지 않으면 전하께 아뢰어 혼을 내겠습니다."

이와 반면 허침은 항상 온화한 말로 타일러, 연산군이 허침만을 따르게 되었다. 그래서 벽에다 '조지서는 큰 소인이요, 허침은 큰 성인이다.'라는 낙서까지 하게 되었다. 그러다 성종이 승하하고 연산군이 즉위하자 신변에 위험을 느낀 조지서는 지방 수령을 자청하여 나갔 다가 얼마 후에는 아예 벼슬을 버리고 은거하였다. 그러다 갑자사화가 일어나 죽음을 당하여 시체는 강물에 던져지고, 재산은 적몰되었다.

〖註釋〗 *性氣(성기) 성품과 기질.　*淸冷(청랭) 맑고 차가움.

*受享(수향) 받아 누리는 것. 향수(享受).

*涼薄(양박) 쌀쌀하고 얄팍함.

*和氣熱心(화기열심) 기질이 따뜻하고 마음이 뜨거움.

〖字意〗 暖 : 더울 난, 온유할 난 寒 : 추울 한 冷 : 찰 랭
受 : 받을 수 涼 : 서늘할 량 薄 : 얇을 박 熱 : 뜨거울 열
厚 : 두터울 후 澤 : 혜택 택, 못 택

73. 이성의 길은 넓다.

天理路上(천리로상)은 甚寬(심관)하여 稍游心(초유심)이라도 胸中(흉중)에 便覺廣大宏朗(변각광대굉랑)하고, 人欲路上(인욕로상)은 甚窄(심착)하여 纔奇迹(재기적)이라도 眼前(안전)에 俱是荊棘泥塗(구시형극니도)니라.

【解釋】 하늘의 도리에 맞는 길은 매우 넓어서 조금이라도 거기에 마음을 쓰면 가슴 속이 문득 넓어지고 밝아짐을 느끼게 된다. 사람의 욕심으로 내닫는 길은 매우 좁아서 조금만 발을 붙여도 눈앞이 가시덤불과 진흙탕으로 덮여버린다.

【解說】 천리를 따르면 마음이 활짝 명랑해 지며, 욕망을 따르면 잠깐 사이에 가시밭길을 걸어야 한다. 하늘의 이치란 바로 인간이 지켜야 할 도리이지 하늘이 무슨 말을 하는 것은 아니다. 인간 사회에서 용납받지 못하면 바로 하늘이 대신해서 응징한다는 것이 옛 사람들의 생각이었다.

〖註釋〗 *天理路上(천리로상) 하늘의 이치에 순응하는 길.

*游心(유심) 마음을 쓰다.

*廣大宏朗(광대굉랑) 넓고 탁트여 시원함.

*人欲路上(인욕로상) 사람의 욕심을 따르는 길.

*奇迹(기적) 발을 들여 놓음.

*荊棘(형극) 가시덤불.

*泥塗(니도) 진흙탕.

〖字意〗 寬 : 너그러울 관, 용서 관　稍 : 조금 초　游 : 놀 유
胸 : 가슴 흉　朗 : 밝을 랑　窄 : 좁을 착　迹 : 자취 적
荊 : 가시 형　棘 : 가시 극　泥 : 진흙 니　塗 : 진흙 도, 길 도

74. 고생 끝에 얻은 복이 오래 간다.

一苦一樂(일고일락)을 相磨練(상마련)하여 練極而成福者(연극이성복자)는 其福(기복)이 始久(시구)하고,
一疑一信(일의일신)을 相參勘(상참감)하여 勘極而成知者(감극이성지자)는 其知(기지)가 是眞(시진)이라.

【解釋】 한 때의 괴로움과 즐거움을 서로 겪어 단련되어, 그 시련을 끝가지 견디어 복을 이룬 자는 그 복이 비로소 오래 가고, 한번 의심하고 한번 믿는 가운데 참작하여 결정을 신중히 한 후에 이루어진 지식은 그 지식이 참되다.

【解說】 고생을 극복하기란 별로 어렵지 않지만 즐거움을 잘 절제하기란 그리 쉽지 않으며 의심하지 않기란 쉽지만 남을 믿기는 더욱 어렵다.

〖註釋〗 ***一苦一樂(일고일락)** 한 때의 괴로움과 즐거움.
***磨練(마련)** 갈고 가다듬다.
***練極(연극)** 가다듬기를 극도로 하다.
***一疑一信(일의일신)** 한 번 의심하고 한 번 믿다.
***參勘(참감)** 참작하여 결정하다.

〖字意〗 磨 : 갈 마　練 : 이길 련, 겪을 련　久 : 오래 구　疑 : 의심할 의
信 : 믿을 신　勘 : 정할 감　參 : 참여할 참, 석 삼　眞 : 참 진

75. 마음을 비워라.

심불가불허 허즉의리내거 심불가불실 실즉
心不可不虛니 虛則義理來居하고, 心不可不實이니 實則
물욕불입
物慾不入이니라.

【解釋】 마음은 비우지 않을 수 없으니, 비어 있으면 의리가 와서 깃들고, 마음은 채워두지 않을 수 없으니 채우면 물욕이 들어오지 못한다.

【解說】 마음을 비운다는 말이 오늘날 정치인들 사이에 유행하고 있으나 쉽게 아무 때나 할 수 있는 말이 아닌 듯하다. 사사로운 욕심을 없애고 의리에 입각하여 광명정대함이 만인에게 인정을 받아야 비로소 마음을 비웠다고 할 수 있다.

〖註釋〗 *不可不(불가불) …하지 않을 수 없다.
*義理來居(의리래거) 의리가 와서 거한다.
*物慾不入(물욕불입) 물욕이 들어오지 못한다.

〖字意〗 虛 : 빌 허　義 : 옳을 의　來 : 올 래　居 : 거할 거
實 : 실할 실, 열매 실　慾 : 욕심 욕

76. 더러운 땅에 식물이 잘 자란다.

지지예자 다생물 수지청자 상무어 고 군
地之穢者는 多生物하고 水之清者는 常無魚라. 故로 君
자 당존함구납오지량 불가지호결독행지조
子는 當存含垢納汚之量하고 不可持好潔獨行之操라.

【解釋】 더러운 땅에는 생물이 많이 살고, 맑은 물에는 항상 고기가 살지 않는다. 그러므로 군자는 마땅히 때묻고 더러운 것을 받아들이

는 도량을 지녀야지, 깨끗한 것을 좋아하여 홀로 행하는 뜻을 가져서는 안 된다.

【解說】 넓은 바다는 청탁을 가리지 않고 다 받아들이고 너무 깨끗한 물에는 고기가 놀지 않는다.

맹자(孟子)가 든 성인(聖人) 가운데 백이(伯夷)와 유하혜(柳下惠)의 대비가 재미있다. 백이는 은(殷) 나라가 망하자 주(周) 나라의 곡식을 먹지 않겠다며 수양산(首陽山)에 들어가 고사리를 캐어 먹고 살다 죽은 사람이다.

'백이는 나쁜 색을 보지 않고 나쁜 소리를 듣지 않으며, 그의 임금이 아니면 섬기지 않는 성인 가운데 맑은 사람이다.'

'유하혜는 나쁜 임금을 부끄럼 없이 섬기고, 낮은 벼슬도 사양하지 않으며 촌사람과 함께 있어도 괘념하지 않으면서 너는 너고 나는 나이니 어찌 네가 나를 더럽힐 수 있겠는가 하였다. 그러므로 유하혜는 성인 가운데 온화한 사람이다.'

〖註釋〗 *地之穢者(지지예자) 더러운 땅.

*含垢納汚之量(함구납오지량) 때 묻고 더러 운 것을 받아들이는 아량.

*好潔獨行之操(호결독행지조) 깨끗한 것을 좋아하고 독특하게 행동함을 좋아함.

〖字意〗 穢 : 더러울 **예**, 거칠 **예** 多 : 많을 **다** 淸 : 맑을 **청**
魚 : 고기 **어** 當 : 마땅 **당** 存 : 있을 **존** 含 : 머금을 **함**
垢 : 때 **구** 納 : 들일 **납** 汚 : 더러울 **오** 持 : 가질 **지**
好 : 좋아할 **호** 潔 : 깨끗할 **결** 操 : 지조 **조**, 잡을 **조**

77. 사나운 말도 길들이면 준마가 된다.

봉가지마 가취구치 약야지금 종귀형범 지
泛駕之馬도 可就驅馳하고 躍冶之金도 終歸型範하니 只
일우유부진 변종신무개진보 백사운 위인다병
一優遊不振하면 便終身無個進步라. 白沙云하되 爲人多病이
미족수 일생무병 시오우 진확론야
未足羞요 一生無病이 是吾憂라 하니 眞確論也라.

【解釋】 수레를 뒤엎는 사나운 말도 길들이면 몰 수 있고, 녹여 붓기 어려운 금도 마침내는 틀에 부어져 물건이 되니 단지 편안히 놀기만 하고 노력하지 않는다면 일생 동안 진보함이 없다. 백사가 말하되 '사람이 병이 많은 것이 부끄러운 것이 아니요, 일생 동안 병 없음이 나의 근심이다.'라고 하였으니 참으로 옳은 말이다.

【解說】 야생마를 잘 길들이면 명마(名馬)가 되듯이 사람도 어떻게 가르치고 노력하느냐에 따라 유용 여부가 결정된다.

조선 선조 때 명장 정기룡(鄭起龍)은 소시에 무척 불우하였다. 소금 장수를 하여 연명하다가 겨우 군관이 되었다. 그러다 전주에 사는 토호 권씨 집에 심부름을 갔다가 거기서 장가를 들게 된다. 권 씨의 외동딸은 본래 선견지명이 있었는데 초라한 정기룡의 기상이 범상치 않음을 간파한 것이다. 부모가 집안이 가난하여 취할 점이 없다고 반대하자 권씨 처녀는 집에 있던 길들여지지 않은 사나운 말을 끌고 나와 부모에게 말한다.

"저분이 이 말을 타면 제 신랑으로 맞으시겠지요?"

사납던 말은 정기룡이 올라타자 얌전히 달렸다. 이렇게 하여 아내와 그 길들여지지 않은 말을 얻은 정기룡은 임진왜란 때 공을 세워 통제사에 올랐다.

〖註釋〗 ***泛駕之馬(봉가지마)** 수레를 잘 뒤엎는 길들여지지 않은 사나운 말, 상도(常道)를 지키지 않은 영웅을 비유하기도 한다.

***躍冶之金(약야지금)** 쇠를 녹여서 틀에 부을 때 밖으로 튀어나는 쇳물.

***型範(형범)** 형을 이룰 때 쓰는 틀. 주형(鑄型).

***優遊不振(우유부진)** 편안히 놀기만 힘써 떨치지 못함.

***白沙(백사)** 명(明) 나라 때의 학자인 진헌장(陳獻章)의 호.

確論(확론) 결정적인 의논.

〖字意〗 **泛** : 엎을 봉, 뜰 범 **駕** : 수레 가 **驅** : 달릴 구
馳 : 달릴 치 **躍** : 뛸 약 **冶** : 녹일 야 **型** : 틀 형
範 : 법 범 **優** : 넉넉할 우, 우수할 우 **沙** : 모래 사
云 : 이를 운 **羞** : 부끄러울 수 **憂** : 근심 우 **確** : 확실할 확

78. 탐욕을 부리지 말라.

人只一念貪私(인지일념탐사)면 便銷剛爲柔(변소강위유)하고 塞智爲昏(색지위혼)하며 變恩爲慘(변은위참)하고 染潔爲汚(염결위오)하여 壞了一生人品(괴료일생인품)이라. 故(고)로 古人(고인)은 以不貪(이불탐)으로 爲寶(위보)하니 所以度越一世(소이도월일세)라.

【解釋】 사람이 한결같이 사적인 욕심을 채우기에 마음을 쓰면 굳센 기질을 녹여 우유부단하게 만들고, 지혜를 막아 어리석게 만들며, 은혜로움을 참혹으로 변화시키고, 깨끗함을 물들여 더럽게 하여 일생의 인품을 파괴시킨다. 그러므로 옛날 사람들은 탐욕 부리지 않는 것을 보배로 삼았으니, 그렇게 해야 한 세상을 초월할 수 있었던 것이다.

【解說】 고려 고종(高宗) 때 사람 노극청(盧克淸)은 욕심이 없기로 유명하였다. 집이 가난하여 그의 아내가 자신이 없는 사이에 집을 돈 12근에 팔았다. 그 사실을 안 노극청은 즉시 집을 산 현덕수(玄德秀)를 찾아가 이렇게 말했다.

"자 이 돈 3근을 다시 돌려드려야겠소. 내가 이 집을 살 때 9근을 주었는데 선비로서 어찌 까닭 없이 3근을 더 받겠소?"

"집은 세월이 가면 값이 오르게 마련이오. 그냥 받아두시오."

"그까짓 3근의 돈 때문에 탐욕을 부렸다는 소리를 듣고 싶지 않으니 어서 받으시오. 그렇지 않으면 물리겠소."

현덕수는 할 수 없이 그 돈을 받으며 이렇게 말했다.

"당신이 그러니 난들 어찌 시가보다 싼 집을 사 비웃음을 받겠소. 우리 이 돈을 절에 시주하여 좋은 일이나 합시다."

〖註釋〗 *貪私(탐사) 사사로운 욕심을 채우는 것.

*銷剛爲柔(소강위유) 강건한 성품이 녹아 유약해짐.

*塞智爲昏(색지위혼) 지혜가 막혀 어리석어짐.
*變恩爲慘(변은위참) 은혜롭던 마음이 변하여 참혹한 사람이 됨.
*染潔爲汚(염결위오) 깨끗한 마음이 물들어 더러워짐.
*度越一世(도월일세) 한 세상을 살다. 한 세상을 초월하다.

〖字意〗 貪 : 탐낼 탐, 욕심낼 탐　銷 : 녹일 소　剛 : 굳셀 강
柔 : 부드러울 유　塞 : 막을 색, 변방 새, 주사위 새　昏 : 어두울 혼
慘 : 참혹할 참　染 : 물들 염　壞 : 무너뜨릴 괴　寶 : 보배 보
度 : 법도 도　越 : 넘을 월

79. 정욕과 의식은 내적이다.

耳目見聞(이목견문)은 爲外賊(위외적)이요 情欲意識(정욕의식)은 爲內賊(위내적)이니 只是主人翁(지시주인옹)이 惺惺不昧(성성불매)하여 獨坐中堂(독좌중당)하면 賊便化爲家人矣(적변화위가인의)라.

【解釋】 귀로 듣고 눈으로 보는 것은 밖으로부터 오는 적이요, 정욕과 의식은 안에서 생기는 적이다. 단지 이는 주인되는 본심이 또렷이 깨어 어둡지 않아서 홀로 중심에 자리잡고 있으면 이들 적이 문득 한집안 식구가 된다.

【解說】 눈으로 보고 듣는 것은 모두 우리를 유혹하는 적이요, 마음에서 일어나는 욕정은 이성을 잃게 하니 항상 정신을 바짝 차리어 욕정이 이성을 이기는 일이 없게 해야 한다.

〖註釋〗 *見聞(견문) 보고 들음.
*外賊(외적) 외부로부터 침입하는 적.
*內賊(내적) 안에서 생기는 적.
*主人翁(주인옹) 주인 늙은이. 여기서는 본심(本心)을 말한다.
*惺惺(성성) 정신을 차리고 깨어 있는 모습.
*中堂(중당) 마루 한 가운데. 중심.

〖字意〗 聞 : 들을 문　賊 : 도적 적　識 : 알 식, 기록할 지　翁 : 늙은이 옹
惺 : 깨달을 성　昧 : 어두울 매　坐 : 앉을 좌　堂 : 마루 당

80. 지난 허물은 마음에 두지 말라.

도미취지공　불여보이성지업　회기왕지실　불여
圖未就之功은 不如保已成之業이요, 悔旣往之失은 不如
방장래지비
防將來之非라.

【解釋】 성취시키지 못한 공을 꾀하는 것은 이미 성취시킨 일을 보전해 나가는 것만 못하고, 지나간 실수를 뉘우치는 것은 장차 있을지 모르는 잘못을 방지하는 것만 못하다.

【解說】 '멧돌 잡으려다 집돌 잃는다'는 속담이 있으며, 또 모든 일은 성공하기보다 그걸 지켜나가기가 어렵다. 지난 허물은 자꾸 마음에 떠올리는 것보다는 앞으로 그런 잘못을 저지르지 않는 것이 현명하다.

〖註釋〗 *未就之功(미취지공) 성취시키지 못한 공.
*已成之業(이성지업) 이미 성취시켜 놓은 일.
*不如(불여) …함만 같지 못하다.

〖字意〗 圖 : 도모할 도, 그림 도　就 : 이룰 취　保 : 보전할 보
悔 : 뉘우칠 회　旣 : 이미 기　往 : 갈 왕　非 : 그릇 비

81. 높은 이상과 맑은 취미를 가져라.

기상　요고광　이불가소광　심사　요진밀
氣象은 要高曠이나 而不可疎狂하고 心思는 要縝密이나
이불가쇄설　취미　요충담　이불가편고　조수
而不可瑣屑하며, 趣味는 要沖淡이나 而不可偏枯하고 操守는
요엄명　이불가격렬
要嚴明이나 而不可激烈이라.

【解釋】 기상은 높고 넓어야 하지만 너무 소탈하고 경망해서는 안 되고, 마음은 치밀해야 하지만 잗달고 좀스러워서는 안 되며, 취미는 담박해야 하지만 편벽되게 메말라서는 안 되며, 지조를 지킴에는 엄하고 분명해야 하지만 격렬해서는 안 된다.

【解說】 소광(疎狂)이란 표현하기가 어려운 뜻을 품고 있다. 소활하고 미친듯한 행동을 말하는데, 뜻있는 선비들이 난세를 살아가는 한 방편이 되기도 했다.

매월당(梅月堂) 김시습(金時習)은 어려서부터 신동(神童)으로 불리어졌으며 세종이 불러보시기까지 해 장래가 촉망되었다. 그런데 21세 되던 해 단종이 폐위되는 변이 일어났다. 김시습은 벼슬에 뜻을 잃고 책을 모두 불사른 다음 삼각산으로 들어가 중이 되어 이상한 행동을 많이 하였다. 한번은 세조가 법회를 열고 그에게 설법(說法)을 청하자 마지못해 불려갔다가 시궁창에 옷을 더럽혀 간신히 모면하기도 했다. 47세 때는 산에서 내려와 장가를 들었다가 그 아내가 죽자 다시 승려가 되기도 했다.

〖註釋〗 *氣象(기상) 타고난 성정.
*高曠(고광) 높고 넓음.
*疎狂(소광) 엉성하고 경솔함.
*縝密(진밀) 찬찬하여 빈틈이 없음. 치밀.
*瑣屑(쇄설) 잗달음.
*冲淡(충담) 담박함.
*偏枯(편고) 지나치게 메마름.
*操守(조수) 지조를 지킴.

〖字意〗 曠 : 밝을 광, 넓을 광 狂 : 미칠 광, 경솔할 광 縝 : 빽빽할 진
瑣 : 잘 쇄 屑 : 부스러기 설 冲 : 빌 충 偏 : 치우칠 편
操 : 잡을 조, 지조 조 激 : 물결 부딪칠 격 烈 : 매울 렬

82. 지난 일은 잊으라.

풍래소죽 풍과이죽불류성 안도한담 안거이담
風來疎竹에 風過而竹不留聲하고, 雁度寒潭에 雁去而潭
불류영 고 군자 사래이심시현 사거이심수공
不留影이라. 故로 君子는 事來而心始現하고 事去而心隨空
이라.

【解釋】 바람이 성긴 대나무에 불어와 소리를 내다가도 바람이 지나가면 대는 그 소리를 더 이상 내지 않고, 기러기가 쓸쓸한 못을 지나면서 그림자를 드리우지만, 기러기가 지나가고 나면 못에는 그림자가 남지 않는다. 그러므로 군자는 일이 닥치면 마음이 그제서야 나타나고, 그 일이 지나가면 마음도 따라서 비게 된다.

【解說】 중국 송 나라 때 대학자 정호(程顥)와 정이(程頤) 형제가 하루는 나란히 어떤 재상집 연회에 참석하였다. 그런데 동생이 보니 점잖은 형이 기녀들과 못할짓 없이 수작을 떠는 게 아닌가? 못마땅하게 여긴 동생이 돌아오는 길에 형에게 물었다.

"형님, 아까 행동은 보기에 딱할 정도였습니다."

무슨 말을 하는지 얼른 깨닫지 못한 형은 한참 후에야 동생의 말뜻을 깨닫고 이렇게 말했다.

"너는 아직 그 연회 생각을 하고 있는 게구나. 나는 벌써 다 잊었다."

〖註釋〗 ***疎竹(소죽)** 성긴 대나무 숲.
***寒潭(한담)** 쓸쓸한 못.
***事來(사래)** 일이 닥치면.
***心隨空(심수공)** 마음도 그에 따라 빔.

〖字意〗 **疎**: 성길 소, 드물 소 **留**: 머물 류 **聲**: 소리 성
雁: 기러기 안 **潭**: 못 담 **影**: 그림자 영 **現**: 나타날 현
隨: 따를 수 **空**: 빌 공

83. 까다롭게 따지지 않는 게 덕이다.

청능유용 清能有容하고 인능선단 仁能善斷하며 명불상찰 明不傷察하고 직불과교 直不過矯면 시위밀전불첨 是謂蜜餞不甛이요 해미불함 海味不鹹이니 재시의덕 纔是懿德이라.

【解釋】 청렴하면서도 포용하는 도량이 있고 어질면서도 결단을 잘 하며 분명하면서도 너무 따지지 않고, 곧으면서도 지나치게 날래지 않으면 이는 이른바 '꿀 과자이면서도 달지 않고, 해산물이면서도 짜지 않다.'는 것으로 아름다운 덕이라 할 것이다.

【解說】 자신이 청렴하면 흔히 남의 잘못을 용납하지 못하게 마련이고 분명한 사람은 너무 지나치게 따지는 게 흠이다. 과격하지 않고 남을 포용하는 도량을 지니는 것이야말로 참으로 아름다운 덕이 아닐 수 없다.

〖註釋〗 *有容(유용) 포용하는 아량이 있음.
*善斷(선단) 결단을 잘함.
*傷察(상찰) 자세히 살피는 폐단.
*過矯(과교) 지나치게 굳셈.
*蜜餞(밀전) 꿀을 넣어 만든 과자.
*海味(해미) 생선 맛. 해산물.
*懿德(의덕) 아름다운 덕.

〖字意〗 容 : 얼굴 용, 용납할 용 斷 : 끊을 단 傷 : 아플 상 矯 : 강할 교 蜜 : 꿀 밀 甛 : 달 첨 餞 : 전별할 전, 정과 전 鹹 : 짤 함 懿 : 아름다울 의

84. 가난하다 하여 낙담하지 말라.

빈가 정불지 빈녀 정소두 경색 수불염려
貧家도 淨拂地하고 貧女도 淨梳頭하면 景色이 雖不艶麗나
기도 자시풍아 사군자 일당궁수료락 내하첩자
氣度는 自是風雅니 士君子가 一當窮愁寥落이나 奈何輒自
폐이재
廢弛哉리오?

【解釋】 가난한 집안도 깨끗이 청소하고, 가난한 여인도 깨끗이 머리를 빗으면 그 모습이 비록 화려하지는 못하지만 기품은 저절로 풍류스럽다. 선비가 한 때 곤궁하여 근심하고 영락하더라도 어찌 스스로 포기하여야 하겠는가?

【解說】 아름다운 용모를 지닌 것은 다행스러운 일이나 자랑할 것은 못된다. 가난은 자랑할 것은 못되지만 부끄러워할 일도 아니다.

조선 정조(正祖) 때 명재상이었던 채제공(蔡濟恭)은 어려서 집안이 가난하였다. 과거를 보아야겠는데 준비를 할 수 없자 안면이 있는 재상 집으로 갔다.

"과거에 필요한 지필묵을 얻고자 합니다."

재상은 당돌한 젊은이의 기개를 높이 사 지필묵을 마련해 주었다.

"아니 이걸 저더러 손수 가져가라 하십니까? 이왕 주실 바에는 하인에게 들려 보내주십시오."

"내가 미처 생각하지 못했네."

재상은 젊은이를 너무 얕잡아본 것을 사과하였다. 이렇게 해서 하인까지 동반한 채제공이 문밖을 나서는데, 그의 등에서 개 가죽이 쑥 빠져 나와 땅에 떨어졌다. 개 가죽은 천민들이 추위를 막기 위해 등에 넣는 도구였다. 채제공은 그것마저 남에게 빌어 입고 왔던 것이다. 재상은 채제공이 이번에는 무안해 할 것으로 여겼다. 그런데 채제공은 태연자약하게 종을 꾸짖었다.

"무엇하느냐? 내 개 가죽이 떨어졌으니 어서 내 등에 다시 넣어라."

〖註釋〗 *拂地(불지) 땅을 쓰는 것. 소제하다.
*梳頭(소두) 머리를 빗음.
*艶麗(염려) 아름답다.
*風雅(풍아) 풍류와 아취.
*窮愁寥落(궁수료락) 곤궁한 근심과 영락(零落)함
*廢弛(폐이) 그만 둠. 포기함.

〖字意〗 貧 : 가난할 빈, 구차할 빈 拂 : 쓸 불 梳 : 빗 소
景 : 경치 경 雅 : 아담할 아 窮 : 가난할 궁 愁 : 근심 수
寥 : 쓸쓸할 료 落 : 떨어질 락 輒 : 문득 첩 弛 : 늦출 이
哉 : 어조사 재

85. 한가한 때를 조심하라.

閒中(한중)에 不放過(불방과)면 忙處(망처)에 有受用(유수용)하고, 靜中(정중)에 不落空(불락공)이면 動處(동처)에 有受用(유수용)하며, 暗中(암중)에 不欺隱(불기은)하면 明處(명처)에 有受用(유수용)이라.

【解釋】 한가한 시간을 헛되이 보내지 않으면 바쁠 때 유용함이 있고, 고요할 때에 공상에 빠지지 않으면 활동할 때에 도움이 있고, 어두움 속에서 자신을 속이지 않으면 밝은 곳에서 도움이 있게 된다.

【解說】 한가한 시간을 잘 관리하는 것은 여러 모로 유익한 줄 알지만 지키기가 쉽지 않다. 더구나 아무도 모르는 곳에서 자신을 속이지 않기란 더 어렵다. 《예기(禮記)》에 '소인은 한가한 때에 불선(不善)을 저지른다.' 하였고, 《대학(大學)》에는 '군자는 반드시 홀로 있을 때를 삼간다.' 라고 하였다

〖註釋〗 *放過(방과) 그냥 지나쳐 버림.
*受用(수용) 쓸모.
*落空(낙공) 공허한 데 떨어짐.
*暗中(암중) 어두운 곳. 남이 모르는 곳

*欺隱(기은) 속이고 감추는 것.

〖字意〗 閒 : 한가할 **한** , 사이 **간** 放 : 놓을 **방** 忙 : 바쁠 **망**
用 : 쓸 **용** 靜 : 고요할 **정** 空 : 빌 **공** 暗 : 어두울 **암**
欺 : 속일 **기** 隱 : 숨을 **은**

86. 전화위복의 기회를 삼으라.

염 두 기 처 재 각 향 욕 로 상 거 변 만 종 리 로 상 래 일
念頭起處에 **纔覺向欲路上去**면 **便挽從理路上來**하라. **一**
기 변 각 일 각 변 전 차 시 전 화 위 복 기 사 회 생 적 관
起便覺하고 **一覺便轉**이니 **此是轉禍爲福**하고 **起死回生的關**
두 절 막 경 이 방 과
頭니 **切莫輕易放過**하라.

【解釋】 생각이 일 때 조금이라도 그 생각이 사욕(私欲)의 길로 가는 것을 깨닫거든 도리에 맞는 길을 따르도록 이끌라. 한 생각이 일어나면 문득 깨달아야 하고, 한 번 깨달아서 문득 돌려야 하니, 이것이 화를 돌리어 복으로 만들고 죽은 것을 일으켜 살리는 중요한 갈림길이니 절대 가볍게 여겨 그냥 지나쳐서는 안 된다.

【解說】 정욕의 마음이 일어나는 것을 깨달으면 애써 이성을 되찾아 거기에 빠지는 것을 막아야 하니, 이것은 화를 예방하고 복을 맞는 기틀이며 죽음의 길에서 삶의 길로 자신을 인도한다.

〖註釋〗 *念頭(염두) 생각.
*欲路(욕로) 욕심으로 향한 마음.
*理路(이로) 도리에 따르는 마음.
*轉禍爲福(전화위복) 화를 돌리어 복으로 만듬.
*起死回生(기사회생) 죽은 사람을 일으켜 살리는 것.
*關頭(관두) 갈림길. 기로(岐路)
*輕易(경이) 가볍게 여김.

〖字意〗 挽 : 이끌 **만** , 당길 **만** 轉 : 굴릴 **전** 起 : 일어날 **기**
關 : 관계할 **관**, 빗장 **관**

87. 조용한 기상을 지녀라.

靜中(정중)에 念慮澄徹(염려징철)하면 見心之眞體(견심지진체)하고, 閒中(한중)에 氣象從容(기상종용)하면 識心之眞機(식심지진기)하며, 淡中(담중)에 意趣冲夷(의취충이)하면 得心之眞味(득심지진미)하니, 觀心證道(관심증도)는 無如此三者(무여차삼자)라.

【解釋】 고요할 때에 생각이 맑고 깨끗하면 마음의 참모습을 볼 것이고, 한가할 때에 기상이 조용하면 마음의 참다운 기틀을 알 것이며, 담담한 가운데 뜻이 편안하면 마음의 참다운 맛을 얻을 수 있을 것이니, 마음을 살피고 도를 체득하는 방법은 이 세 가지보다 나은 것이 없다.

【解說】 고요한 가운데 깨끗한 마음을 갖고 한가한 가운데 조용한 기상을 지니며, 담담한 가운데 충만한 뜻을 잃지 않으면 마음의 본체를 알고 도를 깨달을 수 있다.

〖註釋〗 ***澄徹(징철)** 맑고 깨끗함.
***眞體(진체)** 참다운 모습.
***從容(종용)** 조용하다.
***眞機(진기)** 참다운 기틀.
***冲夷(충이)** 편안함.
***觀心證道(관심증도)** 관심은 마음을 관찰하는 일. 증도는 진리를 증명하는 것.

〖字意〗 **澄**：맑을 **징**, 술이름 **징**　**徹**：통할 **철**　**冲**：화평할 **충**
夷：오랑캐 **이**, 평평할 **이**　**證**：증명할 **증**

88. 동중정이 참다운 고요이다.

정중정　비진정　동처　정득래　재시성천지진
靜中靜은 非眞靜이니 動處에 靜得來라야 纔是性天之眞
경　낙중락　비진락　고중　낙득래　재견심체
境이요, 樂中樂은 非眞樂이니 苦中에 樂得來라야 纔見心體
지진기
之眞機니라.

【解釋】 고요한 가운데서 느낀 고요함은 참다운 고요가 아니며, 바쁜 가운데서 얻은 고요함이라야 마음의 참다운 경지이다. 즐거운 가운데서 얻은 즐거움은 참다운 즐거움이 아니며, 괴로운 가운데서 얻은 즐거움이야말로 마음의 참된 기틀이다.

【解說】 아무 일 없는 가운데서 느끼는 고요함은 참다운 고요가 아니라 바쁠 때에 느끼는 동중정(動中靜)이 참다운 고요함이며, 괴로운 가운데서 얻는 즐거움이야말로 더할 수 없는 즐거움이다. 이런 경지에 이르러야 천성(天性)과 마음 본체의 참된 기틀을 알 수가 있다.

〖註釋〗 *性天之眞境(성천지진경) 성천은 마음. 마음의 참된 경지.

*心體之眞機(심체지진기) 마음의 참된 기틀.

〖字意〗 性 : 성품 성　　境 : 경계 경　　體 : 몸 체　　機 : 기틀 기

89. 자신을 희생할 때에는 의심하지 말라.

사기 무처기의 처기의 즉소사지지 다괴
舍己어든 毋處其疑하라. 處其疑면 即所舍之志에 多愧
의 시인 무책기보 책기보 병소시지심
矣리라. 施人커든 毋責其報하라. 責其報하면 倂所施之心이
구비의
俱非矣니라.

【解釋】 자신을 희생하기로 하였으면 의심하지 말라. 하면서 의심하면 희생하는 뜻에 부끄러움이 많게 된다. 남에게 베풀거든 갚기를 바라지 말라. 갚기를 책임지우면 베푼 마음을 모두 그르치게 된다.

【解說】 자신을 희생하기로 마음먹었으면 완전히 믿고 의심하지 말아야하며 의심하게 되면 그 정신에 손상이 간다. 남에게 은혜를 베풀고 갚기를 바라면 공이 없어진다.

조선 선조(宣祖)때 역관(譯官) 홍순언(洪純彦)에 얽힌 보은단(報恩緞) 유래가 있다. 홍순언이 한번은 사신을 따라 북경에 가 홍등가(紅燈街)를 어슬렁거리다 한 미인을 만났는데 하룻밤 화대가 천금이라 하였다. 까닭을 물으니 그녀는 어떤 고관의 딸로 아버지가 죄를 입고 죽어 몸을 팔아 그 장례비를 마련하기 위함이라 하였다. 홍순언은 평소 호협으로 자처하던 터라 필요한 돈을 준 후 여인을 그냥 돌려 보냈는데, 그 돈은 공금이었기 때문에 귀국해 옥고까지 치르면서도 후회하지 않았다.

그후 임진왜란이 일어나 홍순언은 응원군을 청하는 사신을 따라 다시 북경에 갔다. 북경 가까이 도착하자 홍순언을 찾는 사람이 마중을 나와 있었다.

"병부상서 석성(石星) 대감이 조선의 홍 역관을 찾습니다."

홍순언은 영문을 모르고 따라갔더니 안방에서 웬 여인이 나와 절을 하는 게 아닌가?

"저를 잊으셨습니까? 저는 십여년 전 대인의 은혜를 입고…."

자세히 보니 그 때 그 여인이 분명했다. 그녀는 홍순언 덕택에 몸을 더럽히지 않고 아버지의 장례를 마친 후 석성의 후실이 되었던 것이다.

응원군은 바로 병부 상서의 소관이어서 명 나라에서 응원군을 파견하겠다는 확답을 받고 돌아오는데 그녀는 비단을 가득히 담은 큰 함을 하나 주었다. 그 비단에는 필마다 '보은단(報恩緞)'이라는 수가 새겨져 있었다. 그래서 홍순언이 살던 동네를 보은단 동이라 불렀고, 홍순언은 역관 신분으로 광국공신(光國功臣)이 되었다.

〖註釋〗 *舍己(사기) 자신을 버리는 것. 자기 희생.
*處其疑(처기의) 의심을 두다.
*施人(시인) 남에게 베푸는 것.
*責其報(책기보) 그것 갚기를 책임 지우다.
*所施之心(소시지심) 베풀었던 마음.

〖字意〗 舍 : 버릴 사, 놓을 사 疑 : 의심할 의 愧 : 부끄러울 괴
責 : 책임 책 併 : 나란히 병 俱 : 함께 구

90. 박복을 한탄하지 말고 덕을 닦으라.

天(천)이 薄我以福(박아이복)이어든 吾(오)는 厚吾德以迓之(후오덕이아지)하고 天(천)이 勞我以形(노아이형)이어든 吾(오)는 逸吾心以補之(일오심이보지)하며 天(천)이 阨我以遇(액아이우)어든 吾(오)는 亨吾道以通之(형오도이통지)하면 天且我(천차아)에 奈何哉(내하재)리오?

【解釋】 하늘이 복을 적게 주면 나는 내 덕을 후하게 하여 이를 맞고, 하늘이 내 몸을 수고롭게 하면 나는 내 뜻을 편안하게 가져 그것을 보충할 것이며, 하늘이 나에게 액운을 당하게 하면 나는 나의 도를 형통하게 하여 통하게 하면 하늘이 나를 어떻게 하겠는가?

【解說】 하늘이 복을 주지 않으면 원망할 게 아니라 내 덕을 후하게

하고, 하늘이 나에게 재앙을 내려도 나는 나의 도리를 다하면 하늘인들 어떻게 하겠는가?

조선 성종 때 대사헌(大司憲)을 지낸 권경희(權景禧)는 처가가 한미하였다. 조선 시대에는 처가, 외가가 한미하면 높은 벼슬이나 청요직은 맡지 못한 게 상례였다. 그래서 대간(臺諫)의 탄핵을 받자, 아버지마저 아내를 버리고 새 장가를 들라고 재촉했다. 그러나 권경희는 끄떡도 하지 않고 이렇게 말했다.

"어찌 10년이나 함께 살아온 조강지처를 버리겠습니까? 하늘이 정해준 배필을 버리고 높은 벼슬을 하느니, 벼슬 없이 도리를 다하며 살겠습니다."

끝내 권경희가 아내를 버리지않자, 대간들은 그의 벼슬을 빼앗아야 한다고 주장했다. 그러자 성종은 대간을 나무랐다.

"권경희가 공명을 바라지 않아 그 아내를 버리지 않았으니, 이는 훌륭한 사람이다."

그래서 벼슬에서 밀려나지 않았는데, 나중에야 그의 처가가 한미한 집안이 아님이 밝혀졌다.

〚註釋〛 ***薄我以福**(박아이복) 나에게 복을 박하게 하다.
***勞我以形**(노아이형) 내 몸을 수고롭게 함.
***阨我以遇**(액아이우) 나에게 액운을 만나게 하다.
***奈何哉**(내하재) 어떻게 하겠는가?

〚字意〛 **薄**: 얇을 **박**, 모을 **박** **迓**: 맞을 **아** **逸**: 편안할 **일**
補: 도울 **보** **阨**: 막힐 **액** **遇**: 만날 **우** **亨**: 형통할 **형**
奈: 어찌 **내** **何**: 어찌 **하**

91. 잔꾀를 부리지 말라.

貞士(정사)는 無心徼福(무심요복)이라 天即就無心處(천즉취무심처)하여 牖其衷(유기충)하고, 憸人(험인)은 著意避禍(착의피화)라 天即就著意中(천즉취착의중)하여 奪其魄(탈기백)하니, 可見天之機權(가견천지기권)이 最神(최신)이라 人之智巧(인지지교)가 何益(하익)이리오?

【解釋】 지조가 바른 사람은 복을 구하는 마음이 없어서 하늘이 그 마음 쓰지 않은 곳에 나아가 그 마음을 인도하고, 간사한 사람은 화를 피하는 데 마음을 써서 하늘이 그 마음을 쓰는 데 나아가 그 넋을 빼앗는다. 하늘의 권능이 아주 신묘함을 보게 되니 사람의 잔꾀가 무슨 도움이 되겠는가?

【解說】 올바른 사람은 요행을 바라지 않고 자기 직분에 충실하지만 때가 되면 하늘이 그 정직함을 보답하기 위해 복을 내린다. 그러나 잔재주를 부리며 남을 해쳐 가며 자신의 이익만을 꾀하는 사람은 재앙을 내린다. 하늘의 권능이 이처럼 큰데 어찌 사람의 잔재주가 통하겠는가?

〖註釋〗 *貞士(정사) 지조 바른 사람.
*徼福(요복) 복을 바라다.
*牖其衷(유기충) 그 마음을 열다. 인도하다.
*憸人(험인) 간사한 사람
*著意避禍(착의피화) 화를 피하는 데에 마음을 쓰다.
*機權(기권) 권능(權能).
*智巧(지교) 잔단 꾀.

〖字意〗 貞 곧을 정, 굳을 정　牖 : 밝을 유, 인도할 유
徼 : 구할 요　憸 : 간사할 험　著 : 부딪칠 착, 나타날 저
奪 : 빼앗을 탈　最 : 가장 최　益 : 도울 익

92. 인생의 후반이 중요하다.

聲妓(성기)도 晩景從良(만경종량)하면 一世之胭花無碍(일세지연화무애)하고 貞婦(정부)도 白頭失守(백두실수)하면 半生之清苦俱非(반생지청고구비)라. 語云(어운)하되 看人(간인)엔 只看後半截(지간후반절)하라 하니 眞名言也(진명언야)라.

【解釋】 기생도 만년에 남편을 만나면 평생의 음란함이 꺼릴 것이 없고, 정절이 있는 부인도 늘그막에 정조를 잃으면 반평생 동안 지키던 청고함이 모두 헛되게 된다. 옛말에 이르기를 '사람을 볼 때는 단지 그 사람의 후반만 보라.' 하였으니, 참으로 명언이라 하겠다.

【解說】 연소할 때의 실수는 누구나 있게 마련이어서 족히 따질 것이 못된다. 그러나 만절(晩節)이 어긋나면 평생의 명성이나 지조가 무슨 소용이 있겠는가? 소장 시절에는 정의를 위해 앞장섰던 분들이 만년의 지조를 지키지 못해 오명을 남기는 예는 흔하지 않다. 그런 사람은 평생 동안 수절을 하다가 늦바람이 나 실절(失節)한 부인만도 못하다.

조선 태조 때 대제학(大提學)을 지낸 권근(權近)은 문명(文名)과 절의가 정몽주 이색 등과 나란히 하여 고려 말 여러 차례 옥고를 치렀다. 고려가 망하자 다른 신하들과 함께 조선을 섬기지 않고 절의를 지키기로 했다. 그런데 태조가 그의 아버지 권희(權僖)를 졸라 권근의 아들 규(跬)를 경안 공주와 혼인을 시키고 부르도록 하였다. 권근은 아버지의 명을 거역할 수가 없어 한강 가까이까지 와 맴돌다 마침내 설득을 당해 조선 왕조 창업에 협력을 하게 되었다. 그 때부터 권근의 벼슬은 점점 올랐으나 청명(清名)을 잃어 오늘날까지 한 점 티로 여기게 되었다.

〖註釋〗 *聲妓(성기) 기생.
*晩景(만경) 만년, 늘그막.
*從良(종량) 양(良)은 남편, 남편을 따르다.
*胭花(연화) 분과 연지를 바르는 것. 음란.
*無碍(무애) 막힘이 없다.
*貞婦(정부) 정절을 지키는 부인
*白頭(백두) 머리가 희어지다. 즉 만년.

〖字意〗 聲 : 소리 **성**, 기릴 **성** 妓 : 기생 **기** 晩 : 늦을 **만**
景 : 경치 **경** 從 : 따를 **종** 碍 : 꺼릴 **애** 失 : 잃을 **실**
守 : 지킬 **수** 看 : 볼 **간** 截 : 끊을 **절**

93. 욕심 많은 선비는 걸인보다 못하다.

平民(평민)도 肯種德施惠(긍종덕시혜)하면 便是無位的公相(변시무위적공상)이요, 士夫(사부)도 徒貪權市寵(도탐권시총)하면 竟成有爵的乞人(경성유작적걸인)이라.

【解釋】 평범한 백성도 즐겨 덕을 심고 은혜를 베풀면 이는 지위 없는 공경(公卿), 재상(宰相)이요, 사대부도 한갖 권세를 탐내고 은총을 사기에 힘쓰면 마침내 작위 있는 걸인이 되고 만다.

【解說】 권력에 눈이 어두우면 못할 짓이 없게 되어 마침내는 거지도 하지 않을 행동까지 하게 된다.

중종 때 권신 남곤(南袞)이 하루 아침에는 영의정 정광필(鄭光弼)의 집을 찾아왔는데 거지차림이었다. 깜짝 놀란 정광필이 물었다.

"대감께서 웬 일이시오?"

"조광조 일당을 하나라도 남겨 두어서는 안 될 듯싶은데 오늘 그 문제로 상께서 부르실 테니 꼭 협조해 주셔야지 그렇지 않으면 큰일 날 줄 아십시오."

협박이나 다름없는 말에 정광필은 정색을 하고 꾸짖었다.

"재상의 신분으로 거지 차림을 하고 남의 눈을 피해 온 것도 괴이한데, 더군다나 어진 선비들을 해치겠다는 겁니까? 나는 따를 수 없소."

실로 권력에 눈이 어두워져 거지 행색도 사양하지 않았던 것이다.

〖註釋〗 ***種德施惠**(종덕시혜) 덕을 심고 은혜를 베풂.

***無位的公相**(무위적공상) 지위가 없는 공경과 재상.

***貪權市寵**(탐권시총) 권세를 탐내고 은총을 사는 것.

***有爵的乞人**(유작적걸인) 작위가 있는 걸인.

〖字意〗 **肯**:즐길 **긍**, 뼈사이살 **긍** **種**:심을 **종** **施**:베풀 **시**
惠:은혜 **혜** **徒**:한갖 **도** **市**:저자 **시**, 팔고 살 **시**
貪:탐낼 **탐** **寵**:사랑할 **총** **爵**:벼슬 **작**

94. 덕은 쌓기는 어려우나 무너뜨리기는 쉽다.

問祖宗之德澤(문조종지덕택)하면 吾身所享者(오신소향자)가 是(시)니 當念其積累之難(당념기적루지난)하고, 問子孫之福祉(문자손지복지)하면 吾身所貽者(오신소이자)가 是(시)니 要思其傾覆之易(요사기경복지이)니라.

【解釋】 조상의 덕택이 무엇이냐고 묻는다면 내 자신 누리고 있는 것이 그것이니 마땅히 쌓아 오기 어려움을 생각해야 하고, 자손의 복이 무엇이냐고 묻는다면 내 자신이 남겨 준 것이 이것이니 그것이 기울고 넘어지기 쉬움을 생각해야 한다.

【解說】 적선(積善)하는 집에 경사가 있다고 하였다. 고려 때 외교로 거란군을 물리친 서희(徐熙)의 할아버지 서신일(徐神逸)은 덕 베풀기를 좋아하였다. 시골에서 살 때인데, 하루는 화살에 맞은 사슴 한 마리가 집 근처에 와 쓰러지는 것을 목격했다. 서신일은 불쌍한 생각이 들어 화살을 빼 준 다음 나뭇단으로 숨겨 주었다. 그때 사냥

꾼이 달려 오더니 사슴을 보지 못했느냐고 물었으나 서신일은 보지 못했다고 시치미를 떼었다. 그날 밤 꿈에 신인(神人)이 나타나 이렇게 고마움을 표했다.

"아까 숨겨 준 사슴은 내 아들입니다. 그대의 덕으로 죽음을 면했으니 그 보답으로 댁의 자손의 번영을 빌겠습니다."

과연 그 신인의 말대로 80세에 아들 서필을 낳았는데, 서필과 그의 아들 서희, 서희의 아들 서눌은 모두 재상이 되었다.

〖註釋〗 *祖宗(조종) 조상.
*積累之難(적루지난) 쌓아오기 어려움.
*福祉(복지) 복.
*傾覆之易(경복지이) 쉽게 기울고 넘어짐.

〖字意〗 祖 : 할아버지 조, 비로소 조　宗 : 마루 종　享 : 누릴 향
積 : 쌓을 적　累 : 더할 루, 더럽힐 루, 부를 루　難 : 어려울 난
孫 : 손자 손　貽 : 끼칠 이, 남길 이, 줄 이　傾 : 기울 경
覆 : 넘어질 복　易 : 쉬울 이

95. 거짓 선은 악보다 못하다.

> 君子而詐善(군자이사선)은 無異小人之肆惡(무이소인지사악)이요, 君子而改節(군자이개절)은 不及小人之自新(불급소인지자신)이라.

【解釋】 군자이면서 선한 척 속이는 것은 소인이 악을 멋대로 행하는 것과 다름이 없고, 군자이면서 절조를 고치는 것은 소인이 스스로 잘못을 고쳐 새롭게 되는 것만 못하다.

【解說】 자신들만이 모든 정의의 표본인 듯 떠들어대는 사회 지도자일 수록 권좌에서 물러난 다음에 보면 모든 악을 다 자행한 사실이 드러난 예가 많다. 이런 사람은 차라리 드러나게 악을 행하다가 개과천선한 사람보다 못하며, 도덕 군자인 체하다가 절개를 바꾼 사람은 소인으로서 자신을 새롭게 하는 사람만 못하다.

〖註釋〗 *君子而詐善(군자이사선) 군자가 선한 척 속이는 것.
*無異(무이) 다름이 없다.
*肆惡(사악) 악을 제멋대로 행함.
*改節(개절) 절개를 고침.
*自新(자신) 잘못을 뉘우치고 새롭게 태어남.

〖字意〗 君 : 임금 군, 아버지 군 詐 : 거짓 사 異 : 다를 이
肆 : 방자할 사, 저자 사, 베풀 사 節 : 마디 절, 절개 절, 때 절
改 : 고칠 개 及 : 미칠 급 新 : 새 신

96. 가족간에 화를 내어서는 안 된다.

가인유과 불의폭노 불의경기 차사난언
家人有過어든 不宜暴怒하고 不宜輕棄라. 此事難言이어든
차타사은풍지 금일불오 사내일재경 여춘풍해
借他事隱諷之하되 今日不悟어든 俟來日再警하고 如春風解
동 여화기소빙 재시가정적형범
凍하며 如和氣消冰하면 纔是家庭的型範이라.

【解釋】 집안 식구에게 허물이 있으면 사납게 화를 내어도 마땅치 않으며 가벼이 버려서도 안 된다. 그 일을 바로 들어 말하기 어렵거든 다른 일을 빌어 은연중에 일깨워주고 오늘 깨닫지 못하거든 내일을 기다려 다시 깨우쳐 주어서 마치 바람이 얼어 붙은 것을 녹이고 따뜻한 기운이 얼음을 녹이듯이 하는 것이 가정의 전형적인 규범이다.

【解說】 남과 불화(不和)하면 관계를 끊고 지낼 수 있으나, 가족 사이가 불편한 관계에 놓이면 이는 천륜(天倫)에 어긋나게 된다. 그래서 옛날에는 자식 교육을 친구 사이에 바꾸어 했는데, 이는 자칫 잘못하면 부자 사이에 불화가 있을까 염려해서였다.

〖註釋〗 *家人(가인) 집안 식구.
*暴怒(폭노) 사납게 성냄.
*輕棄(경기) 가볍게 버림.
*和氣消氷(화기소빙) 따뜻한 기운에 얼음이 녹음.

*隱諷之(은풍지) 은연중 풍자하여 깨닫게 함.
*春風解凍(춘풍해동) 봄바람에 얼어붙은 것이 녹음.
*型範(형범) 틀, 전형적인 규범(規範)

〖字意〗 過 : 허물 과, 지날 과
輕 : 가벼울 경, 업신여길 경
隱 : 숨을 은 諷 : 풍자할 풍
警 : 경고할 경 解 : 풀 해
型 : 틀 형 範 : 법 범
暴 : 쬐일 폭, 사나울 포, 급할 포
棄 : 버릴 기 借 : 빌 차
悟 : 깨달을 오 俟 : 기다릴 사
凍 : 얼어붙을 동 消 : 녹일 소

97. 내가 관대하면 남이 해치지 못한다.

此心(차심)이 常看得圓滿(상간득원만)하면 天下(천하)에 自無缺陷之世界(자무결함지세계)요, 此心(차심)이 常放得寬平(상방득관평)하면 天下(천하)에 自無險側之人情(자무험측지인정)이라.

【解釋】 자신의 마음이 항상 원만하면 천하는 스스로 결함 없는 세계가 될 것이요, 내 마음이 항상 너그럽고 평화스러우면 천하에 스스로 사나운 인정이 없게 될 것이다.

【解說】 부처님의 눈으로 보면 온 세상은 다 부처님으로 보인다. 무학대사(無學大師)는 조선 태조를 도와 개국에 큰 도움을 준 인물이다. 한번은 술자리에서 태조가 무학에게 농담을 걸었다.

"대사님 모습이 꼭 돼지같습니다."

그러나 무학은 빙긋이 웃으며 이렇게 대꾸했다.

"제 눈에는 전하의 모습이 꼭 부처님 같습니다."

"아, 고맙습니다."

"아닙니다. 부처님 눈에는 누구나 다 부처님으로 보이게 마련입니다."

〖註釋〗 *此心(차심) 내 자신의 마음.
*險側(험측) 험하고 흉측함.
*寬平(관평) 관대하고 평화로움

〖字意〗 常 : 항상 상 看 : 볼 간 圓 : 둥글 원 滿 : 가득찰 만
缺 : 이지러질 결 陷 : 빠질 함 界 : 경계 계
寬 : 너그러울 관 險 : 험난할 험 側 : 곁 측, 배반할 측

98. 남의 시기 받을 짓을 하지 말라.

澹泊之士(담박지사)는 必爲濃艶者所疑(필위농염자소의)요 檢飭之人(검칙지인)은 多爲放肆者所忌(다위방사자소기)니 君子處此(군자처차)에 固不可少變其操履(고불가소변기조리)하고 亦不可太露其鋒芒(역불가태로기봉망)이라.

【解釋】 담박하게 사는 선비는 반드시 화려하게 사는 사람에게 미움을 받게 되고, 자신을 단속하며 사는 사람은 흔히 제멋대로 생활하는 사람에게 거리낌을 받으니 군자는 이런 경우에는 조금이라도 지조와 행실을 변화시켜서는 안 되며 역시 그 날카로움을 너무 드러내서도 안 된다.

【解說】 너무 깨끗하게 처신하는 사람은 그렇지 못한 사람들에게 시비를 받게 마련이니 지나치게 자신을 드러내지 말아야 한다.

〖註釋〗 *澹泊之士(담박지사) 생활이 담백한 선비.
*濃艶者(농염자) 생활이 화려한 사람.
*檢飭(검칙) 행실을 단속함.
*放肆者(방사자) 생활이 방탕한 사람.
*操履(조리) 지조와 행실.
*鋒芒(봉망) 칼날과 가스랑이.

〖字意〗 疑 : 의심할 의 檢 : 점검할 검 忌 : 거리낄 기 鋒 : 칼날 봉
操 : 잡을 조, 지조 조 履 : 밟을 리, 신 리 芒 : 가스랑이 망

99. 역경은 수양의 기회다.

거역경중 주신 개침폄약석 지절려행이불각
居逆境中이면 周身이 皆鍼砭藥石이라 砥節礪行而不覺하고,

처순경내 안전 진병인과모 소고미골이부지
處順境內면 眼前이 盡兵刃戈矛라 銷膏靡骨而不知니라.

【解釋】 역경에 처했을 때에는 몸의 주변이 모두 침과 약이어서 절조를 갈고 행실이 단련되는데도 깨닫지 못할 뿐이고, 순탄한 환경에 처했을 때에는 눈 앞에 있는 것이 모두 칼과 창이어서 살을 녹이고 뼈를 깎는데도 모르고 있다.

【解說】 역경에 처했을 때는 흔히 자포자기하기가 쉽다. 그러나 잘 생각해 보면 그런 시련은 자신을 더 갈고 다듬는 기회가 아니겠는가? 안락한 생활에 빠져 하루하루를 뜻 없이 보내면 눈 앞에 보이는 것이 모두 자신을 해치는 무기여서 살이 깎이고 뼈가 녹아도 자신은 그걸 모르고 헤어나려 하지 않는다.

〚註釋〛 *逆境(역경) 일이 뜻대로 되지 않는 불행한 경우
*周身(주신) 몸 주위.
*鍼砭(침폄) 침 쇠로 만든 침과 돌로 만든 침.
*砥節(지절) 절조를 갈고 다듬는 것.
*礪行(여행) 행실을 가다듬음.
*順境(순경) 매사가 잘 되는 경우.
*兵刃(병인) 칼.
*戈矛(과모) 창.
*銷膏(소고) 살을 녹임
*靡骨(미골) 뼈를 깎음.

〚字意〛 周 : 두루 주, 구할 주 藥 : 약 약 石 : 돌 석
砥 : 숫돌 지 礪 : 갈 려 順 : 순할 순 眼 : 눈 안
刃 : 칼날 인 戈 : 창 과 矛 : 창 모 銷 : 녹일 소
靡 : 없을 미, 썩을 미

100. 부귀와 권세는 덜라.

생 장 부 귀 총 중 적　기 욕　여 맹 화　권 세　사 열 염
生長富貴叢中的은 嗜欲이 如猛火하고 權勢가 似烈焰하니
약 부 대 사 청 랭 기 미　기 화 염　부 지 분 인　필 장 자 삭
若不帶些清冷氣味하면 其火焰이 不至焚人이나 必將自爍
의
矣니라.

【解釋】 부귀한 환경에서 성장한 사람은 욕심이 거세게 타는 불과 같고 권세가 사나운 불꽃 같아서 만약 조금의 맑고 차가운 기운과 맛을 띠지 않으면 그 불꽃이 남을 태우는 지경에 이르지는 않으나 반드시 자신을 태워 녹이고 말 것이다.

【解說】 세조(世祖) 때 사람 한계희(韓繼禧)는 한명회(韓明澮)의 집안으로 부귀한 집안에서 출생하여 고생을 모르고 자랐으며 자신도 좌찬성(左賛成)까지 지내고 서평군(西平君)에 봉해졌다. 그러나 그의 생활은 항상 검소하여 아침 저녁 채소 반찬만 먹으며 살았는데 늙어갈수록 더 심하였다. 보다못한 한명회가 홍인문 밖에 있는 논을 떼어주었으나 한계희는 끝내 받지 않았다. 가난한 사람은 욕심이 적을 수 있겠으나 부귀한 사람으로 청렴을 지키기란 그리 쉬운 일이 아니다.

〖註釋〗 ***叢中(총중)** 떨기진 속. 모여 있는 곳.
***嗜欲(기욕)** 욕심.
***烈焰(열염)** 사나운 불꽃.
***清冷氣味(청랭기미)** 맑고 서늘한 기운.

〖字意〗 **叢**: 떨기 총, 모을 총　**嗜**: 좋아할 기　**猛**: 사나울 맹
焰: 불꽃 염　**帶**: 띨 대　**些**: 조금 사　**焚**: 태울 분
將: 장차 장, 장수 장, 거느릴 장　**爍**: 녹일 삭　**矣**: 어조사 의

101. 지성이면 오뉴월에 서리가 내린다.

인 심 일 진 변 상 가 비 성 가 운 금 석 가 관 약
人心一眞하면 便霜可飛하고 城可隕하며 金石可貫이나. 若
위 망 지 인 형 해 도 구 진 재 이 망 대 인 즉 면 목 가 증
僞妄之人은 形骸徒具나 眞宰已亡이라. 對人則面目이 可憎
독 거 즉 형 영 자 괴
하고 獨居則形影自媿니라.

【解釋】 사람의 마음이 한결같이 참되면 문득 서리를 내리게 할 수도 있고, 성곽을 무너뜨릴 수도 있으며, 쇠붙이와 바위도 꿰뚫을 수가 있다. 그러나 거짓되고 망령된 사람은 형체만 헛되이 갖추고 있을 뿐 참된 마음이 이미 없어져서 사람을 대하면 그 얼굴이 가증스럽고 홀로 있으면 그 그림자도 스스로 부끄러워한다.

【解說】 지성이면 하늘도 감탄시킬 수 있다.

중국 연(燕) 나라 때 일로 추연(鄒衍)이란 사람이 모함을 받고 옥에 갇혔다. 너무 억울하여 하늘을 향하여 자신의 무죄를 호소하자 오뉴월 무더운 날씨에 갑자기 서리가 내렸다 한다. 신라 진성여왕(眞聖女王)의 음란을 비난하는 글이 서라벌 장안에 붙었다. 여왕은 그것이 왕거인(王居仁)의 소행이라 하여 그를 옥에 가두었는데, 자신의 무고함을 시(詩)로 지어 하늘에 호소하니 갑자기 벼락이 쳐 옥문을 부수었다 한다.

〖註釋〗 ***便霜可飛(변상가비)** 문득 서리를 내리게 한다. 중국 연(燕) 나라 혜왕(惠王)의 신하 추연(鄒衍)의 고사. 추연이 다른 신하들의 모함으로 옥에 갇히었는데, 그 억울함을 하늘에 호소했더니 여름철에 서리가 내렸다 함《淮南子》

***城可隕(성가운)** 성곽도 무너뜨릴 수 있다. 중국 제(齊)나라 때 사람 기량(杞梁)의 아내에 대한 고사. 기량이 전쟁터에 나가 죽자 그의 아내가 시체를 성 아래에 놓고 슬피 울었더니, 성이 무너졌다 함.《列女傳》

***形影自媿(형영자괴)** 형체가 스스로 부끄러워한다.

〖字意〗 眞 : 참 진　霜 : 서리 상　隕 : 무너질 운　貫 : 꿰뚫을 관
骸 : 뼈 해　徒 : 한갓 도　宰 : 재상 재　憎 : 미워할 증
獨 : 홀로 독　影 : 그림자 영　媿 : 부끄러울 괴

102. 좋은 문장은 기이함이 없다.

文章(문장)이 做到極處(주도극처)하면 無有他奇(무유타기)요 只是恰好(지시흡호)며, 人品(인품)이 做到極處(주도극처)하면 無有他異(무유타이)요 只是本然(지시본연)이라.

【解釋】 문장이 극치에 이르면 별다른 기묘함이 있는 것이 아니라 단지 잘 어울리게 되고, 인물이 극치에 도달하면 별달리 기이함이 있는 것이 아니라 단지 본연의 모습이 된다.

【解說】 좋은 문장은 별나게 기이하거나 꾸민 것이 아니라 다만 여러 가지 요소가 잘 어울려야 하며, 인품이 훌륭한 사람은 기이한 재능이 있는 사람이 아니고 본성을 잃지 않는 자를 말한다.

〖註釋〗 *做到極處(주도극처) 극치(極致)의 경지에 이름.
*恰好(흡호) 알맞게 좋음.
*本然(본연) 타고난 그대로의 모습.

〖字意〗 做 : 지을 주, 지을 자　到 : 이를 도　極 : 지극할 극
奇 : 이상할 기　恰 : 맞을 흡　異 : 다를 이

103. 부귀 공명은 환상에 불과하다.

이 환 적 언　　무 론 공 명 부 귀　　즉 지 체　역 속 위 형
以幻迹言하면 無論功名富貴하고 即肢體도 亦屬委形이요,
이 진 경 언　　무 론 부 모 형 제　　즉 만 물　개 오 일 체　인
以眞境言하면 無論父母兄弟하고 即萬物이 皆吾一體니, 人
능 간 득 파　　인 득 진　　재 가 임 천 하 지 부 담　　역 가 탈 세
能看得破하고 認得眞하면 纔可任天下之負擔하고 亦可脫世
간 지 강 쇄
間之韁鎖니라.

【解釋】 환상적인 현상으로 말하면 공명, 부귀를 논할 것 없이 신체 역시 빌린 형체에 속하며 진경으로 말하면 부모, 형제를 막론하고 만물이 모두 나와 한몸이다. 사람이 이런 것을 간파(看破)하고 진경을 터득해야 겨우 천하의 부담을 맡을 수가 있고 세상의 속박에서도 벗어날 수 있다.

【解說】 부귀, 공명은 한 때의 봄 꿈과 같은 것이지만, 부모, 형제 등 사람과의 인륜은 변함이 없는 진리이다. 이런 이치를 터득하여 참된 것을 얻어야만 비로소 천하의 한 몫을 부담할 수 있고 세상의 속박에서 벗어날 수 있다.

〖註釋〗 ***幻迹(환적)** 환상적인 자취.
***肢體(지체)** 신체.
***委形(위형)** 위임받은 형체.
***眞境(진경)** 참된 경지. 현실의 경지.
***看得破(간득파)** 보아서 깨달음. 간파(看破).
***認得眞(인득진)** 진경을 인식함.
***負擔(부담)** 지워진 짐.
***韁鎖(강쇄)** 고삐와 사슬. 속박

〖字意〗 **幻**: 허깨비 **환**　**迹**: 자취 **적**　**肢**: 팔다리 **지**　**委**: 맡길 **위**
吾: 나 **오**　**破**: 깨뜨릴 **파**　**認**: 알 **인**, 인식할 **인**
韁: 고삐 **강**　**鎖**: 쇠사슬 **쇄**

104. 맛있는 음식은 몸을 상하게 하는 독약이다.

상구지미 개난장부골지약 오분 변무앙
爽口之味는 皆爛腸腐骨之藥이니 五分이면 便無殃이요,
쾌심지사 실패신상덕지매 오분 변무회
快心之事는 悉敗身喪德之媒니 五分이면 便無悔니라.

【解釋】 입을 시원하게 하는 음식은 모두 창자를 썩게 하고 뼈를 상하게 하는 약이니 반쯤만 먹으면 아무 탈이 없을 것이요, 마음에 상쾌한 일은 모두 몸을 망치고 덕을 해치는 매개체이니 반쯤만 하면 후회가 없다.

【解說】 모든 일을 너무 시원하게 처리해서는 안 된다. 특히 대인 관계(對人關係)에 있어서는 더욱 그렇다.

중종 때에 이자(李耔), 남곤(南袞), 한충(韓忠) 세 사람이 중국에 함께 사신을 갔다. 그런데 도중에서 남곤이 병이 나 사경을 헤매게 되었다. 평소 남곤의 간사한 형상을 잘 아는 한충은

"이런 간사한 자를 살려 두면 앞으로 무슨 짓을 할지 모르니 죽게 내버려 두자."

하였는데, 이자는,

"이런 간흉은 죽어도 아까운 것이 없지만 만리 먼 이국에서 함께 고생한 점이 있으니 우선 살리고 보아야 한다."

하였다. 그후 과연 남곤은 기묘사화를 일으켜 많은 선비들을 죽였는데, 한충은 매를 맞아 죽었으나 이자는 남곤의 도움으로 목숨을 건졌다.

〖註釋〗 ***爽口之味(상구지미)** 입을 상쾌하게 하는 음식. 즉 맛있는 음식.
***五分(오분)** 절반.
***敗身(패신)** 몸을 망침.
***喪德(상덕)** 덕을 해침.

〖字意〗 **爽** : 시원할 **상**, 밝을 **상** **爛** : 익을 **란**, 썩을 **란**, 밝을 **란**
腸 : 창자 **장** **骨** : 뼈 **골** **殃** : 재앙 **앙** **快** : 상쾌할 **쾌**
悉 : 다 **실** **喪** : 상할 **상** **媒** : 중매할 **매** **悔** : 뉘우칠 **회**

105. 남의 허물을 들추지 말라.

不責人小過(불책인소과)하고 不發人陰私(불발인음사)하며 不念人舊惡(불념인구악)하라 三者(삼자)는 可以養德(가이양덕)하고 亦可以遠害(역가이원해)니라.

【解釋】 다른 사람의 작은 허물을 꾸짖지 말고, 다른 사람의 비밀을 들추어내지 말며, 남의 지난날 악을 마음에 두지 말라. 이 세 가지를 실천하면 덕을 기를 수 있고 또 해를 멀리할 수 있다.

【解說】 남의 허물을 잘 발설하는 사람은 적이 많다. 남이 자신에게 저지른 악을 잊기도 쉬운 일은 아니나 그렇다고 마음에 새겨 두어 복수를 꾀하면 자신도 같은 유의 사람이 되고 만다.

〖註釋〗 *不責(불책) 책망하지 않는다.
*小過(소과) 잔단 허물.
*不發(불발) 드러내지 않는다.
*陰私(음사) 사사로운 비밀.
*舊惡(구악) 옛날의 악.
*養德(양덕) 덕성을 기름.

〖字意〗 責 : 꾸짖을 책, 빚 채 陰 : 그늘 음 私 : 사사로울 사
念 : 생각 념 養 : 기를 양 遠 : 멀 원 害 : 해칠 해

106. 몸가짐을 가벼이 하지 말라.

士君子(사군자)는 持身(지신)을 不可輕(불가경)이니 輕則物能撓我(경즉물능요아)하여 而無悠閒鎭定之趣(이무유한진정지취)요, 用意(용의)를 不可重(불가중)이니 重則我爲物泥(중즉아위물니)하여 而無蕭洒活潑之機(이무소쇄활발지기)라.

【解釋】 사군자는 몸가짐을 경솔히 해서는 안 된다. 몸가짐을 경솔하게 하면 남이 나를 흔들어 한가로이 진정하는 맛이 없다. 마음 씀을

너무 무겁게 해서는 안 되니, 무거우면 내가 남에게 구속을 당하여 시원하고 활발한 기틀이 없게 된다.

【解說】 몸가짐은 처세의 가장 기본적인 요건이다. 경솔한 한 번의 실수로 평생을 후회하며 남의 비난을 받고 살아야 하는 경우도 있다.

〖註釋〗 *士君子(사군자) 점잖은 선비. *지신(持身) 몸가짐 *物能撓我(물능요아) 남이 나를 흔들다. *悠閒(유한) 유유롭고 한가롭다. *我爲物泥(아위물니) 내가 남에게 구속을 받다. *瀟洒(소쇄) 시원함.

〖字意〗 持 : 가질 지, 물지게 지 輕 : 가벼울 경 撓 : 흔들 요 鎭 : 누를 진 重 : 무거울 중 泥 : 진흙 니 洒 : 닦을 쇄 活 : 살 활 潑 : 활발할 발

107. 사는 기쁨을 느껴라.

天地(천지)는 有萬古(유만고)나 此身(차신)은 不再得(부재득)이요 人生(인생)은 只百年(지백년)이나 此日(차일)은 最易過(최이과)라. 幸生其間者(행생기간자)는 不可不知有生之樂(불가불지유생지락)하고 亦(역)不可不懷虛生之憂(불가불회허생지우)라.

【解釋】 천지는 만고토록 있지만 이 몸은 다시 태어날 수 없고, 인생은 겨우 백년뿐인데 오늘은 아주 빨리 지나간다. 다행히 그 사이에 살고 있는 자는 살아 있다는 즐거움을 알지 못해서는 안 될 것이요, 또 허송하며 사는 걱정을 품지 않아서도 안 된다.

【解說】 영원한 천지에 비해 내 일생은 짧고 다시 되돌릴 수가 없다. 1백 년도 못 사는 인생에 있어 하루, 한 시간의 의미는 크다. 허송하는 것도 안 되지만 삶의 의미를 깨닫고 즐거움을 누리는 것이 중요하다. 여기에서 말하는 즐거움이란 외형적인 향락을 말하

는 것이 아니라, 죽을 때에 후회 없는 값있는 삶을 누리는 즐거움일 것이다.

〖註釋〗 *萬古(만고) 영원.
*不再得(부재득) 다시 얻지 못한다.
*最易過(최이과) 가장 빨리 지나간다.
*不可不(불가불) …하지 않을 수 없다.
*有生之樂(유생지락) 살아 있다는 데에 대한 즐거움.
*虛生之憂(허생지우) 헛되이 사는데 대한 근심.

〖字意〗 古 : 예 **고** 此 : 이 **차** 身 : 몸 **신** 再 : 다시 **재**
易 : 쉬울 **이**, 변할 **역** 幸 : 다행 **행** 懷 : 품을 **회** 虛 : 빌 **허**
憂 : 근심 **우**

108. 은인과 원수를 다 잊으라.

원인덕창		고		사인덕아		불약덕원지양망	
怨因德彰	이라	故	로	使人德我	로는	不若德怨之兩忘	이요,
구인은립		고		사인지은		불약은구지구민	
仇因恩立	이라	故	로	使人知恩	으로	不若恩仇之俱泯	이라.

【解釋】 원망은 은혜를 인하여 드러난다. 그러므로 남으로 하여금 나를 은덕스럽게 여기게 하는 것은 덕과 은혜 모두를 잊게 하는 것만 못하다. 원수는 은혜로 인하여 생긴다. 그러므로 남이 나의 은혜를 알게 하는 것은 은혜와 원수를 모두 없애버리게 함만 못하다.

【解說】 은혜를 원수로 갚는 예는 고금을 통하여 흔이 있는 일이다. 중종 때 정승을 지낸 안당(安瑭)의 집안은 송사련(宋祀連)이란 인물의 모함에 의해 멸문의 화를 당하였다. 송사련은 안당의 아버지가 늦게 둔 첩이 데리고 온 딸의 자식이었다. 본래 후덕하기로 이름난 안당은 불우한 송사련을 한집안 식구처럼 여기며 돌보았었다. 그러데 안당의 아들 처겸(處謙)이 심정(沈貞) 등에게 좋지 않은

감정을 품고 있음을 알고는 역적 모의를 한다고 무고하여 마침내 안 당 일가는 멸문의 화를 당했던 것이다.

〖註釋〗 *怨因德彰(원인덕창) 원한은 덕 때문에 드러난다.
*使人德我(사인덕아) 남으로 하여금 나의 은덕을 느끼게 함.
*德怨之兩忘(덕원지양망) 덕과 은혜 두 가지를 다 잊다.
*不若(불약) …하는 것만 같지 못하다.
*恩仇之俱泯(은구지구민) 은혜, 원수를 함께 마음에서 지우는 것.

〖字意〗 怨 : 원수 원, 원망 원　彰 : 드러날 창　兩 : 두 양
忘 : 잊을 망　仇 : 원수 구　知 : 알 지　俱 : 함께 구
泯 : 없어질 민

109. 가득찼을 때를 조심하라.

> 노래질병　도시장시초적　쇠후죄얼　도시성시작
> 老來疾病은 都是壯時招的이요 衰後罪孽은 都是盛時作
> 적　고　지영이만　군자우긍긍언
> 的이라. 故로 持盈履滿을 君子尤兢兢焉이라.

【解釋】 늘그막의 질병은 모두가 젊었을 때에 부른 것이요, 노쇠한 후의 재앙은 모두 젊었을 때에 지은 것이다. 그러므로 가득찬 것을 지니고 누릴 때를 군자는 더욱 조심한다.

【解說】 늘그막의 질병은 대개 젊었을 때 건강 관리를 잘못해서 생기게 마련이며, 권세에서 밀려난 후에 입은 죄과는 모두 한참 권력을 휘두를 때 저지른 것들이다. 그러므로 군자는 노후의 건강을 위해 젊었을 때부터 조심해야 하며, 권세가 성할 때에 죄를 짓지 않도록 조심해야 한다.

〖註釋〗 *老來(노래) 늘그막.
*都是(도시) 모두……이다.
*壯時(장시) 장년 때.
*罪孽(죄얼) 저지른 죄에 따른 재앙.
*持盈履滿(지영이만) 가득찬 것을

지니고 가득찬 것을 밟음. 즉 한참 성함을 누릴 때.

*兢兢(긍긍) 삼가고 두려워 함. 전전긍긍(戰戰兢兢)의 준말.

〖字意〗 老 : 늙을 로, 어른 로 都 : 도읍 도, 모두 도, 도무지 도
招 : 부를 초 衰 : 쇠할 쇠 孽 : 첩의 자식 얼, 요물 얼
盛 : 성대할 성 盈 : 가득찰 영 履 : 밟을 리 滿 : 가득찰 만
兢 : 조심할 긍 焉 : 어조사 언

110. 새 친구는 옛 친구만 못하다.

市私恩(시사은)은 不如扶公議(불여부공의)요 結新知(결신지)는 不如敦舊好(불여돈구호)며, 立榮名(입영명)은 不如種隱德(불여종은덕)이요 尚奇節(상기절)은 不如謹庸行(불여근용행)이라.

【解釋】 사사로운 은혜를 파는 것은 공적인 의논을 부지하는 것만 못하고, 새로운 친구를 사귀는 것은 옛 친구와 우의를 돈독히 하는 것만 못하다. 영예로운 이름을 얻는 것은 몰래 덕을 심는 것만 못하고, 특이한 절개를 숭상하는 것은 예사로운 행실을 삼가는 것만 못하다.

【解說】 중종 때 윤원형(尹元衡)은 왕후의 오라비로 권세를 쥐고 사사로운 은혜를 많이 베풀었다. 한번은 어떤 사람이 누에고치를 많이 바치고는 벼슬을 구했는데 그 후 벼슬을 임명하는 날이었다. 서기가 꾸벅꾸벅 졸고 있는 윤원형에게 마지막 남은 한 자리에 누구를 임명하는 것이 좋겠느냐고 물었다. 그러자 윤원형은 얼른 그 고치를 바친 사람의 이름이 생각나지 않자 '고치, 고치'라고 중얼거리고는 다시 잠이 들었다. 서기가 임명장을 주려고 고치라는 사람을 찾았으나 그런 사람이 있을 까닭이 없다. 그래서 전국에서 수소문한 끝에 먼 시골에서 고치(高致)라는 선비를 찾아낼 수 있었다. 나중에야 일이 잘못된 줄을 알았으나 윤원형은 그런 내색을 할 수가 없었다.

〖註釋〗 *市私恩(시사은) 사사로이 은혜를 베푸는 것.
*新知(신지) 새로운 친구.
*舊好(구호) 옛 친구와의 우호.
*榮名(영명) 영예로운 명성.
*隱德(은덕) 숨은 덕.
*奇節(기절) 기이한 절조.
*庸行(용행) 보통 행실.

〖字意〗 扶 : 붙잡을 부, 도울 부 結 : 맺을 결 敦 : 돈독할 돈
好 : 좋을 호 榮 : 영화 영 尙 : 숭상할 상, 오히려 상
謹 : 삼갈 근 庸 : 쓸 용, 항상 용

111. 권문세가를 사귀지 말라.

公平正論(공평정론)은 不可犯手(불가범수)니 一犯則貽羞萬世(일범즉이수만세)하고, 權門私竇(권문사두)는 不可著脚(불가착각)이니 一著則點汚終身(일착즉점오종신)이라.

【解釋】 공평하고 올바른 의논에는 반대하지 말아야 하니, 한 번 반대하면 만세도록 부끄러움을 남긴다. 권세있는 사람의 사사로운 소굴에는 발을 들여 놓지 말라. 한 번 발을 들여 놓으면 평생 동안 몸을 더럽힌다.

【解說】 권문세가(權門勢家)와 친해 두는 것이 출세의 지름길임에는 틀림없지만 점잖은 사람은 부끄러워 그런 짓을 하지 않는다.

중종 때 정희등(鄭希登)은 그의 아버지 정구(鄭絿)가 기묘사화에 화를 입자 거짓 불구자 노릇을 하며 살았다. 그가 벼슬을 하고 있을 때 아내가 죽자 당시의 권신(權臣)인 김안로(金安老)가 자기 딸을 주어 사위로 맞으려 하였다. 그러자 정희등은 "내 차라리 평생 장가를 들지 않을지언정 어찌 권신의 사위가 되겠는가?"하며 거절해 미움을 샀는데, 뒤에 김안로가 조정에서 쫓겨나자 그제야 벼슬이 올랐다.

〖註釋〗 *正論(정론) 올바른 의논.
*犯手(범수) 손을 대는 것.
*貽羞萬世(이수만세) 만세도록 부끄러움을 남긴다.

*權門私竇(권문사두) 권세 있는 집안의 사사로운 소굴.

*點汚(점오) 더럽히다.

〖字意〗 論 : 의논할 론, 차례 륜　犯 : 범할 범　貽 : 끼칠 이
羞 : 부끄러울 수　竇 : 구멍 두　著 : 붙일 착　脚 : 다리 각
點 : 더러울 점　汚 : 더러울 오　終 : 마칠 종

112. 선한 일 없이 칭찬받지 말라.

曲意而使人喜(곡의이사인희)는 不若直躬而使人忌(불약직궁이사인기)하고, 無善而致人譽(무선이치인예)는 不若無惡而致人毁(불약무악이치인훼)니라.

【解釋】 자신의 뜻을 굽혀서 남을 기쁘게 하는 것은 자신을 바르게 하여 남들이 꺼리게 하는 것만 못하고, 선한 일도 없이 남들의 칭찬을 받는 것은 악한 일 없이 남의 헐뜯음을 받는 것만 못하다.

【解說】 맹자는 남에게 어깨를 으쓱거리며 아첨하는 것이 오뉴월 뙤약볕에 김매는 일보다 더 어렵다고 하였다. 그러니 차라리 자신의 처신을 옳게 하다 남에게 미움을 받는 것이 나으며, 실제보다 과장된 명예는 차라리 잘못이 없으면서 남의 비난을 받는 것보다도 못하다.

〖註釋〗 *曲意(곡의) 자신의 뜻을 굽히다.

*不若(불약) …만 못하다.

*直躬(직궁) 몸을 바르게 하다.

*人譽(인예) 남의 칭찬.

*人毁(인훼) 남의 비난.

〖字意〗 曲 : 굽을 곡, 간곡할 곡　使 : 하여금 사, 부릴 사　喜 : 기쁠 희
直 : 곧을 직　忌 : 꺼릴 기　致 : 이를 치　譽 : 기릴 예
毁 : 헐뜯을 훼

113. 친구의 잘못을 보았거든 주저치 말라.

처부형골육지변 / 處父兄骨肉之變하면 의종용 / 宜從容하고 불의격렬 / 不宜激烈하며, 우붕우교 / 遇朋友交 유지실 / 遊之失하면 외개절 / 宜剴切하고 불의우유 / 不宜優游니라.

【解釋】 부모, 형제 같은 골육의 변을 당하면 조용히 해야지 격렬하게 해서는 안 되며, 친구의 우정에 잘못이 있는 것을 보았거든 간절하게 충고 해야지 우물쭈물해서는 안 된다.

【解說】 친구 사이에는 책선(責善)하는 도리가 있다. 즉 친구의 나쁜 점을 보면 모른 체하지 말고 선한 길로 이끌어주는 것이 도리이다.

〖註釋〗 *父兄(부형) 부모 형제.
*骨肉(골육) 살붙이.
*朋友(붕우) 친구.
*交遊(교유) 사귐.
*剴切(개절) 간절하다.
*優遊(우유) 우물쭈물하다.

〖字意〗 處 : 곳 처, 처할 처　骨 : 뼈 골　肉 : 고기 육
變 : 변할 변　宜 : 마땅 의　容 : 얼굴 용, 용납할 용
激 : 심할 격　烈 : 매울 렬　遇 : 만날 우　朋 : 벗 붕
交 : 사귈 교　遊 : 놀 유　剴 : 간절할 개, 가까울 개
失 : 잃을 실, 과실 실, 잊을 실　優 : 너그러울 우

114. 작은 일도 치밀하게 하라.

소처 / 小處에 불삼루 / 不滲漏하고 암중 / 暗中에 불기은 / 不欺隱하며 말로 / 末路에 불태황 / 不怠荒하면 재시개진정영웅 / 纔是個眞正英雄이라.

【解釋】 작은 일에도 물샐 틈이 없고 어두운 곳에서 자신을 속이지 않으며, 말년에 게으르지 않으면 이는 참다운 영웅이라 할 것이다.

【解說】 하찮은 일에 치밀한 사람이 큰 일을 그르칠 리 없으며, 어두운 곳에서 속이지 않는 사람이 밝은 곳에서 속일 리 없고, 만년까지 부지런한 사람은 젊어서 더욱 노력했을 것이다. 이런 사람이야말로 흠잡을 데 없는 영웅이라 할 것이다.

〖註釋〗 *小處(소처) 하찮은 작은 일.
*滲漏(삼루) 물이 새다.
*暗中(암중) 어두운 곳, 혼자만 있는 곳
*欺隱(기은) 속이다.
*末路(말로) 만년, 늘그막.
*怠荒(태황) 게으르고 방종함.

〖字意〗 滲 : 샐 삼 漏 : 샐 루 暗 : 어두울 암 欺 : 속일 기
隱 : 숨을 은 路 : 길 로 怠 : 게으를 태 荒 : 거칠 황
英 : 꽃뿌리 영 雄 : 수컷 웅

115. 밥 한 술도 은혜가 된다.

千金(천금)도 難結一時之歡(난결일시지환)이요 一飯(일반)도 意致終身感(경치종신감)이니 蓋愛(개애)
重反爲仇(중반위구)요 薄極翻成喜也(박극번성희야)라.

【解釋】 천금으로도 한 때의 환심을 사기가 어려우나 한 끼의 밥은 마침내 평생도록 감사함을 느끼게 한다. 대개 사랑이 지나치면 도리어 원수가 되기 쉽고, 박대가 심함이 도리어 기쁨이 되기도 한다.

【解說】 영조(英祖) 때 사람 이사관(李思觀)이 충청도 관찰사가 되어 내려가다 여관에서 잠을 자는데 날씨가 매우 추웠다. 그 때 가난한 선비 하나가 서너 살쯤 되어 보이는 딸과 함께 여관으로 들어오는데 보니 옷이 변변치 못해 어린 아이가 추위에 지쳐 있었다. 이사관은 그 선비를 불러 자신이 입고 있던 수달피 덧옷을 벗어

그 아이를 덮어주라고 했다. 그 후 많은 세월이 흘러 그 여자 아이가 자라 영조의 계비인 정순 왕후(貞純王后)가 되었다. 영조는 왕비의 집이 가난했던 점을 생각하고 하루는 왕비에게 물었다.

"혹시 기억에 남는 은인이 있으면 말하시오. 내가 왕비를 위해 은혜를 갚아 주겠소."

그러자 왕비는 이사관의 일을 들려 주었다. 그래서 이사관은 영조의 기림을 받아 마침내 좌의정까지 오를 수 있었다. 작은 은혜가 큰 보답을 받은 것이다.

〖註釋〗 *千金(천금) 많은 돈.
*一飯(일반) 한 끼의 식사.
*愛重(애중) 사랑이 지나친 것.
*薄極(박극) 박대함이 극에 이름.

〖字意〗 難 : 어려울 난, 성할 난 結 : 맺을 결 歡 : 기쁠 환
飯 : 밥 반 竟 : 마침내 경 感 : 느낄 감 愛 : 사랑 애
重 : 무거울 중 薄 : 얇을 박 極 : 끝 극 飜 : 번득일 번
喜 : 기쁠 희

116. 재능을 숨겨라.

장교어졸 용회이명 우청우탁 이굴위신
藏巧於拙하고 用晦而明하며 寓淸于濁하고 以屈爲伸하면
진섭세지일호 장신지삼굴야
眞涉世之一壺요 藏身之三窟也라.

【解釋】 교묘한 재능은 못난듯이 감추며 어둠을 이용하여 밝게 하고, 맑음을 혼탁한 데 붙이고 굽힘으로써 펴는 방도를 삼으면, 참으로 세상을 살아가는 데 한 방편이 되며 몸을 감추는 은신처가 된다.

【解說】 재능을 어리숙한 듯 감추고, 어두움으로써 밝게 하며, 맑음을 탁한 데 붙이고, 남에게 굶리는 듯하면서 뜻을 펴는 것이 처세의 한 방법이다. 너무 똑똑한 사람이 결과에 있어서는 어리석어 보이는 사람에게 지는 일이 많다. 이는 자신의 재능을 너무 드러낸 소치로 적을 많이 만들기 때문이다.

조선 말엽 대원군 이하응(李昰應)은 자신의 아들을 즉위시키기 위해 파락호(破落戶) 생활을 하며 지냈다. 그래서 당시 권세를 잡고 있던 안동 김씨(安東金氏)들에게 갖은 모욕을 받으면서도 꾹 참고 견디어 마침내 그가 폐인이나 다름 없어 그의 아들을 즉위시켜도 섭정을 할 걱정이 없을 것이라는 판단을 내리게 하는데 성공할 수 있었다. 재능을 감추고 남에게 무릎을 꿇면서까지 목적을 성취한 대원군이야말로 큰 야망가였던 것이다.

〖註釋〗 *藏巧於拙(장교어졸) 교묘한 재능을 못난 듯 감추는 것.
*用晦而明(용회이명) 어둠으로써 밝게 함.
*寓淸于濁(우청우탁) 맑음을 혼탁한 데에 붙임.
*以屈爲伸(이굴위신) 굽힘으로써 펴는 방도를 삼음.
*一壺(일호) 한 바가지, 방편.
*三窟(삼굴) 세 개의 굴 은신처.

〖字意〗 藏 : 감출 장, 곳간 장　拙 : 못날 졸　晦 : 어두울 회
寓 : 붙일 우　濁 : 흐릴 탁　屈 : 굽힐 굴　伸 : 펼 신
涉 : 건널 섭　壺 : 호리병 호　窟 : 굴 굴

117. 환란은 백 번 참고 견디어라.

衰颯的景象(쇠삽적경상)은 就在盛滿中(취재성만중)하고 發生的機緘(발생적기함)은 即在零落內(즉재영락내)라. 故(고)로 君子(군자)는 居安(거안)엔 宜操一心以慮患(의조일심이려환)하고 處變(처변)엔 當堅百忍以圖成(당견백인이도성)이라.

【解釋】 쓸쓸한 모습은 번성한 가운데에 있고, 자라는 움직임은 바로 영락한 가운데 있다. 그러므로 군자는 편안하게 있을 때는 한결같은 마음으로 환난을 염려하고, 변란을 당해서는 마땅히 굳게 백 번 참으면서 성공하기를 도모해야 한다.

【解說】 한참 무성하면 곧 시들리라는 것을 알아야 하고, 시들어

꽃이지면 곧 무성해지리라는 것을 알아야 한다. 그러므로 군자는 편안할 때 환난을 걱정해야 하고, 변란을 당해서는 꾹 참으며 성공을 기약해야 한다.

〖註釋〗 *衰颯(쇠삽) 쇠잔하고 소슬함.
*景象(경상) 풍경, 모습.
*盛滿(성만) 번성하고 가득 참.
*機緘(기함) 움직임.
*零落(영락) 쇠퇴함.
*慮患(여환) 환난을 걱정함.
*百忍(백인) 백번 참음.

〖字意〗 衰 : 쇠할 **쇠**, 같을 **최** 颯 : 바람소리 **삽** 景 : 경치 **경**
象 : 형상할 **상**, 코끼리 **상** 緘 : 봉할 **함** 零 : 떨어질 **령**
慮 : 생각 **려** 患 : 근심 **환** 堅 : 굳을 **견** 忍 : 참을 **인**
圖 : 꾀할 **도**, 그림 **도**

118. 기이함을 좋아하지 말라.

경기희이자 무원대지식 고절독행자 비항구조
驚奇喜異者는 無遠大之識하고 苦節獨行者는 非恒久操니라.

【解釋】 기이한 것에 경탄하고 별난 것을 좋아한 자는 원대한 식견이 없고, 괴롭게 절조를 지키고 홀로 자기 길만을 걷는 자는 항구적인 지조가 아니다.

【解說】 기이한 것을 보고 놀라는 것은 식견이 짧아서 그런 것이며, 너무 괴로울 정도로 절개를 지키며 홀로의 길을 가는 사람은 마치 험한 고갯길을 단숨에 오르려는 것과 같아서 오래 그 절개를 지키지 못하고 중도에서 변절하게 된다.

〖註釋〗 *驚奇喜異(경기희이) 기이한 것을 경탄하고 좋아함.
*遠大知識(원대지식) 멀고 큰 식견.
*苦節(고절) 괴롭게 지키는 절개.
*獨行(독행) 홀로 행동하는 것.
*恒久(항구) 영원.

〖字意〗 驚 : 놀랄 **경** 奇 : 이상할 **기** 喜 : 기쁠 **희** 異 : 다를 **이**

遠 : 멀 원　識 : 알 식　苦 : 괴로울 고　獨 : 홀로 독
恒 : 항상 항　久 : 오랠 구

119. 욕망과 분노를 이겨라.

當怒火欲水가 正騰沸處하여 明明知得하고 又明明犯著하니 知的是誰며 犯的又是誰오? 此處에 能猛然轉念하면 邪魔便爲眞君矣니라.

(당노화욕수 정등비처 명명지득 우명명범착 지적시수 범적우시수 차처 능맹연전념 사마변위진군의)

【解釋】 분노의 불길과 욕망의 물결이 들끓는 때를 당하여 분명하게 이를 알고도 또 분명하게 범하니, 아는 것은 누구이며 범한 자는 또 누구인가? 이럴 때에 급히 마음을 돌리면 사악한 악마같은 마음이 참다운 본연의 마음이 될 것이다.

【解說】 화가 치밀어 견디지 못할 때에 이래서는 안 된다는 것을 알면서도 폭발시키고 마니 이는 나의 수양이 부족한 탓이다. 이럴 때에 맹렬하게 반성하면 사악한 마음이 사라지고 본연의 착한 내 심성으로 돌릴 수가 있다.

〖註釋〗 *怒火欲水(노화욕수) 불꽃같은 노여움과 욕망의 물결.
*騰沸(등비) 끓어오름. 비등.
*知得(지득) 알아냄.
*犯著(범착) 범하는 것.
*猛然(맹연) 맹렬하게.
*邪魔(사마) 사악한 악마. 악마같은 마음.
*眞君(진군) 참다운 마음.

〖字意〗 怒 : 성낼 노, 뽐낼 노　騰 : 오를 등　沸 : 끓을 비
犯 : 범할 범　誰 : 누구 수　猛 : 사나울 맹　轉 : 돌릴 전
邪 : 간사할 사

120. 남의 능력을 시기하지 말라.

무편신이위간소기 毋偏信而爲奸所欺하고 무자임이위기소사 毋自任而爲氣所使하며 무이기지장이형인지단 毋以己之長而形人之短하고 무인기지졸이기인지능 毋因己之拙而忌人之能하라.

【解釋】 편벽되게 한쪽 만 믿어서 간사한 사람에게 속임을 당하지 말고, 자기 마음대로 하여 객기의 부림을 당하지 말며, 자기의 장점으로써 남의 단점을 드러내지 말고, 자신이 못하는 것으로 인하여 다른 사람의 능력을 꺼려하지 말라.

【解說】 한쪽 말만 너무 믿으면 속아서 후회할 일을 저지르게 된다. 고구려 호동왕자(好童王子)는 얼굴이 잘 생긴 데다가 용맹하여 대무신왕(大武神王)의 사랑을 받았다. 그러자 원비(元妃)가 자기 소생이 왕위에 오르지 못할까 염려하여 갖가지로 호동을 모함하기 시작했다. 호동이 낙랑을 쳐 승리를 거두고 돌아와서 왕의 신임이 크게 두터워진 것을 보고서 더욱 몸이 닳아 오른 원비는 이렇게 모함했다.

"호동이 저를 욕보이려 하고 있습니다."

대무신왕은 원비의 말을 곧이곧대로 듣고 호동에게 죽으라고 명하니, 호동은 변명 한 마디 하지 않고 자결하고 말았다. 어떤 사람이 호동에게 왜 변명하지 않느냐고 묻자 호동은,

"내가 변명하면 어머니의 허물을 드러나게 하니 아버지의 마음이 편하겠는가"하였다.

〖註釋〗 ***偏信(편신)** 치우치게 한쪽만 믿는 것.

***自任(자임)** 자신이 맡음.

***爲氣所使(위기소사)** 기의 부림을 받음.

***形人之短(형인지단)** 남의 단점을 나타냄.

***忌人之能(기인지능)** 남의 능력을 시기함.

〖字意〗 毋 : 말 무, 관이름 모　偏 : 치우칠 편　信 : 믿을 신
欺 : 속일 기　使 : 부릴 사　長 : 길 장　短 : 짧을 단
拙 : 못날 졸　忌 : 꺼릴 기　能 : 능할 능

121. 남의 단점을 감추어 주라.

> 人之短處(인지단처)는 要曲爲彌縫(요곡위미봉)이니 如暴而揚之(여폭이양지)하면 是(시)는 以短攻短(이단공단)이요, 人有頑的(인유완적)이면 要善爲化誨(요선위화회)니 如忿而疾之(여분이질지)면 是(시)는 以頑濟頑(이완제완)이라.

【解釋】 남의 단점은 굽혀서 감추어주어야 하니, 만일 그것을 드러내어 들추면 이는 자신의 단점으로 남의 단점을 공격하는 것이요, 남에게 완악함이 있으면 잘 타일러 깨우쳐 주어야지, 만일 성을 내고 미워하면 이는 완악함으로써 완악함을 구제하려는 것이다.

【解說】 남의 단점은 감추어 주어야지 함부로 드러내면 자신도 마찬가지 잘못을 저지른다. 공자(孔子)의 제자 한 사람이 다리를 저는 사람을 보고는 "저 사람은 다리 하나가 짧다." 라고 하니, 공자는 정색을 하며 이렇게 말했다 한다.

"네 눈에는 다리 하나가 짧게 보이느냐? 이왕이면 다리 하나가 길다고 하는 것이 좋지 않겠느냐?"

남의 단점보다는 장점을 찾기게 힘쓰라는 이야기이다.

〖註釋〗 *短處(단처) 단점.
*彌縫(미봉) 감싸주는 것.
*暴而揚之(폭이양지) 폭로하여 들추는 것.
*以短攻短(이단공단) 단점으로써 단점을 공격한다.
*善而化誨(선이화회) 좋게 하여 깨우치게 함.
*以頑濟頑(이완제완) 완악함으로써 완악함을 건지려 하는 것.

〖字意〗 彌 : 꿰맬 미, 그칠 미　縫 : 꿰맬 봉　暴 : 드러낼 폭
揚 : 드날릴 양　頑 : 완고할 완　誨 : 깨우칠 회　疾 : 미워할 질
濟 : 건질 제

122. 아무에게나 속 마음을 보이지 말라.

> 우침침불어지사　차막수심　견행행자호지인
> 遇沈沈不語之士어든 且莫輸心하고, 見悻悻自好之人이어든
> 응수방구
> 應須防口하라.

【解釋】 침묵을 지키고 말을 하지 않는 선비를 만나거든 마음을 털어놓지 말고, 성을 내며 자애(自愛)하는 사람을 만나거든 말을 조심하라.

【解說】 음험하게 속마음을 내보이지 않는 사람을 상대하여 자신의 속마음만 드러내 보이면 어떤 해가 닥칠지 모르며, 화를 잘 내며 잘난 척하는 사람에게는 입 조심을 해야 한다. 예나 지금이나 처세를 잘하는 사람들은 항상 입을 조심하며 살았다. 폭군 연산군은 자신의 음란한 행실을 두고 사람들이 수근거리는 것을 알자, 모든 관원들에게 이런 패를 차고 다니게 했다니 우습다.

'입은 화를 부르는 입이요, 혀는 자신을 죽이는 칼이다. 입을 다물고 혀를 깊이 간수해야 몸이 편안할 것이다.'

〖註釋〗 *沈沈(침침) 조용히 말이 없는 모양.
*輸心(수심) 마음을 터 놓음.
*悻悻(행행) 발끈 성내는 모양.
*自好之人(자호지인) 자신을 깨끗하게 하려는 사람.
*防口(방구) 입조심.

〖字意〗 遇 : 만날 우, 대접할 우　輸 : 옮길 수　悻 : 발끈 성낼 행
應 : 응할 응　須 : 모름지기 수　防 : 막을 방

123. 너무 긴장하지 말라.

염두혼산처 요지제성 염두끽긴시 요지방하 念頭昏散處엔 要知提醒하고 念頭喫緊時엔 要知放下하라. 불연 공거혼혼지병 우래동동지요의 不然이면 恐去昏昏之病이라도 又來憧憧之擾矣라.

【解釋】 마음이 어둡고 산란할 때에는 정신을 바짝 차릴 줄 알아야 하고, 마음이 긴장될 때에는 늦출 줄을 알아야 한다. 그렇지 않으면 마음의 어두운 우울증이 없어지더라도 또다시 조바심이 나게 될까 염려된다.

【解說】 마음이 혼란하면 바짝 정신을 차려 일을 그르치는 일이 없어야 하고, 너무 긴장될 때에는 긴장을 풀고 평정한 마음을 가져야 한다. 그렇지 않으면 우울증이 가시자마자 다시 조바심이 나게 될 것이다. 우울증이나 긴장감은 모두 정신 건강뿐만 아니라 육체의 건강에도 해를 끼치므로 항상 마음의 평정을 유지하기에 힘써야 한다.

〖註釋〗 *念頭(염두) 마음. 생각.
*昏散(혼산) 어둡고 산란하다.
*提醒(제성) 일깨우다. 깨닫다.
*喫緊(끽긴) 긴장됨. 요긴함.
*放下(방하) 풀다.
*昏昏之病(혼혼지병) 마음이 우울한 병.
*憧憧(동동) 마음이 침착하지 못한 모습.

〖字意〗 念 : 생각 념, 읽을 념　昏 : 어두울 혼　散 : 흩어질 산
提 : 들 제　醒 : 깨달을 성　喫 : 먹을 끽　緊 : 긴할 긴
放 : 놓을 방　恐 : 두려울 공

124. 사람의 마음은 자주 변한다.

霽日青天(제일청천)도 倏變爲迅雷震電(숙변위신뢰진전)하고 疾風怒雨(질풍노우)도 倏變爲朗月晴空(숙변위랑월청공)하니 氣機何常(기기하상)이리오? 一毫凝滯(일호응체)니, 太虛何常(태허하상)이리오? 一毫障塞(일호장색)이라, 人心之體(인심지체)도 亦當如是(역당여시)라.

【解釋】 맑게 개인 푸른 하늘도 잠깐 사이에 천둥 번개가 치고, 거센 바람과 세찬 비가 내리다가도 갑자기 달 밝은 맑은 하늘이 되니, 그 작용이 어찌 일정하겠는가? 털 끝에도 엉기고 막히니 하늘이 어찌 한결같겠는가? 털 끝에도 막히는 것이니 사람 마음의 바탕도 역시 이와 같은 것이다.

【解說】 말짱하게 개인 하늘에서 갑자기 천둥 번개가 치고, 그러다가 다시 언제 그랬느냐는 듯 개이니, 어찌 일정하기를 바라겠는가? 하늘도 그러한데 더군다나 사람의 마음은 오죽 하겠는가? 상대방의 기분이 좋다 하여 허물없이 대하가다는 언제 그 사람의 마음이 변할지 모르는 일이다.

〖註釋〗 *霽日(제일) 개인 날.
*迅雷震電(신뢰진전) 천둥 번개.
*氣機(기기) 천지의 운동, 작용.
*凝滯(응체) 엉기고 막힘.
*太虛(태허) 하늘.
*人心之體(인심지체) 사람 마음의 본체.

〖字意〗 青:푸를 청, 젊을 청 倏:잠깐 숙 迅:빠를 신
雷:우뢰 뢰 震:벼락 진 電:번개 전 朗:밝을 랑
毫:털끝 호 滯:막힐 체 障:막을 장 塞:막힐 색

125. 사욕을 누르라.

勝私制欲之功(승사제욕지공)은 有曰(유왈)「識不早(식부조)면 力不易者(역불이자)라」하고, 有曰(유왈)「識得破(식득파)라도 忍不過者(인불과자)라」하니 蓋識(개식)은 是一顆照魔的明珠(시일과조마적명주)요 力(역)은 是一把斬魔的慧劍(시일파참마적혜검)이니 兩不可少也(양불가소야)라.

【解釋】 사사로운 욕심을 이기고 제압하는 공부에 대해 어떤 사람은 말하기를 '일찍 알아차리지 못하면 힘써 노력하기가 쉽지 않다.' 라 하였고, 어떤 사람은 '알아차려 깨뜨리더라도 참는 힘이 모자란다.' 라고 하였으니, 대개 알아차리는 것은 악마를 비추는 한 알의 밝은 구슬이요, 힘이란 악마를 베는 지혜의 칼이니 이 두 가지를 모두 무시해서는 안 된다.

【解說】 사욕을 눌러 이기기란 쉽지 않아서 어떤 사람은 일찍 알아차리지 못하면 억제하기가 어렵다고 하고, 어떤 사람은 이를 알아차리더라도 참아내기가 어렵다고 말한다. 알아차리는 것은 욕심을 비추는 거울이며 그걸 이기는 것은 그 욕심을 베는 칼이니 이 두 가지가 없어서는 안 된다.

〖註釋〗 *勝私制欲(승사제욕) 사를 이기고 욕심을 제압함.
*一顆(일과) 한 알.
*明珠(명주) 밝게 비추는 구슬.
*慧劍(혜검) 번뇌와 속박을 끊는다는 검.

〖字意〗 勝 : 이길 승, 맡을 승　制 : 마름 제　早 : 일찍 조
忍 : 참을 인　顆 : 낟알 과　珠 : 구슬 주　斬 : 벨 참
慧 : 지혜 혜　劍 : 칼 검

126. 모욕을 받아도 불쾌해 하지 말라.

각 인 지 사 불 형 어 언 수 인 지 모 부 동 어 색
覺人之詐라도 不形於言하고 受人之侮라도 不動於色하면
차 중 유 무 궁 의 미 역 유 무 궁 수 용
此中에 有無窮意味하며 亦有無窮受用이라.

【解釋】 남이 속이는 것을 알더라도 말로 나타내지 말고, 남에게 모욕을 받더라도 얼굴 색을 변치 않는다면 이 가운데 무궁한 뜻이 있고 또 무궁한 수용이 있다.

【解說】 남에게 속임을 당하거나 모욕을 당했다 하여도 복수를 하지 않는 것이 마음이 편하다.

선조 때 영의정을 지낸 노수신(盧守愼)은 이름 그대로 항상 몸가짐을 잘 지키기로 유명하였다. 재상이 되었으면 더러 싫은 소리도 해야 하는 법인데 항상 입을 다물고 말이 없으니 당시 사람들이 '노 재상의 침은 종기의 약이 될 것이다.'라고 하였는데, 말을 하지 않은 새벽의 침은 종기에 좋다고 생각했기 때문이다. 그가 한때 진도(珍島)로 귀양을 갔는데, 그곳 수령 홍인록(洪仁祿)의 괄세가 심했다. 죄인에게 쌀밥을 먹여서는 안 된다며 일부러 그 고장에서 생산되지 않은 조를 구해다 먹이는 등 원수 보듯 하였다. 얼마 후 귀양에서 풀려 조정에 돌아온 노수신은 재상이 되었는데, 홍인록이 죄를 입어 파면을 당하게 되었다. 노수신은 그의 허물을 변명해 주고 파면 대신 풍천 부사로 승진을 시켜 주었다.

〖註釋〗 ***不形於言(불형어언)** 말로 나타내지 않음.
***不動於色(부동어색)** 안색을 변치 않음.
***受用(수용)** 활용(活用). 효능.

〖字意〗 **覺** : 깨달을 **각**, 꿈깰 **교** **詐** : 속일 **사** **動** : 움직일 **동**
色 : 빛 **색** **窮** : 다할 **궁** **味** : 맛 **미** **受** : 받을 **수**
用 : 쓸 **용**

127. 곤궁은 자신을 단련시키는 망치다.

횡역곤궁　　시단련호걸적일부로추　　능수기단련
橫逆困窮은 是煅煉豪傑的一副鑪錘니 能受其煅煉하면
즉신심교익　　불수기단련　　즉신심교손
則身心交益하고 不受其煅煉하면 則身心交損이라.

【解釋】 역경에 처하고 곤궁하게 지내는 것은 호걸을 단련시키는 한 벌의 용광로와 망치이니, 그 단련을 잘 이겨 내면 그 몸과 마음이 모두 이로울 것이요, 그 단련을 이겨 내지 못하면 몸과 마음이 모두 손상될 것이다.

【解說】 영웅 호걸에게는 하늘이 일부러 시련을 주어 큰 그릇을 만든다. 그 단련을 이겨 내면 심신에 도움이 되지만 그렇지 못하면 손상을 입을 뿐이다.

선조 때 대제학을 지낸 심희수(沈喜壽)는 일찍 아버지를 여의고 편모 슬하에서 가난하게 살았다. 성격은 호탕하였으나 공부를 하지 못해 파락호 생활을 하면서 남의 비웃음을 받으며 청년 시절을 허송하였다. 하루는 어느 재상집에 잔치가 열린다는 말을 듣고 초청을 받지 않은 몸으로 쑥 들어갔으니 반길 사람이 있을 리 없다. 연회에 있던 기녀들조차 초라한 행색을 보고 킬킬거리며 옆에 오기를 꺼려했다. 그때 일타홍이란 기생이 그의 곁으로 와 은근히 수작을 펴면서 연회가 끝나면 집으로 찾아갈 터이니 기다려 달라는 것이었다. 그녀는 약속대로 찾아와 심희수의 어머니에게 절을 올린 후 당분간 며느리 노릇을 하며 심희수의 공부를 돌보겠다고 자청하였다. 일타홍은 심희수에게 이렇게 말했다.

"양반집 자제로 어찌 장안의 웃음거리가 되는 생활로 일생을 마치려 합니까? 지금부터 공부에만 열중하여 집안을 다시 세우셔야 합니다."

그래서 심희수는 그날부터 학업에 전념하여 마침내 과거에 급제, 벼슬길에 오를 수 있었다. 일타홍은 그제서야 정부인 맞기를 권하고는 얼마 후 세상을 떠났다.

〖註釋〗 *橫逆困窮(횡역곤궁) 역경에 처하고 곤궁하게 지냄.
* 煅煉(단련) 쇠붙이를 달구어 두드리는 것. 심신을 단련하는 데 비유함.
*鑪錘(노추) 용광로와 망치.

〖字意〗 逆 : 거슬릴 역 副 : 다음 부, 부응할 부 傑 : 준걸 걸 益 : 더할 익 損 : 손해 손 橫 : 가로 횡, 걸릴 횡 困 : 곤할 곤 豪 : 호걸 호

128. 내 몸은 작은 우주이다.

吾身(오신)은 一小天地也(일소천지야)라 使喜怒不愆(사희노불건)하고 好惡有則(호오유칙)이면 便是燮理的功夫(변시섭리적공부)요 天地(천지)는 一大父母也(일대부모야)라 使民無怨咨(사민무원자)하고 物無氛疹(물무분진)이면 亦是敦睦的氣象(역시돈목적기상)이라.

【解釋】 내 몸은 하나의 작은 천지이다. 기뻐하고 성냄에 허물이 없게 하고 좋아하고 미워함에 법도가 있게 하면 이는 몸을 조화있게 다스리는 공부가 될 것이다. 천지는 하나의 큰 부모이다. 백성들로 하여금 원망하는 탄식이 없게 하고 만물에 병되는 일이 없게 하면 이 역시 화목을 두터이 하는 기상일 것이다.

【解說】 내 몸뚱이는 작은 우주에 비교할 수 있다. 좋아하고 싫어함에 법도가 있으면 조화를 잃지 않을 것이며, 천지는 우리를 감싸주는 부모이니, 거기에 붙여 사는 사람이나 사물을 잘 돌보아주는 것이 화목한 기상이다.

〖註釋〗 *一小天地(일소천지) 하나의 작은 천지. 소우주(小宇宙).
*喜怒不愆(희노불건) 기쁨과 성냄에 잘못이 없음.

*好惡有則(호오유칙) 좋아하고 미워하는데 일정한 규칙이 있음.
*燮理(섭리) 조화롭게 다스림.
*怨咨(원자) 원망하여 탄식함.
*氛疹(분진) 나쁜 병.
*敦睦(돈목) 친목을 돈독히 함.

〖字意〗 吾 : 나 오, 아들 오 惡 : 미워할 오, 나쁠 악
愆 : 허물 건 則 : 법 칙 燮 : 화할 섭, 불꽃 섭
咨 : 탄식할 자 氛 : 기분 나쁠 분 疹 : 두드러기 진 敦 : 돈독할 돈
睦 : 화목할 목

129. 남을 의심하지 말라.

해인지심 불가유 방인지심 불가무 차
「害人之心은 不可有요 防人之心은 不可無라」하니 此는
계소어려야 영수인지기 무역인지사 차
戒疎於慮也라. 「寧受人之欺언정 毋逆人之詐라」하니 此는
경상어찰야 이어병존 정명이혼후의
警傷於察也라. 二語竝存하면 精明而渾厚矣라.

【解釋】 '남을 해치려는 마음을 가져서는 안 되며, 남의 해를 막으려는 마음은 없어서는 안 된다.'라 하니 이는 생각이 소홀함을 경계하는 말이다. '남에게 속임을 당할지라도 남이 속일 것을 미리 생각하지 말라' 하였으니 이는 지나치게 살피는 데에 잘못이 있을까를 경계한 말이다. 이 두 가지 말을 아울러 가지면 생각이 정명해지고 혼후하게 된다.

【解說】 남을 해칠 마음은 가져서는 안 되지만 남이 자신을 해치려는 마음은 예방해야 하며, 남에게 속임을 당할지라도 남이 나를 속일 것이라고 의심해서는 안 된다. 마음이 순진한 사람은 속임을 당하기가 쉽다.

숙종 때 대제학을 지낸 김진규(金鎭圭)는 인정이 많아 남에게 속기를 잘했다. 하루는 과거 시험관으로 차출되어 올라가는데 길에서 한 선비를 만났다. 그 선비는 말을 타고 앞서 가면서 책을 열심히 읽으며 가는 것이었다. 객점에 들어 김진규가 인사를 나누고

사정을 물어보니 자신의 딱한 처지를 늘어 놓았다.

"늙으신 부모님 봉양을 위해 여러 차례 과거를 보았으나 시험장에 들어가면 가슴이 떨려 글씨를 제대로 쓰지 못해 매번 떨어지고 말았습니다. 이제 나이가 들어 기억력마저 떨어져 그 동안 지어둔 글을 읽던 참입니다."

김진규가 보니 그의 작품이 모두 훌륭한 데다가 글씨도 잘 썼다. 그래서 이름을 기억해 두었다가 합격을 시켜주었다. 그 후 합격자들이 찾아와 인사를 하기에 축하해 주었다.

"그래 연로하신 부모님께서 얼마나 반가워하시겠는가?"

그러자 선비는 꿇어앉으며 이렇게 말했다.

"제가 그 때 드린 말씀은 모두 거짓이었습니다. 부모님은 계시지도 않고 이번 처음 응시하였다가 합격한 것인데, 저는 처음부터 대감께서 시관이신 걸 알고 있었습니다."

그 말에 김진규도 따라 웃을 수 밖에 없었다.

〖註釋〗 *害人之心(해인지심) 남을 해치려는 마음.
*防人之心(방인지심) 남이 해치려는 마음을 막는 것.
*受人之欺(수인지기) 남의 속임을 받다.
*逆人之詐(역인지사) 남이 자기를 속일 것이라고 미리 생각함.
*精明(정명) 생각이 정밀함.
*渾厚(혼후) 원만하고 두터움.

〖字意〗 害 : 해칠 해, 어찌할 해 　戒 : 경계할 계 　疎 : 소홀할 소
慮 : 생각 려 　警 : 경계할 경 　竝 : 견줄 병, 아우를 병

130. 독창적 견해를 비리지 말라.

毋因群疑而阻獨見(무인군의이저독견)하고 毋任己意而廢人言(무임기의이폐인언)하며, 毋私小惠而傷大體(무사소혜이상대체)하고 毋借公論以快私情(무차공론이쾌사정)하라.

【解釋】 여러 사람이 의심함으로 인하여 자기의 견해를 굽히지 말고 자기의 의견에 따라 남의 말을 폐기하지 말며, 사사로운 작은 은혜

때문에 대체를 그르치지 말며 공론을 빌어서 개인적인 감정을 풀지 말라.

【解說】 여러 사람이 의심한다고 해서 사실 여부를 모른체 덩달아 의심해서는 안 되며, 자기의 뜻에 맞지 않는다 해서 남의 말을 막아서는 안 된다. 작은 은혜를 입은 사실이 있다 하여 큰 일을 그르쳐서는 안 되고, 여론을 빙자해 자신의 분풀이를 해서는 안 된다.

유호인(兪好仁)은 시와 문장에는 재주가 뛰어났으나 백성을 다스릴 줄은 몰랐다. 그런데 늙은 어머니를 봉양하기 위해 산음 현감으로 내보내 달라는 청을 성종께 올렸다. 성종은 그의 청을 거절할 수가 없어 산음 현감에 임명하고는 그곳 감사에게 비밀히 알렸다.

"유호인은 나의 시(詩) 친구이다. 백성을 잘 다스리지 못할 터이니 그대가 잘 보아주기 바란다."

그런데 그 감사는 얼마 후 유호인을 파직하고 말았다. 성종이 괘씸하여 물으니, 감사는 이렇게 대답했다.

"유호인이 정사에는 힘을 쓰지 않고 날마다 시나 지으면서 소일하니, 그런 수령을 어디에다 쓰겠습니까?"

성종은 할 말이 없어 다시 서울로 불러 다른 벼슬을 시켰다.

〖註釋〗 ***群疑(군의)** 여러 사람이 의심함.
***獨見(독견)** 자신의 견해.
***己意(기의)** 자기의 뜻.
***人言(인언)** 남의 말.
***小惠(소혜)** 작은 은혜.
***公論(공론)** 공적인 의논. 여론.
***私情(사정)** 사사로운 감정.

〖字意〗 **群**: 무리 **군**, 모을 **군**　**疑**: 의심할 **의**　**阻**: 막힐 **저**
獨: 홀로 **독**　**廢**: 폐할 **폐**　**惠**: 은혜 **혜**　**借**: 빌 **차**
快: 상쾌할 **쾌**　**情**: 뜻 **정**

131. 남의 악을 먼저 발설하지 말라.

선인 미능급친 불의예양 공래참참지간
善人을 未能急親이어든 不宜預揚이니 恐來讒譖之奸이요,
악인 미능경거 불의선발 공초매얼지화
惡人을 未能輕去어든 不宜先發이니 恐招媒蘖之禍니라.

【解釋】 착한 사람을 급히 친할 수 없거든 미리 칭찬하는 말을 해서는 안 되니, 간악한 참소가 올까 두렵다. 악한 사람을 쉽게 제거할 수 없거든 미리 발설해서는 안 되니, 이간하는 자가 있을까 염려된다.

【解說】 선한 사람을 친하기 전에 미리 칭찬해서는 안 되고, 악인을 쉽게 제거하지 못할 바에는 앞장서서 그의 악을 발설해서는 안 된다. 선조 때의 일이다. 대간(臺諫)으로 있던 송영구(宋英耇)가 하루는 임금 앞에서 이항복(李恒福)을 칭찬하여 이렇게 아뢰었다.

"영의정 이항복이야말로 임진왜란 때 세운 공이 막대하며 그의 인품이 비범하기 이를바 없습니다."

선조는 그 말을 듣고는 기분이 좋지 않았다.

"신하로서 임금 앞에서 신하를 칭찬하는 말을 감히 할 수 있느냐?"

그래서 송영구는 파직이 되고, 이항복도 여러 차례 사직하는 글을 올려 겨우 임금의 노여움을 풀 수 있었다.

〖註釋〗 *急親(급친) 빨리 친해지는 것.
*預揚(예양) 미리 부추기는 것.
*讒譖(참참) 참소. 헐뜯음.
*輕去(경거) 쉽게 제거함.
*媒蘖(매얼) 재앙을 초래함.

〖字意〗 能 : 능할 능, 별이름 태 親 : 친할 친, 어버이 친
預 : 미리 예 揚 : 드날릴 양 讒 : 참소할 참 譖 : 참소할 참
輕 : 가벼울 경 發 : 일어날 발 招 : 부를 초 媒 : 중매할 매
蘖 : 싹 얼

132. 얼음을 밟듯 처신하라.

청천백일적절의　　　자암실옥루중배래　　　선건전곤적
靑天白日的節義는 **自暗室屋漏中培來**하고, **旋乾轉坤的**
경륜　　자림심리박처조출
經綸은 **自臨深履薄處操出**이라.

【解釋】 푸른 하늘의 밝은 태양 같은 절의는 어두운 방 구석에서 배양되고, 하늘과 땅을 움직이는 경륜은 깊은 연못에 서고, 얇은 얼음을 밟듯 조심하는 데서 나온다.

【解說】 청천 백일 같은 정의는 초라한 어두운 방구석에서 길러지며 세상을 뒤흔드는 경륜은 처신을 조심스럽게 한 가운데서 이루어진다. 조선 시대에는 사화(士禍)와 당쟁이 극심하여 처세에 조심하지 않으면 자신은 물론 가문이 멸족을 당하는 예가 허다하였다.

중종 때 사람 정붕(鄭鵬)은 한참 권세를 떨치고 있는 유자광(柳子光)과 친척이었다. 유자광이 하늘 무서운 줄 모르고 날뛰는 것을 본 정붕은 그를 멀리하지 않으면 언젠가는 화를 당하리라는 것을 알았다. 그렇다고 절교를 했다가는 우선 당장 화를 입을 것이 뻔했다. 그래서 이따금 하인을 보내 문안하였는데 그 방법이 독특했다. 즉 심부름 보낼 하인의 팔을 새끼로 꽁꽁 묶어 봉인을 해 보내면 하인은 묶인 팔이 아파서 유자광의 집에 가 수다를 떨 겨를 없이 곧바로 돌아와 집안 말이 새어나감을 막을 수 있었고, 후에 유자광이 실각할 때 화를 면했다. 그의 친구 강혼(姜渾)과 심순문(沈順門)이 기첩(妓妾)을 둔 것을 보자 정붕은 충고하기를,

"어서 그 여자들을 버리지 않으면 멀지 않아 화를 당할 것이네."

하였는데, 강혼은 버리고 심순문은 버리지 않았다. 그 후 그 기생들이 연산군의 총애를 받게 되어 심순문은 마침내 비명에 죽고 말았다.

〖註釋〗 *靑天白日(청천백일) 푸른 하늘의 태양.
*暗室(암실) 어두운 방.
*屋漏(옥루) 사람이 잘 보이지 않는 방 구석.
*旋乾轉坤(선건전곤) 하늘과 땅을 마음대로 돌림.
*經綸(경륜) 세상을 다스리는 능력.
*臨深履薄(임심리박) 깊은 못에 임하고, 얇은 얼음을 밟듯 조심함.

〖字意〗 暗 : 어두울 암, 몰래할 암 室 : 방 실 屋 : 집 옥
漏 : 샐 루 培 : 북돋울 배 旋 : 돌릴 선 轉 : 굴릴 전
乾 : 하늘 건 坤 : 땅 곤 經 : 날실 경 綸 : 벼리 륜
薄 : 얇을 박 操 : 잡을 조 履 : 밟을 리

133. 가족 사이에는 대범하라.

父慈子孝(부자자효)하고 兄友弟恭(형우제공)하여 縱做到極處(종주도극처)라도 俱是合當如此(구시합당여차)니 著不得一毫感激的念頭(착부득일호감격적염두)라. 如施者任德(여시자임덕)하고 受者懷恩(수자회은)하면 便是路人(변시로인)이니 便成市道(변성시도)니라.

【解釋】 아버지는 인자하고 아들은 효성스러우며, 형은 우애롭고 동생은 공손하여 비록 그것이 극도에 달했다 하더라도 모두 그렇게 되어야 합당한 것이므로 털 끝 만큼이라도 감격하는 마음을 두어서는 안 된다. 만약 베푸는 자가 덕으로 생각하고 받는 자가 은혜로 생각한다면 이는 길에서 만난 사람과 같아서 장사꾼의 도가 이루어지게 된다.

【解說】 아버지와 아들, 형제들 사이에 특별히 잘하는 일이 있더라도 이는 당연한 일로 감격해서는 안 된다. 만일 이런 관계끼리 베푼 사람이 자신의 덕으로 자부하거나 받는 사람이 그걸 은혜로 알면 이는 남과 다름이 없어 장사꾼들처럼 이해를 따지게 된다.

〚註釋〛 *父慈子孝(부자자효) 아버지는 자애롭고 아들은 효도함.
*兄友弟恭(형우제공) 형은 우애하고 아우는 공경함
*感激的念頭(감격적염두) 감격하는 마음.
*任德(임덕) 덕을 베푼다고 자처함.
*懷恩(회은) 은혜로 생각함.
*路人(노인) 길 가는 사람끼리 서로 우연히 만남. 아무 관련이 없음.
*市道(시도) 장사꾼의 상거래.

〚字意〛 孝 : 효도 효, 상복입을 효 友 : 벗 우, 우애있을 우 弟 : 아우 제
恭 : 공손할 공 到 : 이를 도 此 : 이 차 施 : 베풀 시
懷 : 품을 회 路 : 길 로 市 : 저자 시

134. 아름다움을 과시하지 말라.

有姸(유연)이면 必有醜(필유추)하여 爲之對(위지대)니 我不誇姸(아불과연)이면 誰能醜我(수능추아)리오? 有潔(유결)이면 必有汚(필유오)하여 爲之仇(위지구)니 我不好潔(아불호결)이면 誰能汚我(수능오아)리오?

【解釋】 아름다움이 있으면 반드시 추함이 있어 대립하는 것이니 내가 아름다움을 자랑하지 않으면 누가 나를 추하게 하겠는가? 깨끗함이 있으면 반드시 더러운 것도 있어 짝을 이루니 내가 깨끗함을 좋아하지 않으면 누가 나를 더럽히겠는가?

【解說】 아름다운 것이 있으면 추한 것도 있게 마련이니, 나의 아름다움을 떠벌이지 않으면 아무도 나를 추하게 하지 못할 것이며, 고결함도 마찬가지이다.

〚註釋〛 *爲之對(위지대) 상대가 되다.
*誇姸(과연) 아름다움을 과시함.
*爲之仇(위지구) 짝이 되다.
*好潔(호결) 깨끗함을 좋아하다.

〖字意〗 姸 : 고울 연, 총명할 연　醜 : 추할 추　誇 : 자랑할 과
誰 : 누구 수　潔 : 깨끗할 결　仇 : 짝 구, 원수 구, 거만할 구
汚 : 더러울 오

135. 친척이 더 질투한다.

炎涼之態(염량지태)는 富貴(부귀)가 更甚於貧賤(갱심어빈천)하고, 妬忌之心(투기지심)은 骨肉(골육)이 尤狠於外人(우한어외인)이니, 此處(차처)에 若不當以冷腸(약부당이랭장)하며 御以平氣(어이평기)면 鮮不日坐煩惱障中矣(선불일좌번뇌장중의)라.

【解釋】 염량의 세태는 부귀한 사람이 빈천한 사람보다 더 심하고, 질투하는 마음은 골육이 밖의 사람보다 더 사납다. 이럴 때에 만약 냉정한 마음으로 평정을 지니지 않으면 번뇌에 시달리지 않는 날이 드물 것이다.

【解說】 염량의 세태란 권력이 있는 자에게는 빌붙고 권력이 없어지면 언제 그랬느냐는 듯이 배반하는 세상 인정을 말한다. 또 사촌이 논을 사면 배가 아프듯이 친척 사이에 질투하는 마음이 더욱 사납다. 이럴 때에 냉정하게 마음의 평정을 유지하지 않으면 번뇌가 끊임 없이 일어나게 된다.

〖註釋〗 *炎涼之態(염량지태) 세력이 있을 때에는 붙좇고, 세력이 없어지면 발길을 끊는 세태.
*貧賤(빈천) 가난하고 미천한 사람.
*冷腸(냉장) 냉정한 마음.
*平氣(평기) 기운을 화평히 함.
*煩惱(번뇌) 고뇌.

〖字意〗 炎 : 더울 염, 불꽃 염　涼 : 서늘할 량　態 : 태도 태
貧 : 가난할 빈　賤 : 천할 천　妬 : 투기할 투　忌 : 꺼릴 기
狠 : 사나울 한　御 : 거느릴 어　煩 : 번거로울 번　障 : 막힐 장

136. 공과는 혼동하지 말라.

공과 불용소혼 혼즉인회타타지심 은구 불
功過는 不容少混이니 混則人懷惰墮之心하고, 恩仇는 不
가대명 명즉인기휴이지지
可大明이니 明則人起携貳之志니라.

【解釋】 공로와 허물은 조금도 혼동해서는 안 되니, 혼동하면 사람들이 게으른 마음을 품게 되고, 은인과 원수는 너무 분명하게 밝혀서는 안 되니, 분명하게 하면 사람들이 의심하는 뜻을 일으키게 된다.

【解說】 신라 때 물계자(勿稽子)란 사람이 있었다. 내해왕(奈解王) 때 전쟁에 나가 큰 공을 세웠으나 장수에게 미움을 받아 포상을 받지 못하였다. 어떤 사람이 원망하는 마음이 없느냐고 묻자, 물계자는 아무런 내색을 하지 않았다. 그뒤 갈화성 싸움에서 또 큰 공을 세웠으나 나라에 보고되지 않았다.

그는 아내에게 이렇게 말한 다음 산으로 들어가 다시는 세상에 나오지 않았다.

"신하로써 전쟁에 나가면 목숨을 바쳐야 하는 것이다. 그러나 나는 싸움 때마다 죽지 않고 살아왔으니 신하의 직분을 다 못한 것이다. 무슨 면목으로 세상 사람들을 대하겠는가?"

〖註釋〗 *功過(공과) 공로와 과실.
*惰墮之心(타타지심) 게으른 마음.
*恩仇(은구) 은인과 원수.
*携貳之志(휴이지지) 두 마음을 품다. 의심하다.

〖字意〗 功 : 공로 **공** 過 : 허물 **과**, 지날 **과**, 넘을 **과**
容 : 용납할 **용**, 얼굴 **용**, 쌀 **용** 混 : 섞일 **혼** 惰 : 게으를 **타**
墮 : 떨어질 **타** 起 : 일어날 **기** 携 : 이끌 **휴** 貳 : 두 **이**
志 : 뜻 **지**

137. 높은 벼슬은 위태롭다.

작위 爵位는 불의태성 不宜太盛이니 태성즉위 太盛則危하고 능사 能事는 불의진필 不宜盡畢이니 진필즉쇠 盡畢則衰하며, 행의 行誼는 불의과고 不宜過高니 과고즉방흥이훼래 過高則謗興而毁來니라.

【解釋】 벼슬은 너무 높아서는 안 되는 것이니, 너무 높으면 위태롭다. 자기가 능한 일은 끝까지 다 마쳐서는 안 되니, 끝까지 다 마치면 쇠퇴한다. 행실은 지나치게 고상하게 해서는 안 되는 것이니, 지나치게 고상하면 비방이 일어나고 헐뜯음이 오게 된다.

【解說】 벼슬이 너무 성대하면 위험해지기 마련이니 조심해야 하고, 자신이 잘하는 일이라 하여 보란듯이 재주껏 다 하면 남의 미움을 받게 마련이다. 또 행실을 너무 고상하게 가져도 훼방이 따를 것이니 매사에 중용을 취해야 한다. 재능 있고 고상한 사람들이 흔히 사회에 적응하지 못하고 외톨이가 되는 것은 이런 이치를 알지 못해서일 것이다.

〚註釋〛 *爵位(작위) 벼슬의 지위.
*能事(능사) 자기가 잘하는 일.
*盡畢(진필) 끝까지 다 마치다.
*行誼(행의) 행실.
*謗興而毁來(방흥이훼래) 비방이 일어나고 헐뜯음이 닥치다.

〚字意〛 爵 : 벼슬 작, 술잔 작 宜 : 마땅 의 盛 : 성할 성
危 : 위태로울 위 盡 : 다할 진 畢 : 마칠 필 衰 : 쇠할 쇠
誼 : 옳을 의 謗 : 비방할 방 興 : 일어날 흥 毁 : 헐뜯을 훼

138. 드러난 선은 공이 없다.

악기음 선기양 고 악지현자 화천이은자
惡忌陰하고 善忌陽이라. 故로 惡之顯者는 禍淺而隱者는
화심 선지현자 공소이은자 공대
禍深하며 善之顯者는 功小而隱者는 功大니라.

【解釋】 악은 음지를 꺼리고 선은 양지를 꺼린다. 그러므로 드러난 악은 그 화가 얕고 숨겨진 것은 화가 깊다. 드러난 선은 공이 적고 숨은 것은 공이 크다.

【解說】 악한 일은 드러나기를 좋아하고 선은 숨기를 좋아한다. 그러므로 드러난 악은 화가 적으나 숨겨진 악은 재앙이 크다. 선은 이와 반대로 드러나면 공이 감소되고 끝까지 숨겨져야만 큰 공이 된다.

〖註釋〗 ***惡忌陰**(악기음) 악은 그늘진 곳에 숨기를 싫어한다.
***善忌陽**(선기양) 선은 밝은 곳에 드러나기를 꺼린다.
***惡之顯者**(악지현자) 악 가운데서 드러난 것.
***善之顯者**(선지현자) 선 가운데서 밖으로 나타난 것.

〖字意〗 **忌**:꺼릴 기, 제사 기 **陰**:그늘 음 **陽**:볕 양
顯:나타날 현 **禍**:재앙 화 **淺**:얕을 천 **隱**:숨을 은
深:깊을 심

139. 덕은 재능의 주인이다.

덕자 재지주 재자 덕지노 유재무덕 여가무
德者는 才之主요 才者는 德之奴니 有才無德은 如家無
주이노용사의 기하불망량이창광
主而奴用事矣라. 幾何不魍魎而猖狂이리오?

【解釋】 덕은 재능의 주인이요 재능은 덕의 노예이다.재능은 있으되

덕이 없으면 마치 집안에 주인이 없어 노예가 마음대로 하는 것과 같으니 어찌 도깨비가 멋대로 날뛰지 않겠는가?

【解說】 흔히 재주가 있는 사람은 덕이 부족하여 경망하기 쉽다고 한다. 광해군(光海君) 때 사람 허균(許筠)은 좋은 가문에서 태어나 재주가 남달랐으며 특히 문장은 당시에 그를 따를 자가 없어 장래가 촉망되었는데 불행하게도 덕이 부족하였다. 상(喪)을 당하여도 기생을 가까이 하고, 고시관이 되어서는 친척을 부정으로 합격시켰다는 비난을 받았는데, 마침내 역적으로 몰려 자신은 물론 온집안이 화를 당하게 되었다.

〖註釋〗 *才之主(재지주) 재능을 부리는 주인.
*德之奴(덕지노) 덕의 부림을 받는 종.
*用事(용사) 일을 처리함.
*魍魎(망량) 도깨비.
*猖狂(창광) 함부로 날뜀.

〖字意〗 主 : 주인 주, 임금 주　奴 : 종 노　家 : 집 가
用 : 쓸 용　事 : 일 사　幾 : 몇 기　何 : 어찌 하
猖 : 미칠 창　狂 : 미칠 광

140. 악인에게는 도망갈 길을 터주어라.

鋤奸杜倖엔 要放他一條去路라. 若使之一無所容이면 譬如塞鼠穴者하여 一切去路都塞盡하면 則一切好物俱咬破矣라.

【解釋】 간사한 사람을 물리치고 아첨하는 사람을 막으려면 다른 한 가닥 길을 터주어야 한다. 만약 그들로 하여금 한 군데도 용납할 곳이 없게 하는 것은 마치 쥐구멍을 막는 것에 비유할 수 있어 일체의 길을 없애고 모조리 막는다면 모든 값진 물건을 다 물어뜯

고 말 것이다.

【解說】 궁지에 몰린 도둑은 사람을 해치기 쉽고, 궁한 쥐는 고양이를 물게 마련이다. 마찬가지로 아무리 악한 사람이라 하더라도 너무 심하게 몰아붙이지 말고 살아날 길을 터주는 것이 옛 사람들의 지혜였다.

〖註釋〗 *鋤奸(서간) 간사한 자를 제거함.
*杜倖(두행) 아첨하는 사람을 막음.
*所容(소용) 용납함.
*鼠穴(서혈) 쥐구멍.
*塞盡(색진) 모조리 막음.
*好物(호물) 소중한 물건.
*咬破(교파) 물어뜯어 파괴함.

〖字意〗 **鋤**:호미 **서** **杜**:막을 **두** **倖**:아첨할 **행** **條**:가닥 **조** **譬**:비유할 **비** **塞**:막을 **색** **鼠**:쥐 **서** **穴**:구멍 **혈** **咬**:물어뜯을 **교** **破**:깰 **파**

141. 공은 양보하고 허물은 함께 하라.

> 당여인동과 부당여인동공 동공즉상기 가여
> **當與人同過**나 **不當與人同功**이니 **同功則相忌**하고 **可與**
> 인공환난 불가여인공안락 안락즉상구
> **人共患難**이나 **不可與人共安樂**이니 **安樂則相仇**니라.

【解釋】 허물은 남과 같이 해도 되지만, 공로는 남과 함께 해서는 안 되니, 공로를 함께 하면 서로 꺼리게 된다. 남과 더불어 환난을 함께 해도 되지만 남과 함께 안락은 같이 해서는 안 되니, 안락을 함께 하면 서로 원수가 된다.

【解說】 남과 잘못을 함께 나누는 것이나 공을 양보하기란 쉽지 않은 일로서 서로 공을 다투다 보면 미워하는 마음이 생기게 된다. 환난은 남과 같이 해야 되고 안락을 함께 나누어서는 안 되니, 안락을 나누어 가지면 원수지기가 쉽다.

〖註釋〗 *與人同過(여인동과) 남과 더불어 허물을 함께 뒤집어씀.
*同功(동공) 공로를 함께 함.
*相忌(상기) 서로 꺼려 함.
*共患難(공환난) 근심과 어려움을 함께 함.
*共安樂(공안락) 편안하고 즐거움을 함께 함.
*相仇(상구) 서로 원수가 됨.

〖字意〗 與 : 더불 여, 줄 여 相 : 서로 상 可 : 옳을 가
共 : 함께할 공 患 : 걱정 환 安 : 편안 안

142. 어리석은 사람을 깨우쳐 주는 것도 공덕이다.

士君子(사군자)로 貧不能濟物者(빈불능제물자)는 遇人痴迷處(우인치미처)에 出一言提醒之(출일언제성지)하고 遇人急難處(우인급난처)에 出一言解救之(출일언해구지)면 亦是無量功德(역시무량공덕)이라.

【解釋】 사군자로서 가난해서 남을 구제하지 못하는 자는 사람들이 어리석어 방황할 때를 당하여 한 마디 해주어 깨닫게 하고, 사람이 급하여 어쩔 줄을 모를 때에 한 마디 하여 구해 주면 이 역시 한량없는 공덕이 된다.

【解說】 집이 가난하여 물질로써 남을 도와줄 수 없으면 자신보다 못난 사람을 깨우쳐 주거나 곤경에 처한 사람을 한 마디 말로 도와주는 것도 큰 공덕이 된다.

중종 때 사람 경연(慶延)의 이웃 집에 불효 막심한 고리 백정 삼 형제가 살고 있었다. 경연이 하루는 그들을 불러 왜 부모에게 효도를 해야 하는지를 차근차근 일러주었다. 그랬더니, 그 형제들은 이제까지 효도가 무엇인지 몰랐다며 앞으로는 절대 불효하는 일이 없을 것이라며 물러갔다. 과연 경연이 가르쳐준 대로 아침 저녁으로 문안을 하고 형제 사이에도 우애있게 지내더니, 부모가 죽자 여막살이 3년까지 하면서 술이나 고기를 입에 대지 않았다. 그리고는 혹시 잘못을 저지르고 나면

'옆집 경생원이 알까 두려우니 다시는 이런 일을 하지 말자.' 라고 반성하였다.

〖註釋〗 *濟物(제물) 남을 구제함.
*痴迷(치미) 어리석고 미혹함.
*提醒(제성) 이끌어 깨우쳐 줌.
*急難(급난) 위급함.
*解救(해구) 풀어서 구해 줌.
*無量(무량) 한량없음.

〖字意〗 貧 : 가난할 빈 濟 : 건질 제 遇 : 만날 우 痴 : 어리석을 치 迷 : 미혹할 미 提 : 이끌 제 醒 : 깰 성 解 : 풀 해 量 : 헤아릴 량

143. 달면 삼키고 쓰면 뱉는 인심.

饑則付(기즉부)하고 飽則颺(포즉양)하며 燠則趨(욱즉추)하고 寒則棄(한즉기)는 人情通患也(인정통환야)라.

【解釋】 굶주리면 달라붙고 배부르면 훌쩍 떠나며, 따뜻하면 따르고, 추우면 버리는 것이 인정의 공통된 병통이다.

【解說】 세상 인정이란 배가 고프면 달라 붙다가도 배가 부르면 훌쩍 떠나거나 심하면 배신까지 한다.

〖註釋〗 *饑則付(기즉부) 굶주릴 때는 달라붙음.
*飽則颺(포즉양) 배가 부르면 언제 그랬냐는 듯이 훌쩍 떠남.
*燠則趨(욱즉추) 따뜻하면 달라붙음.
*寒則棄(한즉기) 추우면 따나버림.
*通患(통환) 공통된 병통.

〖字意〗 饑 : 굶주릴 기 付 : 붙을 부 飽 : 배부를 포 颺 : 나아갈 양 燠 : 따뜻할 욱 趨 : 나아갈 추 寒 : 찰 한 棄 : 버릴 기 通 : 통할 통

144. 냉철한 안목을 지녀라.

군자 의정식랭안 신물경동강장
君子는 宜淨拭冷眼이요 愼物輕動剛腸이라.

【解釋】 군자는 마땅히 냉정한 안목을 깨끗이 가져야 하고, 신중하게 하며, 신념을 가볍게 변해서는 안 된다.

【解說】 점잖은 사람은 냉철한 안목으로 사람을 대해야지 경솔하게 강단을 부리면 남의 미움을 받게 된다. 모난 돌이 정을 맞는 법이니, 아무 때나 자신의 강과(剛果)함을 보여서는 안 된다.

〖註釋〗 *淨拭(정식) 깨끗이 씻음. *冷眼(냉안) 냉철한 안목. | *輕動(경동) 가벼이 움직임. *剛腸(강장) 확고한 신념.

〖字意〗 淨 : 깨끗할 정 拭 : 닦을 식 眼 : 눈 안 愼 : 삼갈 신 輕 : 가벼울 경 剛 : 굳셀 강 腸 : 창자 장

145. 덕성은 도량에 비례한다.

덕수량진 양유식장 고 욕후기덕 불가불 홍기량 욕홍기량 불가불대기식
德隨量進하고 量由識長이라. 故로 欲厚其德이면 不可不弘其量이요, 欲弘其量이면 不可不大其識이라.

【解釋】 덕은 도량에 따라 진보하고 도량은 식견으로 말미암아 자란다. 그러므로 그 덕을 후하게 하고자 하면 도량을 넓게 하지 않을 수 없고, 그 도량을 넓히고자 하면 식견을 크게 하지 않을 수 없다.

【解說】 덕이란 도량에서 나오는 것이므로 덕을 두터이 하려면 도량부터 넓혀야 하며, 도량을 넓히려면 큰 식견을 가져야 한다.

〖註釋〗 *量進(양진) 도량이 진보된다.
*識長(식장) 식견이 자라다.
*不可不(불가불) …하지 않을 수 없다.

〖字意〗 隨 : 따를 수 進 : 나아갈 진 識 : 알 식 弘 : 클 홍

146. 정욕이 덫이다.

一燈螢然(일등형연)에 萬籟無聲(만뢰무성)은 此吾人初入宴寂時也(차오인초입연적시야)요, 曉夢初醒(효몽초성)에 群動未起(군동미기)는 此吾人初出混沌處也(차오인초출혼돈처야)라. 乘此而一念廻光(승차이일념회광)하여 炯然返照(형연반조)하면 始知耳目口鼻(시지이목구비)는 皆桎梏(개질곡)이요 而情欲嗜好(이정욕기호)는 悉機械矣(실기계의)리라.

【解釋】 등잔불이 깜빡이고 삼라만상이 고요한 밤은 우리들이 처음 편안히 잠들 때요, 새벽 꿈이 깨고 만물이 채 움직이기 직전은 우리가 처음으로 혼돈의 세계에서 벗어나는 때다. 이 때를 틈타 일념으로 빛을 돌려 환하게 반성하면 비로소 우리의 이목구비는 모두 우리를 속박하는 차꼬와 수갑이요, 정욕과 기호는 모두 우리를 얽어매는 기계임을 알게 된다.

【解說】 고요한 밤 등잔불만이 깜박일 때나 새벽녘 삼라만상이 아직 잠에서 깨어나기 전은 자신을 반성하기 좋은 때이다. 그럴 때면 문득 자신의 육체, 그토록 갈망하던 욕정이 모두 부질없는 것임을 느껴 조금은 죄를 덜 짓고 사는 인생이 될 것이다.

〖註釋〗 *螢然(형연) 반딧불처럼 깜박이는 모습.
*萬籟(만뢰) 이 세상의 모든 소리.
*宴寂(연적) 편안히 잠들다.
*曉夢(효몽) 새벽 꿈.
*混沌(혼돈) 천지 개벽 이전의 만물이 구분되지 않았을 때.
*炯然(형연) 환하게.

*返照(반조) 반사하여 비춤. 반성 | *桎梏(질곡) 차꼬와 수갑.

〖字意〗 螢:반딧불 형 籟:소리 뢰 聲:소리 성, 명예 성
吾:나 오 宴:편안할 연, 잔치 연 曉:새벽 효
夢:꿈 몽 醒:깰 성 群:무리 군 混:섞일 혼
乘:탈 승 返:돌이킬 반 耳:귀 이 目:눈 목
口:입 구 鼻:코 비 嗜:좋아할 기

147. 반성은 좋은 약이다.

反己者(반기자)는 觸事(촉사)가 皆成藥石(개성약석)이요, 尤人者(우인자)는 動念(동념)이 即是戈矛(즉시과모)라. 一以闢衆善之路(일이벽중선지로)하고 一以濬諸惡之源(일이준제악지원)하니 相去霄壤矣(상거소양의)라.

【解釋】 자신을 반성하는 사람은 부딪치는 일마다 모두 약석이 되고, 남을 허물하는 자는 하는 생각마다 다 해치는 무기가 된다. 하나는 모든 선의 길을 여는 것이고 다른 하나는 여러 악의 근원을 이루는 것이니, 그 차이가 하늘과 땅 사이이다.

【解說】 반성할 줄 아는 사람은 매사에 혹 내가 허물을 짓지 않았나 반성하게 되므로 약이 되지만, 남을 탓하기 좋아하는 사람은 어떻게든 자신의 과오를 인정하지 않으려 발버둥치기 때문에 남을 해치는 생각만 하지만 그것이 바로 자신을 해친다.

〖註釋〗 *反己(반기) 자신을 반성하는 것.
*藥石(약석) 약과 침.
*尤人(우인) 남을 탓함.
*戈矛(과모) 창.
*相去(상거) 서로의 차이.
*霄壤(소양) 하늘과 땅.

〖字意〗 觸:찌를 촉, 느낄 촉 皆:다 개 尤:허물 우
動:움직일 동 戈:창 과 矛:창 모 闢:열 벽
衆:무리 중 濬:팔 준 諸:모두 제 源:근원 원
霄:하늘 소 壤:땅 양

148. 부귀 공명은 오래 가지 못한다.

事業文章(사업문장)은 隨身銷毁(수신소훼)하되 而精神(이정신)은 萬古如新(만고여신)하고 功名(공명) 富貴(부귀)는 逐世轉移(축세전이)하되 而氣節(이기절)은 千載一日(천재일일)하니 君子(군자)는 信不(신부) 當以彼易此也(당이피역차야)라.

【解釋】 사업과 문장은 몸을 따라 소멸되지만 정신은 만고도록 새로운 것이고, 공명과 부귀는 세상을 따라 옮기지만 기절은 천년이 하루 같으니, 군자는 참으로 저것을 이것으로 바꾸어서는 안 된다.

【解說】 사업과 문장은 유한하여 자신이 죽고 나면 함께 소멸되나, 정신만은 영원히 남아 어떤 사람은 기림을 받고 어떤 사람은 욕을 먹는다. 부귀 공명은 자신의 생전에도 뒤바뀌지만 기개와 절조는 천년 동안 남는다. 그러므로 군자는 사업, 문장이나 부귀, 공명 따위의 가치 없는 것을 위해 정신과 기절을 버리지 않아야 한다.

〖註釋〗 ***銷毁(소훼)** 녹아서 없어짐.
***移轉(이전)** 옮기다.
***氣節(기절)** 기개와 절조.
***千載一日(천재일일)** 천년이 하루 같다.
***以彼易此(이피역차)** 저것으로써 이것을 바꾸다. 저것은 사업, 문장, 부귀, 공명을 말하며 이것은 정신과 기절.

〖字意〗 **銷**: 녹일 소, 사라질 소　**毁**: 무너질 훼　**新**: 새로울 신
逐: 쫓을 축　**轉**: 굴릴 전　**載**: 해 재, 실을 재, 가득할 재
移: 옮길 이

149. 뛰는 놈 위에 나는 놈이 있다.

어망지설 홍즉이기중 당랑지탐 작우승기후
魚網之設에 鴻則罹其中하고 螳螂之貪에 雀又乘其後하여
기리장기 변외생변 지교 하족시재
機裡藏機하고 變外生變하니 智巧를 何足恃哉리오?

【解釋】 고기잡는 그물을 치면 기러기가 그 가운데 걸리고, 버마재비가 욕심을 부리니 참새가 그 뒤에서 노린다. 계략 속에 또 계략이 숨어 있고 이변 밖에 또 이변이 생기는 지혜와 계교를 어찌 믿을 수 있겠는가?

【解說】 제딴에는 재주를 부리느라 고기를 잡겠다고 그물을 치지만 엉뚱한 기러기가 걸리는 수도 있고, 버마재비가 먹이를 노리는데 그 뒤에는 참새가 버마재비를 노리고 있으니 어찌 잔꾀를 부리랴. 뛰는 놈 위에 나는 놈이 있는 것이다.

〖註釋〗 *魚網(어망) 고기잡는 그물.
*螳螂(당랑) 버마재비. 사마귀.
*機裡藏機(기리장기) 계교 속에 또 계교가 감추어져 있음. 즉 버마재비가 계교를 부려 먹이를 잡는데, 참새가 또 그 버마재비를 노린다는 뜻.
*變外生變(변외생변) 이변 가운데 또 이변이 생긴다는 뜻. 이변은 고기 그물에 기러기가 걸림을 말한다.
*智巧(지교) 지혜와 계교.

〖字意〗 魚 : 고기 어, 생선 어 網 : 그물 망 罹 : 걸릴 리
鴻 : 기러기 홍 雀 : 참새 작 恃 : 믿을 시

150. 목석 같은 사람이 되지 말라.

작인 무점진간염두 변성개화자 사사개허 섭
作人에 無點眞懇念頭면 便成個花子니 事事皆虛하고, 涉
세 무단원활기취 변시개목인 처처유애
世에 無段圓活機趣면 便是個木人이니 處處有碍라.

【解釋】 사람됨이 한 점의 참된 생각이 없으면 하나의 거지가 되고 말아 일마다 모두 헛것이 되고, 세상을 살아가는 데 일단의 원활한 활동이 없으면 하나의 장승이니 곳곳에서 장애가 된다.

【解說】 진실된 마음이 없으면 아무리 높은 지위와 부귀를 누려도 거지와 다름이 없어 하는 일마다 거짓되며, 처세하는데 원활한 기상이 없으면 목석 같은 인간이어서 곳곳에서 막히게 된다.

〖註釋〗 *念頭(염두) 마음. 생각.
*花子(화자) 거지.
*涉世(섭세) 세상을 살아감.
*機趣(기취) 활동.
*木人(목인) 나무로 만든 인형. 장승.

〖字意〗 點 : 더러울 점, 점 점　眞 : 참 진　懇 : 정성 간
花 : 꽃 화　虛 : 빌 허　涉 : 건널 섭　圓 : 둥글 원
活 : 살 활　碍 : 막힐 애

151. 괴로움을 제거하면 즐거움이 저절로 온다.

수불파즉자정 감불예즉자명 고 심무가청
水不波則自定하고 鑑不翳則自明이라. 故로 心無可清이니
거기혼지자이청자현 낙불필심 거기고지자이락
去其混之者而清自現하고 樂不必尋이니 去其苦之者而樂
자존
自存이라.

【解釋】 물은 파도가 일지 않으면 저절로 고요하고, 거울은 가리지 않으면 저절로 밝다. 그러므로 마음은 굳이 맑게 하려고 할 필요가 없으니, 흐린 것을 제거하면 맑음이 저절로 나타나고, 즐거움은 굳이 찾아나설 것이 아니라 괴로움을 제거하면 즐거움이 저절로 있게 된다.

【解說】 애써 맑은 마음을 지니려고 할 것이 아니라 잡된 생각을 떨쳐버리면 저절로 맑은 마음의 소유자가 된다. 애써 즐거운 마음을 가지려 할 것이 아니라 괴로운 생각들을 떨쳐버리면 즐거움은 스스

로 그 가운데 있는 것이다.

〖註釋〗 *自定(자정) 스스로 안정되다. 고요하다.
*不翳(불예) 가리우지 않는다.
*心無可清(심무가청) 마음은 억지로 맑게 하려고 애쓸 필요가 없다.
*樂不必尋(낙불필심) 즐거움은 굳이 구할 필요가 없다.
*自存(자존) 스스로 존재한다.

〖字意〗 波 : 물결 파, 달빛 파　自 : 스스로 자　定 : 정할 정
翳 : 가리울 예　尋 : 찾을 심　苦 : 괴로울 고　存 : 있을 존

152. 생각 · 말 · 일을 삼가라.

有一念而犯鬼神之禁하고 一言而傷天地之和하며 一事而釀子孫之禍者니 最宜切戒하라.
(유일념이범귀신지금 일언이상천지지화 일사이양자손지화자 최의절계)

【解釋】 한 생각으로 귀신이 금하는 바를 범하고, 한 마디 말로 천지의 평화를 깨뜨리고, 한 가지 일로 자손의 재앙을 빚는 것이니 가장 경계하여야 한다.

【解說】 한 번의 잘못된 생각이나 말로 평생을 그르치며, 한 가지 어긋난 일 처리로 말미암아 자손에게까지 화가 미치니 조심해야 한다.

〖註釋〗 *鬼神之禁(귀신지금) 귀신이 금하는 일.
*天地之和(천지지화) 천지의 평화, 또는 조화.
*切戒(절계) 간절한 경계.

〖字意〗 犯 : 범할 범, 이길 범　鬼 : 귀신 귀　禁 : 금할 금
傷 : 다칠 상　釀 : 빚을 양　孫 : 손자 손　戒 : 경계할 계
切 : 끊을 절, 온통 체

153. 조급하면 되는 일이 없다.

사 유 급 지 불 백 자 관 지 혹 자 명 무 조 급 이 속 기 분
事有急之不白者로되 **寬之或自明**하니 **毋躁急以速其忿**하고,
인 유 조 지 부 종 자 종 지 혹 자 화 무 조 절 이 익 기 완
人有操之不從者로되 **縱之或自化**하니 **毋操切以益其頑**하라.

【解釋】 서둘러 급히 하는 일은 밝혀지지 않음이 있지만 너그럽게 하면 더러 저절로 밝혀지게 되니, 조급하게 분노를 재빨리 터뜨리지 말라. 조종하면 따르지 않는 사람이 있지만 놓아두면 혹 저절로 감화되는 수가 있으니 지나치게 조종하여 그 완악함을 더하지 말라.

【解說】 너무 조급히 밝혀지기를 바라면 밝혀지지 않는 경우가 있지만 느슨하게 기다리면 밝혀지는 수가 있듯이 조급하게 성을 내면 될 일도 안 되는 수가 있다.

정종(定宗) 때 사람 윤회(尹淮)가 젊어서의 일이다. 하루는 길을 가다가 여관에 들었는데, 여관 주인이 받아 줄 수 없다고 하여 처마 밑에서 하룻밤 지새고 갈까 하고 마당에서 기다렸다. 그때 주인집 아이가 구슬을 가지고 놀다 떨어뜨린 것을 거위가 먹이로 잘못 알고 삼키는 것이 그의 눈에 띄었다. 얼마 후 구슬이 없어진 것을 안 주인은 노발대발하여 윤회의 소행으로 몰아붙여 묶어 놓고 이튿날 관청에 고발하려 하였다. 그러나 윤회는 별로 화도 내지 않고 주인에게 말했다.

"당신 마음대로 하되, 저 거위를 내 곁에 묶어 놓아 주시겠소?"

이튿날 아침 거위의 배설물에서 구슬이 나온 것을 본 주인은 부끄러워하면서 물었다.

"그런 줄을 알았으면 어제 왜 바로 말하지 않았습니까?"

그러자 윤회는 빙긋이 웃으며 이렇게 말했다.

"그랬으면 급한 당신의 성질에 반드시 저 거위의 배를 잘랐을 게 아니요? 그래서 내가 욕을 참기로 한 것이오."

〖註釋〗 *不白(불백) 밝혀지지 않음.
*自明(자명) 저절로 밝혀짐.
*躁急(조급) 성급하게 구는 것.
*自化(자화) 스스로 감화됨.
*操切(조절) 심하게 부리는 것.

〖字意〗 急 : 급할 급, 좁을 급 寬 : 너그러울 관 速 : 빠를 속
忿 : 성낼 분 從 : 따를 종 縱 : 놓을 종 益 : 더할 익
頑 : 모질 완

154. 덕성은 모든 선의 근본이다.

절의 오청운 문장 고백설 약불이덕성 도 節義가 傲靑雲하고 文章이 高白雪이라도 若不以德性으로 陶 용지 종위혈기지사 기능지말 鎔之하면 終爲血氣之私와 技能之末이라.

【解釋】 절의가 청운보다 높고 문장이 백설곡보다 뛰어나더라도 만약 덕성으로 함양하지 않으면 마침내 사사로운 혈기가 되고 말단의 기능인이 되고 만다.

【解說】 절의와 문장이 높고 깨끗하더라도 덕성스러운 성품이 없으면 사사로운 혈기와 기능에 불과할 뿐이니 덕성을 길러야 한다.

〖註釋〗 *節義(절의) 절개와 의리.
*傲靑雲(오청운) 청운은 높은 벼슬. 높은 벼슬에 있는 사람을 얕잡이 보다.
*白雪(백설) 훌륭한 가곡(歌曲) 이름.
*陶鎔(도용) 도야(陶冶). 수양함.

〖字意〗 傲 : 거만할 오, 즐길 오 雲 : 구름 운 章 : 글 장
若 : 같을 약, 만약 약 陶 : 질그릇 도 鎔 : 녹일 용
血 : 피 혈 技 : 재주 기 末 : 끝 말

155. 한참 성할 때 사양하라.

사사　당사어정성지시　거신　의거어독후지지
謝事는 當謝於正盛之時하고 居身은 宜居於獨後之地라.

【解釋】 사양해야 할 일은, 마땅히 전성(全盛)의 시기에 사양해야 하고, 자리를 잡을 때에는 홀로 뒷자리를 차지해야 한다.

【解說】 자신의 권력이나 공명이 한참 성대할 때 사양해야 참된 사양이지 그렇지 않고 곤경에 처하게 될 때 사양하는 것은 사양이 아니어서 화만 부를 뿐이다. 처신은 남과 일정한 거리를 두어야지 너무 가깝게 하면 그 사람이 화를 입게 될 때 자신도 거기에 연루되기 쉽다.

힘에 끌려 마지못해 권좌에서 물러나 비참한 최후를 마친 위정자들이 한참 권력과 명성이 성했을 때 물러날 줄을 알았더라면 자신의 몸을 망치는 일이 없었을 것이며 역사에 좋은 이름을 남겼을 것이다.

〖註釋〗 *謝事(사사) 사양해야 할 일.
*正盛之時(정성지시) 전성의 시기.
*居身(거신) 몸을 둠. 어떤 자리를 차지함.
*獨後之地(독후지지) 뒤떨어진 자리.

〖字意〗 謝 : 사양할 사　盛 : 성대할 성　居 : 살 거　後 : 뒤 후

156. 작은 일을 삼가라.

근덕　수근어지미지사　시은　무시어불보지인
謹德은 須謹於至微之事하고 施恩은 務施於不報之人하라.

【解釋】 덕을 삼감에는 모름지기 아주 작은 일부터 삼가고, 은혜를 베풂에는 갚지 못한 사람에게부터 베풀기를 힘쓰라.

【解說】 작은 일을 삼가는 것이 큰 덕이니 큰 일에는 누구나 조심하게 마련이기 때문이다. 은혜를 베풀 때에는 갚을 능력이 없는 사람에게부터 해야 하니, 능력있는 사람에게 베푸는 것은 은혜가 되지 못하기 때문이다.

〖註釋〗 ***謹德(근덕)** 덕을 삼감.
***至微之事(지미지사)** 지극히 작은 일.
***施恩(시은)** 은혜를 베풂.
***不報之人(불보지인)** 갚지 못할 사람.

〖字意〗 **謹** : 삼갈 근, 공경할 근 **至** : 이를 지 **微** : 작을 미
施 : 베풀 시 **恩** : 은혜 은 **務** : 힘쓸 무, 마음먹을 무
報 : 갚을 보, 알릴 보

157. 부잣집을 사귀는 것보다 가난한 친구가 낫다.

교시인 불여우산옹 알주문 불여친백옥 청
交市人은 **不如友山翁**하고 **謁朱門**은 **不如親白屋**하며 **聽**
가담항어 불여문초가목영 담금인실덕과거 불여
街談巷語는 **不如聞樵歌牧詠**하고 **談今人失德過擧**는 **不如**
술고인가언의행
述古人嘉言懿行이라.

【解釋】 장사꾼을 사귀는 것은 산에 사는 늙은이를 벗함만 못하고, 권문 세가를 찾는 것은 가난한 초가집 사람을 친해 두는 것만 못하며, 항간의 떠도는 말을 듣는 것은 나무꾼의 노래나 목동의 노래를 듣는 것만 못하며, 금세 사람의 실덕과 허물을 듣는 것은 옛 사람의 아름다운 말과 행실을 이야기함만 못하다.

【解說】 산옹이란 세상을 초탈한 도덕 높은 사람을 말하니, 시정잡배와 사귀는 것에 비하겠는가? 고관 대작의 집을 드나드는 것은 무엇인가 구하는 것이 있을 것이니 어찌 가난하지만 마음이 통하는

친구를 찾는 것만 하랴. 시끄러운 거리의 소문을 듣는 것이 어찌 초동 목동의 노래를 듣는 한아함만 같으며, 지금 사람들의 잘잘못을 따지는 이야기를 하는 것이 어찌 옛날 훌륭한 사람들의 아름다운 언행을 토론하는 것만 같으랴.

〖註釋〗 *市人(시인) 저자의 장사꾼.
*山翁(산옹) 산에 사는 소박한 늙은이.
*朱門(주문) 붉은 대문을 한 고관대작의 집.
*白屋(백옥) 초라한 초가.
*街談巷語(가담항어) 거리에 떠도는 말.
*樵歌牧詠(초가목영) 나무꾼과 목동의 노래.
*嘉言懿行(가언의행) 아름다운 말과 훌륭한 행실.

〖字意〗 交 : 사귈 교, 바꿀 교　友 : 벗 우　翁 : 늙은이 옹
謁 : 뵐 알　朱 : 붉을 주　屋 : 집 옥　街 : 거리 가
談 : 말씀 담　巷 : 거리 항　樵 : 나무할 초　歌 : 노래 가
牧 : 기를 목　詠 : 노래 영　失 : 잃을 실　述 : 지을 술
嘉 : 아름다울 가　懿 : 아름다울 의

158. 덕망은 사업의 기초이다.

> 德者(덕자)는 事業之基(사업지기)니 未有基不固而棟宇堅久者(미유기불고이동우견구자)니라.

【解釋】 덕이란 사업의 기초이다. 기초가 튼튼하지 않고서 견고하게 오래 가는 집은 없다.

【解說】 덕은 모든 사업의 기초이므로 덕이 없이는 사업의 기둥이 튼튼하고 오래 가지 못한다. 덕을 바탕으로 하지 않은 일은 잠시 눈앞의 이익을 가져올지 모르더라도 오래 존속하지 못한다는 사실은 오늘날 기업에서도 명심해야 할 것이다. 덕을 갖춘 사업주는 결코 정당하지 못한 이익을 노리다가 도산하거나 근로자에게 불이익을 주어 분쟁을 일으키지 않는다.

〖註釋〗 *未有(미유) 있지 않다.
*不固(불고) 견고하지 못하다.
*棟宇(동우) 집.
*堅久(견구) 오래 견디다.

〖字意〗 基 : 터 기, 기초 기, 호미 기 未 : 못할 미, 없을 미
固 : 굳을 고 棟 : 기둥 동 宇 : 집 우 堅 : 굳을 견
久 : 오래 구

159. 내 마음은 후손의 뿌리가 된다.

심자 후예지근 미유근불식이지엽영무자 心者는 後裔之根이니 未有根不植而枝葉榮茂者니라.

【解釋】 마음은 후예를 위한 뿌리이다. 뿌리를 내리지 않고서 가지와 잎이 무성하게 되는 일은 없다.

【解說】 자신의 마음은 자신의 대에는 물론 후손에게 복을 주는 뿌리가 된다. 그러므로 자신의 마음이 바르지 못하면서 후손이 잘 되기를 바라는 것은 뿌리를 심지도 않고 나무가 무성하게 자라기를 바라는 것과 마찬가지이다.

〖註釋〗 *後裔(후예) 자손.
*枝葉(지엽) 가지와 잎. 한 뿌리에서 나온 자손을 지엽에 비유하기도 한다.

〖字意〗 心 : 마음 심, 근본 심 後 : 뒤 후 裔 : 후손 예
根 : 뿌리 근 植 : 심을 식 枝 : 가지 지 葉 : 잎 엽
榮 : 영화 영 茂 : 무성할 무

160. 소유자와 무소유자.

전인 운 포각자가무진장 연문지발효빈아
前人이 云하되「拋却自家無盡藏하고 沿門持鉢效貧兒라」
우운 폭부빈아휴설몽 수가조리화무연
하고, 又云하되「暴富貧兒休說夢하라! 誰家竈裡火無烟고?」
일잠자매소유 일잠자과소유 가위학문절계
하니 一箴自昧所有요 一箴自誇所有라 可爲學問切戒니라.

【解釋】 예전 사람이 말하되 '자기 집안의 무진장한 재산을 버려두고 남의 집 문 앞에서 밥그릇 들고 거지 흉내를 낸다'라 하였고, 또 말하되 '벼락 부자 된 가난뱅이야 꿈같은 소리 그만 두거라. 누구의 집인들 불 때면 연기 나지 않으랴?'라고 하였으니 하나는 소유하고도 스스로 그걸 모르는 것을 경계함이요, 하나는 소유함을 스스로 과시하는 것을 경계한 것이니 학문을 하는데 간절한 경계가 된다.

【解說】 자기 집에 무진장 많은 재산을 두고 남의 집 문전에서 거지 노릇을 하는 사람은 자신이 소유하고 있는 바를 모르는 것이며, 또 밥 짓는 연기를 보고 신기해 하는 벼락 부자집 아이는 자기의 소유를 너무 과시한 것이다. 이는 학문을 하는 사람에게도 좋은 경계가 되니, 자신이 지닌 것을 버려 두고 남의 것만 모방을 하거나 또 자신의 것만을 과시하려는 것은 모두 타당하지 못하다는 것이다.

〖註釋〗 ***拋却**(포각)* 버리다. 포기.
***無盡藏**(무진장)* 다함이 없이 무한히 많음.
***沿門**(연문)* 남의 문 앞을 찾다.
***效貧兒**(효빈아)* 가난한 거지 아이를 본받다.
***暴富**(폭부)* 갑자기 된 부자.
***夢說**(몽설)* 꿈속의 이야기.

〖字意〗 **拋**:버릴 포, 던질 포 **却**:물리칠 각 **沿**:따를 연
盡:다할 진 **鉢**:바릿대 발. **效**:본받을 효 **貧**:가난할 빈

兒 : 아이 아 休 : 쉴 휴 夢 : 꿈 몽 裡 : 속 리
烟 : 연기 연 箴 : 경계 잠 昧 : 어두울 매 誇 : 자랑할 과

161. 학문은 매일 먹는 밥과 같다.

도 시일중공중물사 당수인이접인 학 시일개
道는 是一重公衆物事니 當隨人而接引하고, 學은 是一個
심상가반 당수사이경척
尋常家飯이니 當隨事而警惕하라.

【解釋】 도(道)란 하나의 공공적인 것이니 마땅히 사람마다 인접해야 하고, 학문은 하나의 예사로운 것으로 집의 밥과 같으니 마땅히 일마다 깨우쳐 삼가야 한다.

【解說】 도(道)란 누구나 가져야 할 공중의 물건이므로 사람마다 이끌어 배워야 하고, 학문은 누구나 일상 먹는 밥과 같으니 마땅히 일을 당할 때마다 조심스럽게 깨우쳐야 한다.

〖註釋〗 *公衆物事(공중물사) 여러 사람이 다 해야 할 공공적인것.
*接引(접인) 이끌어서 접함.
*尋常家飯(심상가반) 집에서 먹는 예사 밥.
*警惕(경척) 경계하고 조심함.

〖字意〗 重 : 무거울 중 衆 : 무리 중 事 : 일 사 物 : 물건 물
接 : 이을 접 引 : 이끌 인 常 : 항상 상 尋 : 찾을 심, 보통 심
家 : 집 가 飯 : 밥 반 警 : 깨우칠 경 惕 : 두려워할 척

162. 남을 의심하면 자신이 먼저 속는다.

신인자 인미필진성 기즉독성의 의인자 인
信人者는 **人未必盡誠**이라도 **己則獨誠矣**요, **疑人者**는 **人**
미필개사 기즉선사의
未必皆詐라도 **己則先詐矣**라.

【解釋】 남을 믿는 자는 남이 모두 성실하지 않더라도 자신만은 홀로 성실할 것이고, 남을 의심한 자는 사람들이 반드시 다 속이지는 않더라도 자신이 먼저 속이는 것이다.

【解說】 남을 믿는 자는 남이야 성실하지 않더라도 자신은 성실한 것이요, 남을 의심하는 사람은 남이라 하여 다 속이는 것이 아닌데 의심부터 하니, 이는 자신이 먼저 속인 것이다. 남을 의심하기 시작하면 한정이 없어 세상 사람이 모두 자기를 속일 것으로 생각하지만 자신의 마음이 정직하고 성실한 사람은 남을 의심하는 일이 없다.

〖註釋〗 ***信人**(신인) 남을 믿는 것. ***未必**(미필) 반드시 …하지 않는다. ***獨誠**(독성) 홀로 성실함. ***疑人**(의인) 남을 의심함.

〖字意〗 **信**: 믿을 **신**, 편지 **신** **己**: 몸 **기**, 자기 **기** **誠**: 정성 **성** **疑**: 의심 **의** **詐**: 속일 **사** **先**: 먼저 **선**

163. 관후한 사람은 만물을 기른다.

염두관후적 여춘풍후육 만물 조지이생 염
念頭寬厚的은 **如春風煦育**하여 **萬物**이 **遭之而生**하고, **念**
두기각적 여삭설음응 만물 조지이사
頭忌刻的은 **如朔雪陰凝**하여 **萬物**이 **遭之而死**니라.

【解釋】 마음이 너그러운 사람은 마치 봄바람이 따뜻하게 길러주듯

이 만물이 그를 만나면 살아나고, 마음이 시기하고 각박한 사람은 마치 차가운 눈이 음산하여 엉기듯 하여 만물이 그를 만나면 죽게 된다.

【解說】 관후한 사람은 봄바람이 만물을 기르듯이 사람들에게 도움을 주지만 각박한 사람은 차가운 눈이 꽁꽁 얼게 하듯 사람을 해친다.

〖註釋〗 ***寬厚(관후)** 관대하고 후함.
***煦育(후육)** 따뜻하게 품어서 기름.
***忌刻(기각)** 꺼려하고 각박함.
***朔雪(삭설)** 북쪽의 눈.
***陰凝(음응)** 음산하게 엉기는 것.

〖字意〗 **厚**: 두터울 후, 많을 후 **煦**: 따뜻할 후 **育**: 기를 육
遭: 만날 조 **忌**: 꺼릴 기 **刻**: 새길 각, 시각 각
朔: 북방 삭, 초하루 삭 **雪**: 눈 설 **陰**: 그늘 음 **凝**: 엉길 응
死: 죽을 사

164. 선의 이익은 쉽게 드러나지 않는다.

위선 불견기익 여초리동과 자응암장 위악
爲善에 **不見其益**은 **如草裡東瓜**하여 **自應暗長**하고, **爲惡**에
불견기손 여정전춘설 당필잠소
不見其損은 **如庭前春雪**하여 **當必潛消**니라.

【解釋】 선한 일을 행하여도 그 이로움이 보이지 않지만 마치 풀섶 속에 있는 동아 같아서 스스로 모르는 사이에 자라고, 악한 일을 행하여도 손해됨이 보이지 않으나 마치 뜰 앞에 쌓인 봄눈 같아서 마땅히 모르는 사이에 스러지게 된다.

【解說】 착한 일을 하면 금방 자신에게 이익이 나타나는 것은 아니지만 풀 속에 감추어진 수박이나 참외처럼 모르는 사이에 자란다. 악한 일을 해도 곧 손해되는 일이 나타나지 않으나 그것은 뜰에 쌓인 봄 눈처럼 모르는 사이에 스러지게 마련이다.

〖註釋〗 *東瓜(동과) 동과(冬瓜). 동아라고도 한다. 박과에 딸린 덩굴풀로 열매가 열림.
*暗長(암장) 모르는 사이에 자람.
*春雪(춘설) 봄에 내리는 눈.
*潛消(잠소) 모르는 사이에 소멸됨.

〖字意〗 益 : 더할 익, 많을 익　草 : 풀 초　東 : 동녘 동
瓜 : 오이 과　應 : 응할 응　長 : 자랄 장　損 : 잃을 손
庭 : 뜰 정　潛 : 잠길 잠　消 : 꺼질 소

165. 노인을 융숭히 대접하라.

> 遇故舊之交(우고구지교)어든 意氣要愈新(의기요유신)하고 處隱微之事(처은미지사)어든 心迹宜愈顯(심적의유현)하며 待衰朽之人(대쇠후지인)이어든 恩禮當愈隆(은례당유륭)하라.

【解釋】 옛날 사귀던 친구를 만나면 의기를 더욱 새롭게 해야 하고, 은밀한 일을 당해서는 마음의 형적을 더욱 드러나게 해야 하고, 노쇠한 사람을 만나거든 은혜와 예를 더욱 융숭하게 해야 한다.

【解說】 옛 친구는 언제 만나도 반가운 법이지만 자칫하면 무심하게 지낼 수 있다. 그러니 새로이 사귀는 마음으로 우정을 계속 다져야 할 것이며, 은밀한 일을 처리해야 할 때에는 후에 말썽이 생기더라도 자신의 처리가 정당했음을 입증할 수 있도록 해야 한다. 또 노쇠한 사람은 인생의 선배로써만이 아니라 고독하고 보호받아야 할 입장에 있으니, 예우와 존경을 바쳐야 한다.

〖註釋〗 *故舊(고구) 옛 친구.
*隱微之事(은미지사) 비밀스러운 일.
*心迹(심적) 마음의 형적.
*衰朽之人(쇠후지인) 노쇠한 사람.
*恩禮(은례) 은혜와 예우.

〖字意〗 故 : 예 고, 연고 고　愈 : 더욱 유, 병나을 유　隱 : 숨을 은
微 : 은미할 미　迹 : 자취 적　顯 : 나타날 현　待 : 대할 대

衰:쇠약할 **쇠** **朽**:썩을 **후** **隆**:융성할 **융**

166. 검소는 인색과 다르다.

근자　민어덕의이세인　차근이제기빈　검자　담
勤者는 **敏於德義而世人**은 **借勤以濟其貧**하고, **儉者**는 **淡**
어화리이세인　가검이식기인　군자지신지부　반위
於貨利而世人은 **假儉以飾其吝**하니 **君子持身之符**가 **反爲**
소인영사지구의　석재
小人營私之具矣니 **惜哉**라.

【解釋】 부지런이란 덕과 의에 민첩해야 하는 것인데도 세상 사람들은 부지런함을 빌어서 자신의 가난함을 구제하고, 검소란 재화와 이익에 담담해야 하는 것인데도 세상 사람들은 검소함을 빌어 그의 인색함을 꾸민다. 그래서 군자가 몸에 지녀야 할 부신(符信)이 도리어 소인들이 사사로움을 도모하는 도구가 되고 있으니 애석한 일이다.

【解說】 부지런한 사람은 덕과 의에 힘써야 하는데도 지금 세상은 부지런한 사람이 오직 자기의 가난만을 구제하기에 전력을 쏟으니 이는 참된 근면이 아니다. 검소한 사람은 재화(財貨)에 담담해야 하는데도 지금 세상 사람들은 그의 인색함을 감추기 위해 검소함을 가장한다. 그래서 군자가 지녀야 할 근검이란 신조가 도리어 소인배들이 자신의 이익을 추구하는 방편으로 이용되고 있는 것이다. 근검하여 재산을 모으는 것은 자신의 호의 호식을 위해서가 아니라 세상을 구제하고 덕의를 펴기 위해서이다. 근검을 빙자하여 자신의 이익만을 추구하는 사람은 군자가 되지 못한다.

〖註釋〗 ***德義**(덕의) 덕성과 의리.

***借勤以濟其貧**(차근이제기빈) 부지런한 것으로써 자신의 가난만 구제함.

***貨利**(화리) 재물과 이익.

***假儉以飾其吝**(가검이식기린) 검소함을 빌어 자신의 인색함을 변명함.

***持身之符**(지신지부) 몸에 지녀야 할 신표.

***營私**(영사) 사사로운 이익을 도모함

〖字意〗 勤 : 부지런할 근, 도타울 근 敏 : 민첩할 민 而 : 말 이을 이
借 : 빌 차 儉 : 검소할 검 淡 : 맑을 담 貨 : 재물 화
吝 : 인색할 린 符 : 증거 부 營 : 다스릴 영 惜 : 아까울 석

167. 즉흥적인 사람은 발전이 없다.

빙의흥작위자 憑意興作爲者는 수작즉수지 隨作則隨止하니 기시불퇴지륜 豈是不退之輪이며, 종 從
정식해오자 情識解悟者는 유오즉유미 有悟則有迷하니 종비상명지등 終非常明之燈이라.

【解釋】 즉흥적으로 일을 하는 자는 시작하였다가는 곧 중지하니 어찌 후퇴하지 않는 수레바퀴일 수 있으며, 감정의 인식에 따라 깨달은 자는 깨닫자마자 미혹하게 되어 끝내 항상 밝히는 등불이 되지 못한다.

【解說】 불퇴전(不退轉)이란 본래 불교의 용어로 교리에 정진하여 퇴보함이 없어야 한다는 것이다. 그런데 즉흥적으로 일을 하는 사람은 일을 시작하였다가 흥이 가시면 곧 중지하여 정진할 수가 없다.

〖註釋〗 *意興(의흥) 마음이 일어남. 즉흥(卽興).
*不退之輪(불퇴지륜) 불퇴전법륜(不退轉法輪)을 줄인 말. 불교에서 나온 문자로 점점 앞으로 나아가야지 물러서서는 안 된다는 뜻.
*情識(정식) 감정에 의한 지식.
*解悟(해오) 깨달아 안다는 불교 문자.
*常明之燈(상명지등) 항상 꺼지지 않고 밝히는 등불로 영원한 지식.

〖字意〗 憑 : 의지할 빙, 성 풍 興 : 일어날 흥 豈 : 어찌 기
退 : 물러날 퇴 輪 : 바퀴 륜 悟 : 깨달을 오 迷 : 어두울 미
終 : 마칠 종 燈 : 등불 등

168. 자신의 과오는 용서하지 말라.

인지과오 人之過誤는 宜恕而在己則不可恕요. 己之困辱은 當忍而在人則不可忍이라.

(인지과오 / 의서이재기즉불가서 / 기지곤욕 / 당인이재인즉불가인)

【解釋】 남의 과오는 마땅히 용서해야 하지만 자신의 과오는 용서해서는 안 되고, 자신의 곤욕은 마땅히 참아야 하지만 다른 사람의 곤욕은 참아서는 안 된다.

【解說】 남의 잘못은 용서해야 마땅하지만 자신의 과오에는 엄격해야 하고, 자신의 어려움은 꼭 참고 견디어야 하지만 남의 어려움을 보고 그냥 지나쳐서는 안 된다.

〖註釋〗 *過誤(과오) 잘못. *困辱(곤욕) 곤란과 욕을 당함. *不可忍(불가인) 참지 말아야 한다. 그냥 보아 넘겨서는 안 된다.

〖字意〗 誤 : 그릇될 오 恕 : 용서할 서 困 : 곤궁할 곤 辱 : 욕될 욕 忍 : 참을 인

169. 세상을 초탈하라.

能脫俗이 便是奇니 作意尙奇者는 不爲奇而爲異하고, 不合汚면 便是淸이니 絶俗求淸者는 不爲淸而爲激이라.

(능탈속 / 변시기 / 작의상기자 / 불위기이위이 / 불합오 / 변시청 / 절속구청자 / 불위청이위격)

【解釋】 세속을 벗어날 수 있으면 바로 기인(奇人)이니 애써서 기이함을 숭상하는 자는 기인이 되지 못하고 괴이한 사람이 되며, 더러움이 섞이지 않으면 청렴한 사람이니 세상과 인연을 끊고 청렴을 구하는 자는 청렴한 사람이 못되고 과격한 사람이 된다.

【解說】 옛날에는 기이한 행적을 남긴 사람들이 많았다.

명종 때 사람 전우치(田禹治)는 기인이었는데, 기이한 일로 어리석은 백성들을 미혹시킨다 하여 마침내 나라에서 잡아 가두라는 명이 내렸다. 그래서 신천(信川)에서 잡혀 옥에서 죽자 그 시체를 묻었는데, 후에 가족들이 이장을 하려고 파보니, 시체가 없었다. 그 후 어느 날 차천로(車天輅)의 집에 전우치가 두시(杜詩)한 질을 빌러 나타나기도 했다 한다.

〖註釋〗 ***脫俗(탈속)** 범속함을 벗어남.
***尙奇(상기)** 기이함을 숭상함.
***合汚(합오)** 더러움이 섞임.
***節俗(절속)** 속세와 인연을 끊음.

〖字意〗 **脫** : 벗을 **탈**, 천천할 **태**
俗 : 풍속 **속**, 세상 **속**, 속인 **속**
奇 : 이상할 **기** **尙** : 숭상할 **상**
異 : 다를 **이** **合** : 합할 **합**
絶 : 끊을 **절**, 뛰어날 **절**, 마디 **절**
激 : 부딪쳐 흐를 **격**, 과격할 **격**
汚 : 더러울 **오**

170. 처음에는 엄격하게 후에는 관대하게 대하라.

은의자담이농 / **恩宜自淡而濃**이니 선농후담자 / **先濃後淡者**는 인망기혜 / **人忘其惠**하고, 위의자 / **威宜自** 엄이관 / **嚴而寬**이니 선관후엄자 / **先寬後嚴者**는 인원기혹 / **人怨其酷**이니라.

【解釋】 은혜는 마땅히 담담하게 베풀다가 짙게 해야 하니, 먼저 짙게 하다 후에 담담하게 하면 사람들이 그 은혜를 잊게 마련이다. 위엄은 처음에는 엄하게 하다 차차 너그럽게 해야 하니, 처음에는 너그럽다가 후에 엄하게 하면 사람들이 그 혹심함을 원망하게 된다.

【解說】 처음에는 크게 은혜를 베풀다가 차츰 식어가면 그 은혜를 고맙게 여기기보다는 오히려 원망하기가 쉽다. 반면 위엄은 처음에 엄하게 하다가 나중에는 관대하게 해야 한다.

정조(正祖) 때 어영 대장을 지낸 이창운(李昌運)은 평소 부하들에게 엄격하기로 유명하였다. 그런데 부관(副官)으로 새로 임명된 김재찬(金載贊)이 명을 거역하고 출근을 하지 않았다. 김재찬으로서는 좋은 문벌에 문과까지 합격하여 무관 벼슬이 탐탁하지 않았던 것이다. 며칠을 기다리던 이창운은 군관을 불러 추상같은 명령을 내렸다.

"어서 김재찬을 포박해 오너라. 군법으로 다스리겠다."

설마 자기를 어떻게 하랴 여기고 있던 김재찬으로서도 일이 이쯤 되자 당황하지 않을 수 없었다. 그래서 아버지 김익(金翊)에게 살려달라고 애원했다. 김익이 정승이기 때문에 잘 부탁하면 목숨만은 살려주지 않을까 하는 기대에서였다.

"네가 오만한 마음을 버리지 못하고 이제 국법을 어겼으니 낸들 어찌하겠느냐?"

아들이 하도 간청하자 김익은 편지 한 장을 써 주어 보냈다. 김재찬이 끌려오자 이창운은 당장 형 집행을 서둘렀다. 다급해진 김재찬은 아버지의 서신을 꺼내 올렸다. 이창운이 받아 보니 그것은 아무 말도 쓰여 지지 않은 백지 아닌가. 정승으로서 국법을 어긴 아들을 살려 달라고 할 수도 없고, 그렇다고 모른 체 할 수도 없는 아버지의 심정을 읽은 이창운은 김재찬을 하옥시키면서 이렇게 말했다.

"이번만은 특별히 네 아버지의 체면을 보아 목숨만은 살려 줄 터이니 나를 따라 군중 일을 배우거라."

그날부터 이창운은 김재찬에게 평안도 일대의 지리와 국방의 상태를 가르쳤다. 김재찬은 이창운에 대한 처음의 야속한 마음을 풀고 열심히 배웠다. 얼마 후 이창운이 죽고, 김재찬이 재상이 되었는데, 홍경래(洪景來)가 평안도에서 난리를 일으켰다. 김재찬은 평안도에 나가본 적이 없었으나 이창운에게 배운 지식을 활용하여 곧 난을 평정할 수 있었다.

〖註釋〗 ***自淡而濃(자담이농)** 담담하게 하다가 차츰 짙게 함.

***自嚴而寬(자엄이관)** 엄하게 하다가 차츰 관대하게 함.

***自(자)** …부터.

〖字意〗 **濃** : 짙을 **농** **忘** : 잊을 **망** **惠** : 은혜 **혜** **威** : 위엄 **위** **嚴** : 엄격할 **엄** **酷** : 혹독할 **혹**

171. 마음을 비워야 본래의 성품이 나타난다.

심허즉성현 불식심이구견성 여발파멱월 의
心虛則性現하나니 **不息心而求見性**은 **如撥波覓月**이요, **意**
정즉심청 불료의이구명심 여색경증진
淨則心淸하나니 **不了意而求明心**은 **如索鏡增塵**이라.

【解釋】 마음을 비우면 본성이 나타나니, 마음을 쉬지 않으면서 본성을 보기를 구함은 마치 물결을 일으키면서 거기에 비친 달을 보려는 것과 같다. 뜻이 맑으면 마음도 맑게 되니, 뜻을 밝히지 않으면서 밝은 마음을 구하는 것은 마치 거울을 보면서 먼지를 더하는 것과 같다.

【解說】 마음을 비워야 본심이 나타나는데, 마음을 비우려면 고요한 마음을 지녀야 한다. 고요한 마음 없이 본심을 찾으려는 것은 마치 파도를 일으켜 놓고 거기에 달이 비추기를 바라는 것과 같다. 생각을 고요하게 해야 마음이 맑아지는데 생각을 깨끗하게 하지 않고 밝은 마음을 찾는 것은 거울을 더럽혀 놓고 잘 비추기를 바라는 것과 같다.

〖註釋〗 ***見性(견성)** 모든 망혹(妄惑)을 버리고 본성을 찾음.
***撥波(발파)** 물을 헤쳐 파도를 일으킴.
***了意(요의)** 밝히다.
***明心(명심)** 밝은 마음.
***索鏡(색경)** 거울을 찾다. 거울을 보다.

〖字意〗 **虛** : 빌 **허** **性** : 성품 **성** **息** : 쉴 **식** **撥** : 헤칠 **발** **覓** : 찾을 **멱** **了** : 마칠 **료**, 분명할 **료** **索** : 찾을 **색** **鏡** : 거울 **경**

172. 남의 모욕을 노여워하지 말라.

아귀이인봉지 봉차아관대대야 아천이인모지 모
我貴而人奉之는 奉此峨冠大帶也요, 我賤而人侮之는 侮
차포의초리야 연즉원비봉아 아호위희 원비모
此布衣草履也라. 然則原非奉我니 我胡爲喜하며, 原非侮
아 아호위노
我니 我胡爲怒리오?

【解釋】 내가 고귀하여 남이 받드는 것은 나의 높다란 관(冠)과 큰 띠를 받드는 것이요, 내가 미천하여 남이 모욕하는 것은 베옷과 짚신을 모욕하는 것이다. 그러니 원래 나 자신을 받드는 것이 아니니 내가 무엇을 기뻐할 것이며, 원래 나 자신을 모욕하는 것이 아니니, 내가 무엇을 노할 것인가?

【解說】 내 신분이 귀하면 남들이 떠받들게 마련이나 생각해 보면 그것은 내 직책, 내 신분에 대한 존경이지 내 인격에 대한 존경은 아니다. 그래서 그 지위에서 물러나면 언제 그랬느냐는 듯이 돌아서니, 떠받든다 해서 기뻐할 것이 없고, 천시한다 하여 화를 낼 일이 아니라 오직 내 자신의 인격을 다듬어야 한다.

〖註釋〗 ***峨冠**(아관) 높은 관원이 쓰는 관.
***大帶**(대대) 높은 관원이 띠는 큰 띠.
***布衣**(포의) 베옷. 벼슬이 없는 선비.
***草履**(초리) 짚신.

〖字意〗 **我**: 나 아, 우리 아 **奉**: 받들 봉 **峨**: 높을 아
冠: 관 관 **帶**: 띠 대 **侮**: 모욕할 모 **布**: 베 포
衣: 옷 의 **履**: 신 리 **胡**: 어찌 호, 오랑캐 호, 멀 호
怒: 성낼 노

173. 모든 생물을 생각하는 마음을 가져라.

위 서 상 류 반　　　련 아 부 점 등　　　　　고 인 차 등 염 두　　시
「爲鼠常留飯하고 憐蛾不點燈이라」하니 古人此等念頭는 是
오 인 일 점 생 생 지 기　　　무 차　　변 소 위 토 목 형 해 이 이
吾人一點生生之機라. 無此면 便所謂土木形骸而已니라.

【解釋】 '쥐를 위해 항상 밥을 남겨 두고, 부나비를 불쌍히 여겨 불을 켜지 않는다.' 라고 하였으니, 옛 사람의 이런 마음은 우리의 한 가지 생생하는 기틀이다. 이런 마음이 없으면 이른바 흙이나 나무로 된 형체에 불과할 뿐이다.

【解說】 쥐나 부나비를 위해서 밥찌꺼기를 남겨 두고 불을 켜지 않는 것이 옛날 사람들의 생활 태도였다. 가을철이 되면 가난한 사람들은 추수가 끝난 논에 나가 이삭을 주워 연명하던 때가 있었다. 점잖은 농부는 흩어진 이삭을 줍지 않는 걸 미덕으로 여겼다.

〖註釋〗 ***留飯**(유반) 밥을 남기다.
***點燈**(점등) 불을 켜다.
***生生之機**(생생지기) 살리기를 좋아하는 마음. 사물이 끊임없이 생기는 기틀.
***形骸**(형해) 형체

〖字意〗 **鼠**: 쥐 서　**留**: 머무를 류　**憐**: 불쌍할 련　**點**: 켤 점
生: 날 생, 익지않을 생　**謂**: 이를 위　**形**: 형상 형　**骸**: 뼈 해

174. 희로애락의 절도를 잃지 말라.

심 체　　변 시 천 체　　일 념 지 희　　경 성 경 운　　　일 념 지 노
心體는 便是天體라. 一念之喜는 景星慶雲이요, 一念之怒는
진 뢰 폭 우　　일 념 지 자　　화 풍 감 로　　일 념 지 엄　　　열 일 추
震雷暴雨요, 一念之慈는 和風甘露요, 一念之嚴은 烈日秋

상 하자소득 지요수기수멸 확연무애 변
霜이니, 何者少得이리오? 只要隨起隨滅하여, 廓然無碍면 便
여태허동체
與太虛同體니라.

【解釋】 마음의 본체는 바로 천체이다. 한 때의 기쁜 마음은 빛나는 별이나 상서로운 구름이요, 한 때 성내는 마음은 성난 우뢰와 폭풍우이며, 한 때의 자비로운 마음은 따뜻한 바람과 단 이슬이며, 한 때의 엄숙한 마음은 뜨거운 태양과 가을 서리이니, 어느 것인들 없을 수 있는가? 단지 그런 마음이 일어났다가 곧 없어져 확연히 막힘이 없으면 하늘과 한몸이 될 것이다.

【解說】 마음은 천체의 운행과 같아서 기뻐하고, 성내고, 자비롭고, 엄하기 마련이나 오래도록 마음에 두지 말고 그때그때 잊어버리고 마음에 한 점 티끌이 없게 해야 한다.

〖註釋〗 ***景星(경성)** 빛나는 별.
***慶雲(경운)** 상서로운 구름.
***和風甘露(화풍감로)** 따뜻한 바람과 단 이슬.
***烈日秋霜(열일추상)** 뜨거운 태양과 가을. 서리.
***太虛(태허)** 하늘.

〖字意〗 **喜**: 기쁠 희 **景**: 빛 경, 클 경 **星**: 별 성
雲: 구름 운 **慈**: 자비로울 자 **露**: 이슬 로 **烈**: 매울 렬
霜: 서리 상 **廓**: 클 확 **同**: 한가지 동

175. 무사할 때를 경계하라.

무사시 심이혼명 의적적이조이성성 유사시
無事時엔 心易昏冥하니 宜寂寂而照以惺惺하고, 有事時엔
심이분일 의성성이주이적적
心易奔逸하니 宜惺惺而主以寂寂이라.

【解釋】 아무 일이 없을 때에는 마음이 쉽게 혼미해지니 마땅히 고요하고 밝게 비추어야 하고, 일이 있을 때에는 마음이 쉽게 방일

(放逸)해지니 마땅히 마음을 밝게 하여 고요함을 주로 해야 한다.

【解說】 아무 일이 없이 오래 지내다 보면 마음이 어두워지기 쉽고, 일이 바쁠 때에는 마음이 치달아 정신을 차리지 못하기가 쉽다. 그럴 때일수록 고요하고 밝은 마음으로써 조절하여 절도 있게 해야 한다.

〖註釋〗 ***昏冥(혼명)** 어둡고 캄캄함.
***寂寂(적적)** 고요함.
***惺惺(성성)** 마음이 밝음.
***奔逸(분일)** 달아나 흩어짐. 방일(放逸).

〖字意〗 **昏**: 어두울 **혼**, 어지러울 **혼** **冥**: 어두울 **명** **寂**: 고요할 **적** **惺**: 깨달을 **성** **奔**: 달아날 **분** **逸**: 달아날 **일**

176. 일 처리에 이해를 초월하라.

> 의사자 신재사외 의실리해지정 임사자 신
> **議事者**는 **身在事外**하여 **宜悉利害之情**하고, **任事者**는 **身**
> 거사중 당망리해지려
> **居事中**하여 **當忘利害之慮**니라.

【解釋】 일을 의논하는 사람은 자신이 그 일 밖에 있으면서 이해의 실정을 다 알아야 하고, 일을 맡은 사람은 자신이 그 일 가운데 묻혀 마땅히 이해에 대한 생각을 버려야 한다.

【解說】 무슨 일의 의논에 참여해서는 제 삼자의 공정한 마음으로 이해 득실을 잘 알아서 결정해야 하고, 일을 맡아 처리할 때에는 자신이 그 일에 묻혀 자신의 이해득실을 잊어야 한다.

〖註釋〗 ***身在事外(신재사외)** 자신이 객관적 입장에 있으면서.
***身居事中(신거사중)** 자신이 그 일 안에 파묻혀 있으면서.

〖字意〗 **議**: 의논할 **의** **外**: 밖 **외** **悉**: 다 **실** **任**: 맡을 **임** **忘**: 잊을 **망** **慮**: 생각 **려**

177. 권세를 잡은 사람은 자신에게 엄격하라.

사 군 자　처 권 문 요 로　조 리 요 엄 명　심 기 요 화 이
士君子가 處權門要路면 操履要嚴明하고 心氣要和易하여,
무 소 수 이 근 성 전 지 당　역 무 과 격 이 범 봉 채 지 독
毋少隨而近腥羶之黨하고 亦毋過激而犯蜂蠆之毒하라.

【解釋】 사군자가 권문 요로에 있게 되면 지조와 행실은 엄격하고 분명히 하여야 하며, 마음은 화평하고 간이해야 하며, 조금이라도 사리사욕을 일삼은 무리들을 가까이 해서는 안 되며, 역시 과격하게 하여 악랄한 자들의 독심을 건드리지 말아야 한다.

【解說】 사군자라 하여 권세 있는 지위에 처하지 말라는 법은 없다. 요는 거드름을 피우거나 이익에 매달려서도 안 되고 과격하게 남의 화를 돋구어 해침을 받아서도 안 된다.

〖註釋〗 ***權門要路(권문요로)** 권세를 가진 요직.
***操履(조리)** : 지조와 행실.
***腥羶之黨(성전지당)** : 비린내와 노린내 나는 무리. 사리사욕에 눈이 어두운 자.
***蜂蠆之毒(봉채지독)** : 벌과 전갈의 독. 악독한 무리.

〖字意〗 **權** : 권세 권　**路** : 길 로　**易** : 쉬울 이, 바꿀 역
腥 : 비린내 성　**羶** : 노린내 전　**蜂** : 벌 봉　**蠆** : 전갈 채
毒 : 독할 독

178. 좋은 이름을 내지 말라.

표 절 의 자　필 이 절 의 수 방　방 도 학 자　상 인 도 학 초
標節義者는 必以節義受謗하고 榜道學者는 常因道學招
우　고　군 자　불 근 악 사　역 불 립 선 명　지 혼 연 화
尤라. 故로 君子는 不近惡事하고 亦不立善名하니 只渾然和
기　재 시 거 신 지 진
氣가 纔是居身之珍이니라.

【解釋】 절의를 표방하는 자는 반드시 그 절의 때문에 비방을 받고, 도학을 표방하는 자는 항상 그 도학 때문에 허물을 부른다. 그러므로 군자는 나쁜 일을 가까이하지 않으며 역시 좋은 이름을 세우지 않으니, 단지 혼연한 화기만이 처신하는 보배이다.

【解說】 절의와 도학은 군자가 닦아야 할 기본 덕목이지만 자칫 잘못하면 그것 때문에 비방과 허물을 부르게 된다. 그러므로 군자는 그걸 내세우지 말고 화평한 기운을 지녀 포용하는 덕이 있어야 몸을 잘 보존할 수가 있다.

〖註釋〗 *受謗(수방) 비방을 받다. *招尤(초우) 허물을 부르다. *善明(선명) 좋은 이름. *渾然(혼연) 모나지 않고 원만함. *居身之珍(거신지진) 처신하는 보배.

〖字意〗 標 : 표할 표, 나무끝 표 受 : 받을 수 謗 : 비방할 방 招 : 부를 초 尤 : 허물 우 近 : 가까울 근 珍 : 보배 진

179. 남을 포용하는 도량을 지녀라.

遇欺詐的人(우기사적인)이어든 以誠心感動之(이성심감동지)하고, 遇暴戾的人(우폭려적인)이어든 以和氣薰蒸之(이화기훈증지)하며, 遇傾邪私曲的人(우경사사곡적인)이어든 以名義氣節激礪之(이명의기절격려지)하면, 天下(천하)에 無不入我陶冶中矣(무불입아도야중의)니라.

【解釋】 사기성이 있는 사람을 만나거든 성심으로써 감동시키고, 포악스런 사람을 만나거든 화평한 마음으로 감화시키며, 간사하고 욕심이 많은 사람을 만나거든 명분과 의리, 기개와 절조로써 격려하라. 그렇게 하면 천하 모든 사람이 나의 감화를 받게 될 것이다.

【解說】 아무리 흉악한 사람이라도 잘 감화시키면 개과 천선할 수가 있다. 헌종(憲宗) 때 사람 홍기섭(洪耆燮)은 집이 가난하였는데 하루는 유씨 성을 가진 도둑이 들었다. 도둑이 훔칠 만한 것

을 찾아도 없자 솥이라도 떼어 갈까 하고 열어 보니, 밥을 언제 해 먹었는지 새빨갛게 녹이 슬어 있는게 아닌가? 불쌍한 생각이 든 도둑은 남의 집에서 훔쳐온 돈꾸러미를 솥에다 넣고 나왔는데, 이튿날 보니 그 돈을 찾아가라는 방이 붙어 있었다. 도둑은 홍기섭을 찾아가 무릎을 꿇었다.

"저는 도둑놈입니다. 너무 딱한 처지이시기에 조금의 도움이라도 될까 싶어서 그랬사오니 그냥 받아 두십시오."

홍기섭은 좋은 말로 사람의 도리를 타일러 그 도둑은 개과 천선하고 그날부터 홍기섭 집에서 일을 거들었다. 그후 홍기섭의 손녀딸은 헌종의 왕비가 되었다.

〖註釋〗 *欺詐(기사) 사기. 남을 속이는 것.
*暴戾(폭려) 사나움.
*薰蒸(훈증) 김을 쏘이는 것. 훈도(薰陶).
*傾邪私曲(경사사곡) 사특함과 사욕(私慾).
*陶冶(도야) 가르치고 감화시킴.

〖字意〗 遇 : 만날 우, 대접할 우 欺 : 속일 기 詐 : 거짓 사
戾 : 사나울 려 薰 : 향기 훈 蒸 : 찔 증 傾 : 기울 경
曲 : 굽을 곡 礪 : 갈 려 陶 : 질그릇 도 冶 : 녹일 야

180. 결백한 마음은 백 대까지 향기를 남긴다.

> 一念慈祥(일념자상)은 可以醞釀兩間和氣(가이온양양간화기)요, 寸心潔白(촌심결백)은 可以昭垂百代清芬(가이소수백대청분)이라.

【解釋】 한가닥 자비심은 천지 사이의 온화한 기운을 빚고, 한가닥 결백한 마음은 백대도록 맑은 향기를 밝게 남기게 된다.

【解說】 자상한 마음은 천지에 화기를 불어 넣고, 청렴 결백한 마음은 백 년 후까지 이름을 남긴다.

〖註釋〗 *一念(일념) 한 가닥 생각. 한결 같은 마음.
*醞釀(온양) 술 따위를 빚다.
*兩間(양간) 하늘과 땅 사이.
*昭垂(소수) 밝게 드리우다.
*淸芬(청분) 맑은 향기.

〖字意〗 祥 : 상서 상, 착할 상 醞 : 빚을 온 釀 : 빚을 양
潔 : 깨끗할 결 昭 : 밝을 소 垂 : 드리울 수 芬 : 향기 분

181. 예사로운 덕행이 아름답다.

陰謀怪習(음모괴습)과 異行奇能(이행기능)은 俱是涉世的禍胎(구시섭세적화태)니 只一個庸德庸行(지일개용덕용행)이 便可以完混沌而召和平(변가이완혼돈이소화평)이라.

【解釋】 음흉한 모략과 괴이한 습관, 이상한 행동, 기이한 능력은 모두 처세하는 데에 화를 잉태시킨다. 그러니 하나의 평범한 덕과 행실만이 본성을 완전히 하고 화평을 부른다.

【解說】 상도(常道)에 벗어난 행동은 물론 기이한 능력도 군자는 숭상하지 않는다.

명종 때 사람 정렴(鄭磏)은 기이한 능력을 많이 행하여 신인(神人)이라 불렀다. 한번은 그의 친구가 중병에 걸려 살아날 수 없는 지경에 이르렀다. 정렴은 자신의 능력을 이용하여 그 친구의 생명을 10년 연장시켜 주었는데, 대신 귀신의 노여움을 받아 자신의 수를 10년 빼앗겼다 한다.

〖註釋〗 *陰謀怪習(음모괴습) 음흉한 모략과 괴상한 습성.
*異行奇能(이행기능) 기이한 행동과 능력.
*涉世(섭세) 세상을 살아감.
*禍胎(화태) 화의 모태(母胎).
*庸德庸行(용덕용행) 평범한 덕행.
*混沌(혼돈) 천지와 만물이 구분되어 있지 않은 태초의 세계. 본성(本性).

〖字意〗 謀 : 꾀 모 習 : 익힐 습 胎 : 아이 밸 태 庸 : 어리석을 용, 쓸 용
召 : 부를 소

182. 참고 견디면 안 될 일이 없다.

語(어)에 云(운)하되 「登山耐側路(등산내측로)하고 踏雪耐危橋(답설내위교)라」하니 一耐字(일내자)는 極有意味(극유의미)라. 如傾險之人情(여경험지인정)과 坎坷之世道(감가지세도)에 若不得一耐字(약부득일내자)하여 撑持過去(탱지과거)면 幾何不墮入榛莽坑塹哉(기하불타입진망갱참재)리오?

【解釋】 옛말에 이르기를 '산에 오르려면 험한 길을 견디어야 하고, 눈길을 걸으려면 위험한 다리도 견디어야 한다.'라고 하였으니, '견딜 내(耐)' 한 글자에 지극한 뜻이 있다. 만일 험악한 인정과 세상 길을 살아가는 데 이 '견딜 내'자 하나를 가지고 버티어 나가지 않으면 가시덤불이나 구덩이에 떨어지지 않을 사람이 몇이나 되겠는가?

【解說】 인내심은 세상을 살아가는 데 가장 필수적인 요소이다. 어떨 때는 험한 산길을 오르듯 고통스럽지만 견디고 나면 자신만이 아는 쾌감을 느낀다.

〖註釋〗 *側路(측로) 비탈 길.
*踏雪(답설) 눈길을 걸음.
*傾險(경험) 험악함.
*撑持(탱지) 지탱. 버티어 나감.
*榛莽(진망) 우거진 가시덤불.
*坑塹(갱참) 구덩이.

〖字意〗 登 : 오를 능, 높을 등　側 : 기울 측　踏 : 밟을 납
橋 : 다리 교　傾 : 기울 경　幾 : 몇 기　墮 : 떨어질 타
榛 : 덤불 진　莽 : 우거질 망　坑 : 구덩이 갱　塹 : 참호 참

183. 공적과 문장은 자랑할 것이 못된다.

과령공업 현요문장 개시고외물주인 부지심체
誇逞功業과 炫燿文章은 皆是靠外物做人이니 不知心體
영연 본래불실 즉무촌공척자 역자유당당정정
瑩然하여 本來不失이면 卽無寸功隻字라도 亦自有堂堂正正
주인처
做人處라.

【解釋】 공덕과 업적을 과시하고 문장을 자랑함은 모두 자기 밖의 물(物)에 의지하는 사람들이다. 그들은 마음의 본체가 환히 빛나서 본래의 것을 잃지 않으면 약간의 공로와 한 마디 문자가 없더라도 역시 정정당당한 사람이 된다는 사실을 모른다.

【解說】 공로와 문장으로 찬란히 이름을 빛낸 사람은 자신의 명성을 과시하지만 그 명성은 사람들이 만들어준 것이므로 언제 사라질지 모른다. 그런 사람이 주의해야 할 것은 마음의 본체가 밝아서 본래의 것을 잃어서는 안 된다. 본래의 심체를 잃지 않으면 조금의 공로나 한 글자의 문장이 없더라도 정정당당하다는 사실을 알아야 한다.

〚註釋〛 ***誇逞(과령)** 자랑. 과시함.
***炫燿(현요)** 밝게 빛나다. 자랑하다.
***外物(외물)** 자기 밖의 사물.
***做人(주인)** 사람됨됨.
***瑩然(영연)** 밝다.
***寸功(촌공)** 조그만의 공적.
***隻字(척자)** 한 자의 글.

〚字意〛 **逞** : 쾌하게 할 **령** **靠** : 의지할 **고** **做** : 지을 **주**
瑩 : 밝을 **영** **失** : 잃을 **실** **寸** : 마디 **촌**, **堂** : 집 **당**, 당당할 **당**
隻 : 외짝 **척**

184. 망중한을 즐기려면 한가할 때 예비하라.

망리 요투한 수선향한시토개파병 뇨중 요
忙裡에 要偸閒이면 須先向閒時討個欛柄하고 鬧中에 要
취정 수선종정처립개주재 불연 미유불인경이
取靜이면 須先從靜處立個主宰하라. 不然이면 未有不因境而
천 수사이미자
遷하고 隨事而靡者니라.

【解釋】 바쁠 때 한가함을 누리려면 모름지기 우선 한가할 때에 마음의 줏대를 세워 놓아야 하고, 소란할 때에 고요함을 얻으려면 모름지기 조용한 곳에 있을 때에 마음을 세우라. 그렇지 않으면 마음이 환경에 따라 달라지고 일에 따라 흔들리지 않을 사람이 없다.

【解說】 망중한(忙中閒)을 즐기려면 미리 한가할 때에 마음의 줏대를 세워 놓아야 하며, 소란스러운 중에서도 고요함을 누리려면 미리 고요한 때에 마음의 주인을 세워야 한다. 그렇지 않으면 마음이 경우 경우에 따라 움직이게 된다.

〖註釋〗 ***偸閒(투한)** 한가함을 얻다.
***欛柄(파병)** 칼자루. 마음의 줏대.
***主宰(주재)** 주인. 마음.
***因境而遷(인경이천)** 환경에 따라 변함.
***隨事而靡(수사이미)** 일에 따라 흔들림.

〖字意〗 **忙**: 바쁠 **망**, 빠를 **망** **偸**: 훔 칠 **투** **閒**: 한가할 **한**
柄: 자루 **병** **鬧**: 시끄러울 **뇨** **遷**: 옮길 **천** **靡**: 흐트러질 **미**

185. 인정이 메말라서는 안 된다.

不昧己心하고 不盡人情하며 不竭物力하라. 三者可以爲天地立心하고 爲生民立命하며 爲子孫造福이라.

(불매기심 부진인정 불갈물력 삼자가이위천지립심 위생민입명 위자손조복)

【解釋】 자신의 마음을 어둡게 하지 말고, 인정을 다 하지 말며, 재물을 다 쓰지 말라. 이 세 가지는 천지를 위하여 마음을 세우고 백성을 위하여 명을 세우며, 자손을 위하여 복을 만들 수 있다.

【解說】 어두운 마음의 소유자, 인정이 메마른 사람, 재물을 낭비하는 사람이 되어서는 안 된다. 마음이 밝으면 천지에 떳떳한 마음이 되고, 인정이 많으면 백성들을 위할 수 있고, 재물을 다 쓰지 않으면 자손에게 복을 누리게 할 수 있다.

〖註釋〗 *不昧(불매) 어둡게 하지 않다.
*生民(생민) 백성.
*立命(입명) 살길을 세워 줌.
*造福(조복) 복을 만듦.

〖字意〗 **昧**: 어두울 **매**, 둔할 **매** **盡**: 다할 **진** **竭**: 다할 **갈**
立: 설 **립** **造**: 만들 **조** **福**: 복 **복**

186. 공명 청렴하라.

居官에 有二語하니 曰「惟公則生明하고 惟廉則生威요」. 居家에 有二語하니 曰「惟恕則情平하고 惟儉則用足이라.」

(거관 유이어 왈 유공즉생명 유렴즉생위 거가 유이어 왈 유서즉정평 유검즉용족)

【解釋】 벼슬하는 사람을 위한 두 마디 말이 있으니, '공정하면 명찰이 생기고, 청렴하면 위엄이 생긴다'는 말이다. 집에 있으면서도 두 말이 있으니 '용서하면 마음이 평화롭고, 검약하면 쓰임이 넉넉하

다'는 말이다.

【解說】 벼슬하는 사람은 공평하게 해서 명철을 잃지 말고, 청렴하여 위엄을 잃지 말아야 한다. 집에 있을 때에는 용서하여 평정한 마음을 갖고, 검약하여 용도에 부족이 없어야 한다.

〖註釋〗 *居官(거관) 벼슬살이를 함. *生明(생명) 명찰이 생기다. *生威(생위) 위엄이 생기다. *情平(정평) 마음이 평안하다. *用足(용족) 쓰임이 넉넉함.

〖字意〗 居 : 거할 거, 어조사 기 惟 : 오직 유 恕 : 용서할 서 儉 : 검소할 검 足 : 넉넉할 족, 발 족

187. 빈천하던 때를 잊지 말라.

處富貴之地(처부귀지지)엔 要知貧賤的痛癢(요지빈천적통양)하고, 當少壯之時(당소장지시)엔 須念衰老的辛酸(수념쇠로적신산)하라.

【解釋】 부귀한 처지에 있을 때는 가난하고 천한 사람의 고통을 알아야 하고, 젊은 시절에는 모름지기 늙고 쇠약한 사람의 괴로움을 생각해야 한다.

【解說】 부귀하게 되어서는 가난하고 천한 사람의 아픈 곳을 잊어서는 안 되고, 젊은 사람들은 모름지기 늙은이의 괴로움을 알아야 한다.

한말 때 이시원(李是遠)은 왕족 후예로 집이 가난해 돗자리를 짜 생계를 유지하였다. 후에 벼슬하여 재상의 지위에 올랐으나 어려서의 가난을 잊지 않기 위해 관청의 일이 끝나면 자리를 짰는데, 사람들이 그 자리를 '이 승지의 돗자리'라고 하면서 서로 갖기를 원했다. 그는 병인양요로 프랑스 함정이 강화도에 상륙한데 분개하여 자결한 강개한 사람이었다.

〖註釋〗 *痛癢(통양) 고통.
*小壯之時(소장지시) 젊은 시절.
*辛酸(신산) 어려움. 괴로움.

〖字意〗 痛 : 아플 통, 다칠 통 癢 : 가려울 양 須 : 모름지기 수
壯 : 장할 장, 젊을 장 辛 : 매울 신 酸 : 신맛 산

188. 몸가짐을 지나치게 깨끗이 하지 말라.

지신 持身엔 불가태교결 不可太皎潔이니 일체오욕구예 一切汚辱垢穢를 요여납득 要茹納得이요,
여인 與人에 불가태분명 不可太分明이니 일체선악현우 一切善惡賢愚를 요포용득 要包容得이라.

【解釋】 몸가짐을 너무 깨끗하게 해서는 안 되니 일체의 더럽고 때묻음을 받아들여야 하고, 남과 사귐에 너무 분명하게 해서는 안 되니 일체의 선악과 현명하고 어리석은 사람을 포용해야 한다.

【解說】 중국 초(楚) 나라 대부(大夫) 굴원(屈原)은 처신을 너무 교결하게 가져 세상의 용납을 받지 못하고 멱라수에 몸을 던졌다. 어부(漁夫)가 그를 보고는 어찌 이 지경이 되었느냐고 물었다. 그러자 굴원은,

"온 세상이 다 혼탁한데 나만이 홀로 청렴하고, 모든 사람이 다 취해 있는 데 나만이 홀로 깨어 있어 추방을 당했다."

라고 하였다. 그러자 어부는 빙그레 웃으며 창랑가를 부르며 사라졌다.

"창랑의 물 맑거든 내 갓끈을 씻을 것이요, 창랑의 물이 흐리면 내 발을 씻으리라."

〖註釋〗 *持身(지신) 몸가짐.
*皎潔(교결) 희고 깨끗함.
*汚辱(오욕) 더럽고 욕됨.
*垢穢(구예) 때묻고 더러움.
*茹納(여납) 받아들임.
*與人(여인) 남과 사귐.

〖字意〗 持 : 가질 지, 지킬 지 皎 : 흴 교 垢 : 때 구
穢 : 더러울 예 茹 : 띠 뿌리 여, 받아들일 여 賢 : 어질 현

愚:어리석을 우 **包**:감쌀 포

189. 소인과 원수를 맺지 말라.

휴여소인구수 休與小人仇讐하라. 소인 小人은 자유대두 自有對頭니라. 휴향군자첨미 休向君子諂媚하라. 군자 君子는 원무사혜 原無私惠니라.

【解釋】 소인배와 더불어 원수를 맺지 말라. 소인배들에게는 스스로 적대심이 있다. 군자에게 아첨하지 말라. 군자에게는 원래 사사로운 은혜가 없느니라.

【解說】 소인배와 원수를 맺어서도 안 되고 군자에게 아첨해서도 안 된다.

고려 의종(毅宗) 때 사람 김돈중(金敦中)은 김 부식(金富軾)의 아들로 명성을 얻고 있었다. 그런데 한번은 궁궐 연회에서 무신(武臣) 정중부(鄭仲夫)의 수염을 촛불로 태워 모욕을 주어 원한을 사게 되었다. 그 때에는 주위의 만류로 별탈이 없었으나 후에 정중부가 난을 일으켜 권력을 장악하자, 제일 먼저 화를 당할 것을 알고는 산 속으로 숨었으나 끝내 면하지 못하고 죽음을 당했다.

〖註釋〗 ***仇讐(구수)** 원수.
***對頭(대두)** 적대(敵對).
***諂媚(첨미)** 아첨함.
***私惠(사혜)** 사사로운 은혜.

〖字意〗 **休**:쉴 휴, 탄식할 휴 **讐**:원수 수 **對**:대할 대 **頭**:머리 두 **諂**:아첨할 첨 **媚**:아첨할 미 **原**:근본 원 **惠**:은혜 혜

190. 이치를 내세우는 고집은 고치기 어렵다.

종욕지병 가의 이집리지병 난의 사물지장 가
縱欲之病은 可醫나 而執理之病은 難醫요 事物之障은 可
제 이의리지장 난제
除나 而義理之障은 難除라.

【解釋】 함부로 욕심을 부리는 병은 고칠 수가 있으나 이치를 고집하는 병은 고칠 수가 없으며, 사물에 의한 장애는 제거할 수가 있으나 의리로 쳐진 장애는 제거하기가 어렵다.

【解說】 멋모르고 탐욕을 부리는 자는 고칠 수 있으나 이치를 내세워 고집하는 자는 고치기가 어렵고, 사물에 가리운 장벽은 허물면 그만이지만 의리의 벽은 제거하기가 힘들다.

〖註釋〗 *縱欲之病(종욕지병) 욕심을 함부로 하는 병.
*執理之病(집리지병) 이치를 고집하는 병.
*義理之障(의리지장) 의리로 둘러쳐진 장애.

〖字意〗 縱 : 방종할 종 醫 : 고칠 의, 의원 의 執 : 잡을 집
障 : 막힐 장 除 : 제거할 제

191. 서둘면 깊이 수양하지 못한다.

마려 당여백련지금 급취자 비수양 시위
磨礪는 當如百鍊之金이니 急就者는 非邃養이요, 施爲는
의사천균지노 경발자 무굉공
宜似千鈞之弩니 輕發者는 無宏功이라.

【解釋】 인격을 갈고 다듬는 것은 마땅히 백 번 단련한 쇠와 같이 해야 하니, 급하게 이룬 것은 깊은 수양이 아니요, 일을 시행함은 마땅히 3천 근이나 되는 쇠뇌와 같아야 하니, 가볍게 쏘아서는 큰 공이 없다.

【解說】 인격을 수양하는 것은 좋은 쇠를 만들 듯 백 번, 천 번 단련해야지 급히 서둘러서는 안 되며, 일의 시행은 3천 근 되는 쇠뇌를 당기듯 힘차게 해야지 가볍게 해서는 성공하지 못한다. 큰 인물을 내기 위해서는 하늘이 그를 단련시키기 위해 많은 시련을 주는 법이니 극복해야 한다.

〖註釋〗 ***磨礪(마려)** 갈고 다듬음.
***白鍊之金(백련지금)** 백 번 두드려 만든 쇠붙이.
***施爲(시위)** 시행함.
***千鈞(천균)** 1균(鈞)은 30근이니 3천 근.
***宏功(굉공)** 큰 공.

〖字意〗 **磨**:갈 **마**, 맷돌 **마** **鍊**:쇠불릴 **련** **就**:나아갈 **취**
邃:깊을 **수** **養**:기를 **양** **施**:베풀 **시** **宏**:클 **굉**
弩:쇠뇌(큰 활) **노**

192. 소인배의 아첨을 받는 사람이 되지 말라.

> 寧爲小人所忌毁(영위소인소기훼)이언정 毋爲小人所媚悅(무위소인소미열)하고, 寧爲君子所責修(영위군자소책수)이언정 毋爲君子所包容(무위군자소포용)하라.

【解釋】 소인배에게 헐뜯음을 당할지언정 소인배의 아첨과 기쁨을 받지 말며, 차라리 군자의 꾸지람을 받을지언정 군자의 감싸줌을 당하지 말라.

【解說】 소인배에게 미움을 받는 것이야 부끄러울 것이 없으나, 그들에게 잘 보이는 것은 부끄럽게 여겨야 한다. 또 군자에게 꾸중을 듣는 것은 그가 나를 꾸짖을 만한 가치가 있는 사람으로 여겨서일 것이니 괜찮지만, 아예 용납해 주는 것은 내가 족히 꾸짖을 가치가 없는 사람으로 여겨서이니 부끄러운 일이다.

〖註釋〗 ***忌毁(기훼)** 꺼리고 헐뜯다.
***媚悅(미열)** 아첨하고 기뻐하다.

*責修(책수) 꾸짖어 바로잡음. | *包容(포용) 감싸줌.

〖字意〗 寧 : 차라리 녕, 편안할 녕　毁 : 헐뜯을 훼　媚 : 아첨할 미
悅 : 기쁠 열　責 : 꾸짖을 책　修 : 닦을 수　容 : 얼굴 용, 용납할 용

193. 명성을 좋아하면 해를 받는다.

好利者(호리자)는 逸出於道義之外(일출어도의지외)하여 其害顯而淺(기해현이천)이나, 好名者(호명자)는 竄入於道義之中(찬입어도의지중)하여 其害隱而深(기해은이심)이라.

【解釋】 이익을 좋아하는 자는 도의 밖으로 벗어나서 그 해가 드러나지만 얕고, 명예를 좋아하는 자는 도의 가운데로 숨어들어 그 해는 보이지 않으나 깊다.

【解說】 아예 도리에서 벗어나 행동하는 이익을 좇는 무리는 그 해가 드러나 얇지만, 명예를 좋아하는 사람은 도의를 가장하기 때문에 그 해가 잘 드러나지 않아 더 깊다. 겉으로는 명예 따위에 전혀 관심이 없는 듯 처신하며 명예를 얻는 위선자들은 어느 세상에나 흔하였다.

〖註釋〗 *逸出(일출) 벗어나다.
*道義之外(도의지외) 도의의 밖.
*竄入(찬입) 도망하여 들어가다.

〖字意〗 逸 : 달아날 일, 놓일 일　淺 : 얕을 천　竄 : 도망할 찬
隱 : 숨을 은　深 : 깊을 심

194. 남에게 받은 은혜는 갚아라.

受人之恩(수인지은)은 雖深不報(수심불보)하고 怨則淺亦報之(원즉천역보지)하며, 聞人之惡(문인지악)은 雖隱不疑(수은불의)하고 善則顯亦疑之(선즉현역의지)하니, 此(차)는 刻之極(각지극)이요 薄之尤(박지우)也(야)라. 宜切戒之(의절계지)니라.

【解釋】 남에게 받은 은혜는 비록 깊더라도 갚지 않고, 원한은 비록 얕더라도 갚으며, 남의 악함을 들으면 비록 은밀한 것이라도 의심하지 않고, 선하다는 말을 들으면 뚜렷한데도 의심하니, 이는 각박함의 극치이므로 마땅히 경계해야 한다.

【解說】 남에게 받은 깊은 은혜는 갚을 줄 모르고 얕은 원한은 갚으며, 남의 악행은 확실하지 않은데도 믿기를 의심치 않으며 남의 선행은 분명하게 드러난 것이라도 의심하는 게 보통 사람의 마음이다. 그러나 이는 각박한 세태이니 경계해야 한다.

〖註釋〗 *不報(불보) 갚지 않다. *刻之極(각지극) 각박함의 극치. *薄之尤(박지우) 야박함이 극도에 이름.

〖字意〗 聞 : 들을 문, 이름날 문 隱 : 숨을 은 疑 : 의심 의 顯 : 나타날 현 刻 : 새길 각 薄 : 엷을 박 戒 : 조심할 계

195. 참소는 오래지 않아 드러난다.

讒夫毁士(참부훼사)는 如寸雲蔽日(여촌운폐일)하여 不久自明(불구자명)이요, 媚子阿人(미자아인)은 似隙風侵肌(사극풍침기)하여 不覺其損(불각기손)이라.

【解釋】 아첨하고 헐뜯기를 좋아하는 선비는 마치 작은 구름이 해를 가리는 것과 같아 오래지 않아 저절로 밝아지지만 아양을 떨고 아부하는 사람은 틈 사이로 들어오는 바람이 살갗에 스며드는 것과 같아서 깨닫지 못한다.

【解說】 남을 헐뜯는 사람은 작은 구름이 잠시 해를 가리듯하여 오래지 않아 스스로 밝혀지게 마련이나, 아첨하는 사람은 문틈으로 들어오는 바람처럼 자신도 모르는 사이에 손상을 입는다.

〖註釋〗 *寸雲蔽日(촌운폐일) 한 치되는 구름이 태양을 가리다.
*隙風侵肌(극풍침기) 틈 사이로 들어오는 바람이 살갗을 파고들다.

〖字意〗 蔽 : 가릴 폐, 다할 폐 久 : 오래 구 阿 : 아첨할 아
隙 : 틈 극 侵 : 침입할 침 損 : 덜 손, 손해 손 肌 : 살갗 기

196. 높은 산에는 나무가 자라지 못한다.

山之高峻處(산지고준처)에 無木而谿谷廻環(무목이계곡회환) 則草木叢生(즉초목총생)하고, 水之湍急(수지단급)에 無魚而淵潭停蓄(무어이연담정축) 則魚鼈取集(즉어별취집)하니, 此高絶之行(차고절지행)과 褊急之衷(편급지충)을 君子(군자)는 重有戒焉(중유계언)이라.

【解釋】 산의 고지대에는 나무가 없으나 계곡의 굽어진 곳에는 초목이 무성하고, 물이 급히 흐르는 여울에는 물고기가 없지만 물이 고인 연못에는 물고기와 자라가 모여든다. 이는 높고 뛰어난 행실과 좁고 급한 마음을 군자는 깊이 경계해야 한다는 것을 말한다.

【解說】 너무 높은 산꼭대기에는 나무가 자라지 못하나 저지대에는 잘 자라며, 물살이 거센 여울에는 물고기가 놀지 못하지만 고인 물에는 물고기가 모여들 듯, 사람의 경우도 너무 고상한 행실만을

하면 사람들이 따르지 않는다.

〖註釋〗 *高峻(고준) 높고 험준함.
*叢生(총생) 떨기로 남.
*淵潭(연담) 연못.
*魚鼈(어별) 물고기와 자라.
*高絶之行(고절지행) 높고 뛰어난 행실.
*褊急之衷(편급지충) 좁고 성급한 마음.

〖字意〗 峻 : 험할 준, 높을 준 谿 : 계곡 계 環 : 두를 환
湍 : 여울 단 淵 : 못 연 潭 : 못 담 褊 : 좁을 편
衷 : 마음 충 焉 : 어조사 언

197. 고집은 일을 그르친다.

建功立名者(건공립명자)는 多虛圓之士(다허원지사)요, 僨事失機者(분사실기자)는 必執拗之人(필집요지인)이라.

【解釋】 공을 세우고 명성을 얻은 사람은 허심탄회하고 원만한 사람이 많으며, 일을 실패하고 기회를 놓친 사람은 반드시 집요한 사람이다.

【解說】 허심탄회하고 원만한 사람은 공을 세울 수 있지만, 고집이 센 사람은 일을 그리치고 기회를 놓치는 수가 많다.

고려(高麗) 태조 왕건(王建)은 성격이 원만하여 부하들의 마음을 샀다. 그에 비해 그가 섬기고 있던 궁예(弓裔)는 성격이 포악하고 고집이 세 마침내 태봉국(泰封國)은 왕건의 차지가 되고 말았다. 한번은 심통술을 가졌다고 자처하는 궁예가 왕건을 불러 한참 노려보더니, 호통을 쳤다.

"어제 장수들과 함께 왜 나를 배반할 모의를 하였는가?"

왕건은 어처구니가 없어 그렇지 않다고 변명하려 하는데, 궁예 옆에 있던 최응이란 사람이 붓두껍을 일부러 떨어뜨리고는 그걸 줍는 척하며 왕건 옆으로 다가와 가만히 속삭였다.

"모의를 했다고 하십시오. 그렇지 않으면 죽습니다."

왕건은 그의 말대로 반역 모의를 했노라고 허위 자백을 했다. 그러자 궁예는 기분이 좋아져 너털웃음을 웃었다.

"그래 내 심통술은 속일 수 없지. 내 이번만은 특별히 용서해 주겠다."

그리고는 후한 상까지 내렸는데, 이는 평소 왕건이 원만한 성격으로 인심을 얻고 있었기 때문이다.

〖註釋〗 *虛圓(허원) 마음을 비우고 원만한 사람.
*僨事(분사) 일을 그르침. 실패.
*失機(실기) 기회를 놓침.
*執拗(집요) 고집이 세고 남을 이기려 함.

〖字意〗 虛 : 빌 **허** 圓 : 둥글 **원**, 원만할 **원** 僨 : 그르칠 **분**
執 : 잡을 **집**, 고집 **집** 拗 : 꺾을 **요**, 고집셀 **요** 失 : 잃을 **실**

198. 세속과 조화를 이루어라.

> 處世(처세)에 不宜與俗同(불의여속동)하고 亦不宜與俗異(역불의여속이)하며, 作事(작사)에 不宜令人厭(불의령인염)하고 亦不宜令人喜(역불의령인희)니라.

【解釋】 세상을 살아가면서는 세속과 함께 해서도 마땅하지 않으며, 또 세속과 다르게 해서도 안 된다. 일을 하면서는 사람들이 싫어하게 해서도 안 되고, 또 사람들이 기쁘게 해서도 안 된다.

【解說】 처세에는 중도의 길을 걸어야 한다. 중도란 이쪽이나 저쪽에 치우치지 않는 것을 말하지만 이쪽에 붙고 저쪽에 붙는 회색 분자를 말하는 것은 아니다. 그러나 그 길은 그리 쉽지 않아서 자칫하면 주견(主見)이 없는 기회주의자로 지탄 받기가 쉽다.

〖註釋〗 *不宜(불의) 마땅하지 않다.
*與俗同(여속동) 세속과 같이함. 세속을 따름.
*與異俗(여이속) 세속과 다르게 함.
*作事(작사) 일을 함.

〖字意〗 宜 : 마땅 의　俗 : 풍속 속, 속될 속　異 : 다를 이
厭 : 싫을 염　令 : 하여금 령, 명령 령　喜 : 기쁠 희

199. 만년에 더욱 분발하라.

> 日旣暮而猶烟霞絢爛(일기모이유연하현란)하고 歲將晩而更橙橘芳馨(세장만이갱등귤방형)이라. 故(고)로 末路晩年(말로만년)을 君子(군자)는 更宜精神百倍(갱의정신백배)하니라.

【解釋】 날이 저물어도 놀은 오히려 아름답고, 한 해가 곧 저물려 하는데도 귤의 향기는 더 향기롭다. 그러므로 군자는 인생의 말년에 정신을 백 배 더 차려야 한다.

【解說】 인생의 황혼기인 말년은 흔히 편하게 지내야 한다고 한다. 그러나 그것은 욕심을 적게 갖고 달관의 경지를 즐기라는 것이지 아무 일도 하지 말라는 뜻은 아니다.

영조 때 사람 정호(鄭澔)는 영의정을 지낸 다음 고향인 충주로 물러나 한가하게 지내고 있었다. 그 때 이형좌가 왕명을 전할 일이 있어 정호를 찾아 갔더니 정원에 배나무 접목을 하고 있었다. 이 때 정호의 나이 이미 80세인 것을 안 이형좌가 웃으며 물었다.

"그 배를 먹으실지 모르겠습니다."

몇년 후 이형좌가 충청 감사가 되어 정호를 찾아가 보니 술상에 크고 잘 익은 배 10개가 곁들여 나왔는데 맛이 아주 좋아서 물었다.

"어디서 이런 좋은 배를 구하셨습니까?"

그러자 정 호는 웃으면서 이렇게 말했다.

"그 때 자네가 나더러 먹지 못하고 죽을 것이라고 한 그 배나무에 열린 것이라네."

〖註釋〗 *烟霞(연하) 연기와 놀.
*絢爛(현란) 눈부시게 아름다움.
*橙橘(등귤) 귤.
*芳馨(방형) 향기.

〖字意〗 既 : 이미 기, 다할 기 暮 : 저물 모 烟 : 연기 연
霞 : 놀 하 歲 : 해 세 晩 : 늦을 만 芳 : 향기로울 방
末 : 끝 말

200. 조는 듯한 매가 꿩을 잡는다.

응립여수 호행사병 정시타확인서지수단처
鷹立如睡하고 虎行似病하니 正是他攫人噬之手段處라.
고 군자 요총명불로 재화부령 재유견홍임거
故로 君子는 要聰明不露하고 才華不逞하니 纔有肩鴻任鉅
적력량
的力量이라.

【解釋】 매는 조는 듯이 서 있고, 범은 아픈 듯이 걸으니 이는 바로 남을 움켜 잡아 먹는 수단인 것이다. 그러므로 군자는 총명함을 드러내지 않고 재주를 나타내지 않아야 겨우 큰 임무를 맡을 역량을 지닌 것이다.

【解說】 자신의 총명과 재능을 드러내서는 안 된다.

선조 때 사람 최영경(崔永慶)은 학식과 행실이 뛰어난 인물로 벼슬에 뜻을 두지 않은 고사(高士)였다. 그런데 본인의 뜻은 아니었으나 차츰 유명한 사람들이 드나들면서 이름이 세상에 알려지기 시작했는데 그것이 탈이었다. 정여립(鄭汝立)의 모반 사건이 일어나자 그의 이름도 그 가운데 끼어 있어 여러 사람들이 구원했으나 마침내 살아남지 못했다. 임금은 그의 무죄를 밝히는 신하들에게 말했다.

"산림의 처사(處士)로서 높은 벼슬아치들과 사귀어 이름을 얻고자 했으니, 그런 처사가 어디 있겠는가?"

〖註釋〗 *如睡(여수) 잠자듯이.
*似病(사병) 병을 앓듯이.
*鴻任(홍임) 큰 임무.
*鉅的力量(거적역량) 큰 역량.

〖字意〗 鷹 : 매 응　睡 : 잠잘 수　虎 : 범 호　似 : 같을 사
攫 : 움킬 확　噬 : 씹을 서　聰 : 총명할 총　肩 : 어깨 견
鴻 : 기러기 홍, 클 홍　鉅 : 클 거

201. 공손이 지나치면 비굴함이 된다.

검　미덕야　과즉위간린　위비색　반상아도
儉은 美德也나 過則爲慳吝하고 爲鄙嗇하여 反傷雅道하고,
양　의행야　과즉위족공　위곡근　다출기심
讓은 懿行也나 過則爲足恭하고 爲曲謹하여 多出機心이라.

【解釋】 검소함은 미덕이기는 하지만 지나치면 인색이 되고 비색하여 도리어 정도(正道)를 해치며, 겸양은 아름다운 행실이기는 하나 과하면 지나친 공손이 되고 비굴함이 되어 엿보는 마음이 많게 된다.

【解說】 미덕으로 통하는 검소도 지나치면 인색이 되며, 겸양하는 것도 아름다운 행실이기는 하지만 지나치면 비굴하게 되거나 엿보는 마음이 있게 된다. 종종 때 사람 안탄대(安坦大)는 집이 매우 가난하였는데, 그의 딸이 중종의 후궁이 되면서 집안 형편이 조금씩 펴지게 되었다. 그런데 그의 외손자 덕흥 대군(德興大君)의 아들이 왕위를 이으니 바로 선조(宣祖)이다. 이처럼 귀한 신분이 되었는데도 안탄대는 가난했던 시절 그대로 검소한 생활을 하다가 만년에는 눈이 멀어 앞을 보지 못하게 되었다. 선조는 어떻게든 외증조의 노후를 영화롭게 해주려고 했으나 안탄대는 분수 밖의 일이라면서 거절했다. 한 겨울에는 선조가 수달피 털로 만든 옷을 내리고 싶은데, 그가 받을지 의문이었다. 그래서 사람을 시켜 그런 뜻을 물어보게 하였다. 안탄대는 펄쩍 뛰었다.

"저는 본디 미천한 사람이어서 수달피 옷을 입는 것도 죽을 죄에 해당되고, 임금의 명을 거역하는 것도 죽을 죄이니 어차피 죽을 바에는 분수를 지키다 죽겠습니다."

선조는 그의 뜻을 굽힐 수 없음을 알고는 거짓으로 개 가죽 옷이

라고 속이어 내렸다. 그러자 안탄대는 그걸 어루만지며 이렇게 말했다.

"상의 분부가 그러하시니 어찌 개 가죽 옷까지 사양하겠는가? 그런데 궁중의 개 가죽이어서 그런지 털이 몹시 부드럽구나."

〖註釋〗 *慳吝(간린) 너무 인색함.
*鄙嗇(비색) 비루하고 인색함.
*雅道(아도) 정도(正道).
*懿行(의행) 아름다운 행실.
*足恭(족공) 지나친 공손.
*曲謹(곡근) 지나치게 조심함.
*機心(기심) 엿보는 마음.

〖字意〗 儉 : 검소할 검, 적을 검 過 : 지나칠 과 慳 : 아낄 간 吝 : 인색할 인 鄙 : 궁색할 비, 비루할 비 嗇 : 인색할 색 懿 : 아름다울 의 恭 : 공손할 공 曲 : 굽을 곡

202. 초년 고생을 꺼리지 말라.

무우불의 毋憂拂意하고 무희쾌심 毋喜快心하며 무시구안 毋恃久安하고 무탄초난 毋憚初難하라.

【解釋】 마음대로 되지 않음을 걱정하지 말고, 마음이 상쾌하다 하여 기뻐하지 말며, 오래 편안함을 믿지 말고, 처음의 어려움을 걱정하지 말라.

【解說】 일이 마음대로 되지 않는다고 역정을 내지 말고, 뜻대로 잘 풀린다 해서 기뻐하지 말며, 지금의 행복이 영원히 계속되리라 믿지 말고, 초년의 고생을 달게 여기라.

〖註釋〗 *拂意(불의) 뜻대로 되지 않음.
*久安(구안) 오래도록 편안함.
*初難(초난) 처음의 어려움.

〖字意〗 憂 : 근심 우 拂 : 거스릴 불 恃 : 믿을 시 憚 : 꺼릴 탄

203. 훌륭한 선비는 명예를 존중하지 않는다.

음연지락다 불시개호인가 성화지습승 불시개호
飮宴之樂多는 不是個好人家요, 聲華之習勝은 不是個好
사자 명위지렴중 불시개호신사
士子며, 名位之念重은 不是個好臣士라.

【解釋】 연회의 즐거움이 많으면 훌륭한 집안이 아니요, 화려한 명성을 좋아하는 습성이 지나치면 훌륭한 선비가 아니며, 명예와 지위에 대한 마음이 중하면 훌륭한 신하가 아니다.

【解說】 살다보면, 즐거운 연회가 없을 수 없고 명예를 지키지 않을 수가 없다. 다만 그것이 즐겁고 좋은 것인 줄만 알되 분수를 모르고 깊이 빠져서는 안 된다. 특히 지위에 대해 너무 집착하다 보면 욕이 따르게 된다.

〖註釋〗 **＊飮宴之樂(음연지락)** 연회의 즐거움. **＊聲華之習(성화지습)** 화려한 명성을 좋아하는 습관.

〖字意〗 **飮**:마실 **음** **宴**:잔치 **연** **多**:많을 **다** **好**:좋을 **호** **聲**:소리 **성** **華**:빛날 **화** **勝**:이길 **승** **重**:무거울 **중** **臣**:신하 **신**

204. 마음에 거스르는 바를 즐거움으로 삼아야 한다.

세인 이심긍처위락 각피락심인재고처 달사
世人은 以心肯處爲樂이라 却被樂心引在苦處하고, 達士는
이심불처위락 종위약심환득락래
以心拂處爲樂이라 終爲苦心換得樂來라.

【解釋】 세상 사람들은 마음에 드는 것으로 즐거움을 삼기 때문에 그 즐거움에 이끌려 괴로운 곳에 처하고, 달통한 선비는 마음에 거스르는 것을 즐거움으로 삼기 때문에 마침내는 고심하던 것이

즐거움으로 바뀌어 오게 된다.

【解說】 보통 사람은 즐거운 것을 즐길 줄만 알고 이것이 도리어 괴로움을 자초하는 것임을 모른다. 그러나 달관한 선비는 마음에 거스르는 바를 반성하고 해결하는 것을 즐거움으로 삼아서 그 고통으로 인해 즐거움이 오게 한다. 즐거움이 극진하면 슬픔이 오게 되고 고통이 극에 이르면 기쁨이 온다.

〖註釋〗 *心肯處爲樂(심긍처위락) 마음에 맞는 것을 즐거움으로 삼음.
*達士(달사) 달통한 선비.
*心拂處爲樂(심불처위락) 마음에 거스르는 바를 즐거움으로 삼음.

〖字意〗 肯 : 즐길 긍 却 : 물리칠 각, 도리어 각 來 : 올 래
達 : 도달할 달 換 : 바꿀 환 被 : 입을 피, 저 피

205. 가득차는 것을 경계하라.

居盈滿者(거영만자)는 如水之將溢未溢(여수지장일미일)하여 切忌再加一滴(절기재가일적)이요, 處危急者(처위급자)는 如木之將折未折(여목지장절미절)하여 切忌再加一搦(절기재가일닉)이라.

【解釋】 가득 차 있는 사람은 마치 물이 곧 넘치려다가 아직 넘치지 않은 것과 같아서 다시 한 방울을 더 하는 것을 아주 꺼리는 것이요, 위급함에 처한 자는 마치 나무가 곧 꺾이려다 아직 꺾이지 않은 것과 같아서 조금이라도 건드리는 것을 아주 꺼려한다.

【解說】 가득찬 그릇에 한 방울의 물을 더하면 쏟아지고, 곧 넘어지려는 위태로운 나무는 약간만 건드려도 쉽게 쓰러진다. 지위, 부, 명예 같은 것도 이와 같으니 그럴 때에는 스스로 덜어 내는 지혜가 필요하다.

〖註釋〗 *盈滿(영만) 부나 지위가 가득 참.
*將溢未溢(장일미일) 곧 넘치려면서 아직 넘치지 않은 상태.
*將折未折(장절미절) 꺾이려 하는데 아직 꺾이지 않은 상태.

〖字意〗 盈 : 가득찰 **영**, 넘칠 **영** 滿 : 가득찰 **만** 溢 : 넘칠 **일**
滴 : 물방울 **적** 折 : 꺾일 **절** 忌 : 꺼릴 **기** 搦 : 건드릴 **닉**

206. 냉철한 안목을 기르라.

냉안관인 冷眼觀人하고 냉이청어 冷耳聽語하며 냉정당감 冷情當感하고 냉심사리 冷心思理하라.

【解釋】 냉철한 눈으로 사람을 보고, 냉철한 귀로 말을 듣고, 냉철한 정으로 느끼고, 냉철한 마음으로 이치를 생각하라.

【解說】 냉정한 마음으로 사람을 관찰하고, 남의 말을 들으며, 느끼고 생각하라. 흥분하고 들떠서 한 일은 후회가 많게 된다.

〖字意〗 冷 : 찰 **냉** 觀 : 볼 **관** 耳 : 귀 **이** 聽 : 들을 **청**
語 : 말씀 **어** 感 : 느낄 **감** 思 : 생각 **사**

207. 너그러워야 복이 있다.

인인 仁人은 심지관서 心地寬舒하니 변복후이경장 便福厚而慶長하여 사사성개관서기상 事事成個寬舒氣象하고, 비부 鄙夫는 염두박촉 念頭迫促하니 변록박이택단 便祿薄而澤短하여 사사득개박촉규모 事事得個迫促規模니라.

【解釋】 어진 사람은 마음이 너그러워서 복이 두텁고 경사가 오래가서 하는 일마다 너그러운 기상을 이루며, 비루한 사람은 마음이 성급하여 봉록(俸祿)이 박하고 은택이 짧아 하는 일마다 규모가

촉박하게 된다.

【解說】 어진 사람은 마음이 관대하여 축복을 받으나 비루한 사람은 생각이 조급하여 복록(福祿)이 박하다.

명종 때 사람 상진(尙震)은 성품이 너그럽고 남의 단점을 말하지 않기로 유명한 재상이었다. 그가 한 번은 유명한 점장이 홍계관(洪繼寬)에게 점을 보았더니, 몇 년 후 어느 날 죽는다고 예언을 했다. 그래서 수의까지 마련해 놓고 기다렸는데 그날이 지나도 아무 탈이 없었다. 며칠이 지나 길에서 홍계관을 만났다.

"그대의 예언대로라면 나는 이미 죽었어야 하는데, 어찌된 일인가?"

홍계관이 물었다.

"혹시 최근에 무슨 좋은 일을 하신 적이 없는지 생각해 보십시오. 좋은 일을 하면 하늘의 명도 되돌릴 수가 있습니다."

한참 생각에 잠긴 상진은 이렇게 말했다.

"뭐 특별히 좋은 일을 한 적은 없고, 며칠 전 길에서 은그릇 한 벌을 주워 주인을 찾아준 일은 있었지."

"바로 그것입니다."

그 은그릇은 궁궐의 그릇으로 담당자가 몰래 자기집 잔치에 쓰고는 다시 가져다 놓으려 했는데 그만 길에서 잃어버린 것으로, 상진은 그걸 뻔히 알면서도 모른체 주인에게 돌려 주어 죽음을 면하게 했던 것이다.

〖註釋〗 ***寬舒(관서)** 너그럽고 느슨함.
***鄙夫(비부)** 비루한 사람.
***迫促(박촉)** 성급함. 촉박.

〖字意〗 **舒** : 펼 서, 느릴 서　**慶** : 경사 **경**　**鄙** : 더러울 **비**
迫 : 핍박할 **박**　**促** : 재촉할 촉　**祿** : 녹 록　**短** : 짧을 **단**
規 : 법 **규**　**模** : 모양 **모**

208. 악인을 미워하지 말라.

문악 불가취오 공위참부설노 문선 불가
聞惡이라도 不可就惡니 恐爲讒夫洩怒요, 聞善이라도 不可
급친 공인간인진신
急親이니 恐引奸人進身이라.

【解釋】 남의 악을 듣더라도 미워해서는 안 되니, 참소하는 사람이 화풀이를 할까 두렵고, 남의 착함을 듣더라도 재빨리 친하지 말 것이니, 간사한 사람의 출세를 이끌어줄까 두렵다.

【解說】 남의 악을 들었다 해서 성을 내면 해를 받기가 쉽고, 선한 일을 들었다 해서 금방 친해 놓으면 자칫 그 사람이 참으로 선한 사람이 아니면 그를 천거한 책임을 지지 않을 수 없으니 신중을 기해야 한다.

〖註釋〗 ***聞惡(문악)** 남의 악을 듣다.
***讒夫(참부)** 참소하는 사람. 간사한 사람
***洩怒(설노)** 분풀이를 하다.
***進身(진신)** 출세(出世).

〖字意〗 **聞**: 들을 문, 이름날 문 **就**: 이룰 취 **恐**: 두려울 공
洩: 샐 설 **親**: 친할 친 **引**: 이끌 인 **進**: 나아갈 진

209. 조급한 자는 실패한다.

성조심조자 일사무성 심화기평자 백복자집
性燥心粗者는 一事無成이요, 心和氣平者는 百福自集이니라.

【解釋】 성질이 급하고 마음이 거친 자는 한 가지 일도 성취할 수가 없고, 마음이 온화하고 기질이 평온한 자는 백 가지 복이 스스로 모인다.

【解說】 우물에 가서 숭늉달라고 하는 사람이 성공할 리 없다. 성질이 조급한 사람은 화를 잘내고 실수를 많이 하고, 마음이 화평한 사람은 저절로 복이 따르게 된다.

조선 시대 대표적인 명정승인 황희(黃喜)는 성품이 관대하여 누가 보면 줏대가 없는 것 같았다. 종들이 싸우다가 황희에게 찾아와 서로 옳다고 주장하면서 판단해 줄 것을 청하면 황희는 그저 "네 말도 옳고, 네 말 또한 옳다."라고 분명한 말을 하지 않았다. 이를 보다 못한 부인이 "한 사람이 옳으면 한 사람이 그를 터인데 어찌 모두 옳다고 하시오." 하니, 황희는 빙그레 웃으며 "부인의 말 역시 옳구려" 하였다. 그의 집 뜰에 복숭아 나무가 한 그루 있었는데 복숭아가 익을 무렵이면 동네 아이들이 몰려들어 따먹기가 일쑤였다. 그걸 보면 황희는

"얘들아, 다 따지 말고 내 몫을 남겨두어야 한다."

하였다.

〖註釋〗 *性燥心粗(성조심조) 성질이 급하고 마음이 거칠음. *心和氣平(심화기평) 심기(心氣)가 화평함.

〖字意〗 燥:마를 조 粗:거칠 조 集:모일 집

210. 사람을 각박하게 부리지 말라.

用人(용인)엔 不宜刻(불의각)이니 刻則思效者去(각즉사효자거)하고. 交友(교우)엔 不宜濫(불의남)이니 濫則貢諛者來(남즉공유자래)하니라.

【解釋】 사람을 쓰면서는 각박하게 해서는 안 되니, 각박하게 하면 효과를 내려는 사람이 떠나가고, 벗을 사귐에는 지나치게 해서는 안 되니, 지나치면 아첨하는 사람이 오게 된다.

【解說】 사람을 너무 각박하게 부리면 언젠가는 떠날 것을 생각한

다. 친구를 사귈 때에도 친하다 해서 함부로 대하면 아첨 좋아하는 친구만 남게 되니 조심해야 한다.

중종 때 사람 조언형(曺彦亨)과 강혼(姜渾)은 절친한 사이였다. 단천 군수(端川郡守)로 있을 때였는데, 강혼이 상관이 되어 순시를 온다는 소문이 들렸다. 조언형은 식구들에게 떠날 채비를 시키고 술 몇 말을 마련하게 했다. 아전이 마중을 나가야 한다고 하였으나 조언형은 병이 나서 갈 수 없다고 전하게 하고는 그날 밤 술을 들고 감사가 있는 곳으로 갔다.

"강혼아, 어디 있는가?"

"나 여기 있네. 어서 오게."

두 사람은 오랫만에 만난 터라 안주도 없이 술을 나누었다. 술이 거나해지자 조언형에게 호통을 쳤다.

"자네가 어려서는 총명이 뛰어나고 행실이 발라 친구로 사귀었는데 근래의 자네 행실을 보니 내 마음에 들지 않네. 이렇게 만나 내 뜻을 전했으니, 이후 관계를 끊겠네."

그리고는 벼슬을 버리고는 그 고장을 떠났다.

〖註釋〗 *思效者(사효자) 일에 열심하여 효과를 올리려는 사람. *貢諛者(공유자) 아첨을 바치는 사람.

〖字意〗 用 : 쓸 용, 재물 용 刻 : 새길 각 效 : 효과 효
去 : 갈 거 濫 : 넘칠 람 貢 : 바칠 공 諛 : 아첨할 유

211. 위기에 처해서는 확고하게 대처하라.

風斜雨急處(풍사우급처)엔 要立得脚定(요립득각정)하고 花濃艶處(화농염처)엔 要著得眼高(요착득안고)하며 路危徑險處(노위경험처)엔 要回得頭早(요회득두조)니라.

【解釋】 비바람이 심한 곳에서는 다리를 꼿꼿하게 세워야 하고, 꽃이 흐드러지고 버들이 아름답게 늘어진 곳에서는 눈을 높이 두어야 하며, 위태롭고 험한 길에서는 일찍 머리를 돌려야 한다.

【解說】 위급한 처지에서는 똑바로 버티고 서서 견디어야 하고, 호화로운 곳에서는 안목을 높게 갖고 위험한 곳은 미리 사양해야 한다.

〖註釋〗 *風斜雨急(풍사우급) 바람이 심하고 비가 쏟아짐. 인생의 위급함을 비유함.

*花濃柳艶(화농유염) 꽃과 버들이 아름다움. 미색(美色).

〖字意〗 斜 : 기울 사　急 : 급할 급　脚 : 다리 각　花 : 꽃 화
艶 : 고울 염　柳 : 버들 류　徑 : 지름길 경　頭 : 머리 두　早 : 일찍 조

212. 겸손하면 시기받지 않는다.

節義之人(절의지인)은 濟以和衷(제이화충)이라야 纔不啓忿爭之路(재불계분쟁지로)하고, 功名之士(공명지사)는 承以謙德(승이겸덕)이라야 方不開嫉妬之門(방불개질투지문)이니라.

【解釋】 절의가 있는 사람은 온화한 마음을 가져야만 화내고 다투는 길을 열지 않게 되고, 공명을 세운 선비는 거기에 이어 겸손한 덕을 겸하면 질투의 문을 열지 않게 된다.

【解說】 절의 있는 사람은 흔히 꼿꼿하고 차갑게 마련이니, 화평한 기색을 띠기에 힘써서 남과 다투지 말아야 한다. 높은 공을 세운 사람은 거드름을 피우기 쉬우니 겸양의 덕을 길러야 남의 질투를 막을 수 있다. 내가 겸손하면 아무리 사납고 질투심이 강한 사람이라 하더라도 해칠 마음을 품지 못하기 때문이다.

〖註釋〗 *濟以和衷(제이화충) 화평한 마음을 함께 가짐.
*和衷(화충) 화평한 마음.

*忿爭(분쟁) 성내어 다툼.
*謙德(겸덕) 겸손한 덕.

〖字意〗 濟 : 건질 제, 건널 제　衷 : 마음 충　啓 : 열 계
承 : 이을 승　謙 : 겸손할 겸　方 : 모 방, 바야흐로 방

213. 고향에서는 옛 우호를 다져라.

사대부거관　불가간독무절　요사인난견　이두
士大夫居官에 **不可竿牘無節**이니 **要使人難見**하여 **以杜**
행단　거향불가애안태고　요사인이견　이돈구호
倖端이요, **居鄕不可崖岸太高**니 **要使人易見**하여 **以敦舊好**니라.

【解釋】 사대부는 관에 있을 때에는 편지 한 장에도 절도가 없어서는 안 되니, 남이 보지 못하게 하여 요행을 바라는 단서를 막아야 하고, 향리에 있을 때에는 너무 오만을 부려서는 안 되니, 사람들로 하여금 본심을 쉽게 보게 하여 옛 우호를 돈독하게 하여야 한다.

【解說】 관직에 있는 사람은 편지 한 장이라도 남에게 보여서는 안 된다. 자칫하면 간사한 사람이 그것으로 요행의 단서를 삼기 쉽다. 단종(端宗)이 폐위되어 영월에 안치되자, 금성 대군(錦城大君)이 복위 운동을 하다 순흥으로 귀양을 가게 되었다. 거기에서 그곳 부사 이보흠과 함께 군사를 일으켜 단종을 모시고 서울로 쳐들어갈 계획을 세우고 각 지방에 보내는 글을 썼는데, 그날 밤 관노(官奴)가 사귀고 있던 여종을 시켜 그 글을 훔쳐 가지고 고발하기 위해 서울로 달렸다. 이런 낌새를 알아차린 풍기 군수가 다시 그 글을 관노에게서 빼앗아 조정에 보고함으로써 금성 대군은 물론 많은 선비들이 무참히 죽는 변을 당했다.

〖註釋〗 ***竿牘**(간독) 편지. 竿은 簡과 통함.
***倖端**(행단) 요행을 바라는 단서.
***崖岸**(애안) 절벽과 언덕. 위엄.

〖字意〗 **居**:거할 거, 놓을 거 **竿**:낚싯대 간 **牘**:편지 독
杜:막을 두 **倖**:요행 행 **端**:끝 단 **鄕**:시골 향
崖:절벽 애 **岸**:언덕 안 **高**:높을 고 **易**:쉴 이
敦:도타울 돈

214. 나보다 못한 사람도 두려워하라.

대인 불가불외 외대인 즉무방일지심 소인
大人은 不可不畏니 畏大人이면 則無放逸之心하고, 小人도
역불가외 외소인 즉무호횡지명
亦不可畏니 畏小人이면 則無豪橫之名이니라.

【解釋】 대인군자는 두려워하지 않을 수 없으니, 대인군자를 두려워하면 방종한 마음이 없어질 것이요, 소인 역시 두려워하지 않을 수 없으니, 소인을 두려워하면 횡포하다는 이름을 듣지 않을 것이다.

【解說】 훌륭한 사람은 본디 존경하지 않을 수 없는 것이다. 훌륭한 사람을 두려워하고 존경하면 함부로 하는 마음이 억제된다. 자기만 못한 사람 역시 두려워하지 않을 수 없으니, 그런 사람까지 조심하는 마음을 가지면 횡포스런 마음이 없게 된다.

〖註釋〗 *大人(대인) 덕망이 있는 훌륭한 사람.
*不可不(불가불) …하지 않을 수 없다.
*放逸之心(방일지심) 방종한 마음.
*豪橫之名(호횡지명) 횡포하다는 이름.

〖字意〗 畏 : 두려울 **외**, 겁낼 **외** 放 : 놓을 **방** 逸 : 놓을 **일** 豪 : 호걸 **호** 橫 : 가로 **횡**, 횡포할 **횡**

215. 불행을 느낄 때는 나만 못한 사람을 생각하라.

사초불역 변사불여아적인 즉원우자소 심초
事稍拂逆에 便思不如我的人이면 則怨尤自消하고, 心稍
태황 변사승사아적인 즉정신자분
怠荒에 便思勝似我的人하면 則精神自奮이라.

【解釋】 일이 조금 마음에 거스를 때에는 나만 못한 사람을 생각하면 원망하는 마음이 스스로 사라질 것이요, 마음이 조금 게을러질

때에는 나보다 나은 사람을 생각하면 스스로 분발하는 마음이 일어나게 될 것이다.

【解說】 자신이 불행하다고 생각될 때에는 나보다 못한 사람도 있다는 걸 생각하면 조금 위로가 되어 원망하는 마음이 사라진다. 또 마음이 게을러지고 자만심이 생길 때에는 자기보다 뛰어난 사람이 있음을 생각하여 정신을 가다듬어 분발해야 발전이 있게 된다.

〖註釋〗 ***拂逆(불역)** 거스르는 것. ***怨尤(원우)** 원망과 허물. ***怠荒(태황)** 게을러짐.

〖字意〗 **稍**: 작을 **초**, 점점 **초** **拂**: 거스를 **불** **逆**: 거스를 **역**
怨: 원망할 **원** **尤**: 허물 **우** **消**: 꺼질 **소** **怠**: 게으를 **태**
荒: 거칠 **황** **勝**: 이길 **승** **奮**: 떨칠 **분**

216. 기분에 따라 행동하면 실수가 많다.

불가승희이경낙 불가인취이생진 불가승쾌이다
不可乘喜而輕諾하고 **不可因醉而生嗔**하며 **不可乘快而多**
사 불가인권이선종
事하고 **不可因倦而鮮終**이라.

【解釋】 기쁨에 들떠서 경솔하게 승낙하지 말고, 술에 취함을 인해 성을 내지 말며, 유쾌함에 들떠서 일을 많이 벌이지 말고 권태로움을 인하여 끝맺음을 함부로 하지 말라.

【解說】 마음이 기쁠 때에는 지키지 못할 약속을 하기 쉽다

신라 신무왕(神武王)은 아버지의 복수를 하기 위해 청해진으로 장보고(張保皐)를 찾아가 자신의 거사가 성공하여 왕위에 오르면 장보고의 딸을 왕비로 맞겠다고 다짐하면서 협조를 요청했다. 장보고는 그말을 믿고 기꺼이 그를 도와 거사를 성공시켰다. 왕위에 오른 신무왕이 장보고와의 약속을 지키려 하자 신하들이 미천한 집안에서 데려올 수 없다고 반대하여 약속을 지키지 못함으로써 틈이 생기고, 장보고는 거기에 앙심을 품었다가 암살당하는 비극을

초래하였다.

〖註釋〗 *乘喜(승희) 기쁨을 틈타.
*多事(다사) 일을 많이 벌임.
*鮮終(선종) 끝맺음을 잘못함.

〖字意〗 乘 : 탈 승, 다스릴 승　輕 : 가벼울 경　醉 : 취할 취
嗔 : 성낼 진　快 : 기분좋을 쾌　倦 : 게으를 권　鮮 : 드물 선
終 : 마칠 종

217. 마음으로 느끼며 독서하라.

善讀書者(선독서자)는 要讀到手舞足蹈處(요독도수무족도처)라야 方不落筌蹄(방불락전제)하고, 善觀物者(선관물자)는 要觀到心融神洽時(요관도심융신흡시)라야 方不泥迹象(방불니적상)이라.

【解釋】 독서를 잘하는 사람은 책을 읽으면서 춤이 추어지는 경지에 이르러야 바야흐로 자구(字句)의 뜻에 얽매이지 않고, 사물을 잘 관찰하는 사람은 살펴 보되 심신에 융합하여야만 바야흐로 외형에 빠지지 않는다.

【解說】 독서는 그 내용을 이해하며 감동을 느껴야지 형식적으로 해서는 안 되며, 사물을 잘 관찰하는 자는 사물과 한몸이 되어야 외형에 끌리지 않는다.

〖註釋〗 *手舞足蹈(수무족도) 감흥되어 자신도 모르는 사이에 춤이 추어지는 것.
*筌蹄(전제) 전은 물고기를 잡는 통발. 제는 토끼를 잡는 올무. 문장의 자구(字句)에 얽매이는 것.
*心融神洽(심융신흡) 심신에 융합됨.
*迹象(적상) 사물의 외형

〖字意〗 舞 : 춤출 무　蹈 : 밟을 도　筌 : 통발 전　蹄 : 발굽 제
融 : 화합할 융　泥 : 수렁 니, 더러워질 니　洽 : 합할 흡　迹 : 자취 적

218. 부자는 가난한 자를 구제할 의무가 있다.

천현일인 이회중인지우 이세반령소장 이형인
天賢一人하여 以誨衆人之愚이어늘 而世反逞所長하여 以形人
지단 천부일인 이제중인지곤 이세반협소유
之短하며. 天富一人하여 以濟衆人之困이어늘 而世反挾所有하여
이 릉인지빈 진천지륙민재
以 凌人之貧하니. 眞天之戮民哉로다.

【解釋】 하늘이 한 사람을 현명하게 한 것은 여러 사람의 어리석음을 깨우치려는 것인데, 도리어 세상에서는 자신의 장점을 드러내어 남의 단점을 들춰 내며, 하늘이 한 사람의 부자를 낸 것은 여러 사람의 곤궁을 구제하려 함인데 세상에서는 도리어 자신이 가진 것을 믿고서 남의 가난을 업신여기니, 참으로 하늘의 죽음을 당할 사람들이다.

【解說】 하늘이 현인을 낸 것은 세상 사람을 교화시킬 목적인데 그렇게 하지 않고 도리어 그 현명함을 뽐내어 남의 단점을 들추며, 하늘이 부자를 낸 것은 곤란한 사람을 구제하기 위해서인데 도리어 가진 것을 믿고 가난한 사람을 능멸한다.

〖註釋〗 ***天賢一人(천현일인)** 하늘이 한 사람을 현명하게 하다.
***逞所長(령소장)** 자신의 장점을 드러내다.
***形人之短(형인지단)** 남의 단점을 들춰냄.
***挾所有(협소유)** 가진 바를 믿고서.
***凌人之貧(능인지빈)** 가난한 사람을 능멸함.

〖字意〗 **賢**:어질 **현** **誨**:가르칠 **회** **愚**:어리석을 **우** **戮**:죽일 **륙** **逞**:통할 **령**, 드러낼 **령** **困**:곤궁할 **곤** **挾**:낄 **협** **凌**:업신여길 **릉**

219. 어중간한 사람 다스리기가 어렵다.

至人(지인)은 何思何慮(하사하려)리오? 愚人(우인)은 不識不知(불식부지)라, 可與論學(가여론학)하고 亦可與建功(역가여건공)이라. 唯中才的人(유중재적인)은 多一番思慮知識(다일번사려지식)하니, 便多一番億度猜疑(변다일번억탁시의)하여 事事難與下手(사사난여하수)라.

【解釋】 지인은 무엇을 생각하고 무엇을 염려하겠는가? 어리석은 사람은 무식하여 아는 것이 없으니 함께 학문을 논할 수 있고 함께 공을 세울 수도 있다. 오직 재주가 어중간한 사람은 약간의 사려와 지식이 있다고 여기는 자가 많고, 억측과 시기하는 마음이 많아 일마다 함께 손대기가 어렵다.

【解說】 지인이란 성인을 가리키는 말로 성인은 사려할 필요도 없이 모든 일이 제대로 된다. 그리고 어리석은 사람은 자신의 어리석음을 알아서 시키는 대로 따르므로 학문을 가르칠 수도 있고 함께 공을 이룰 수도 있다. 그러나 어중간한 재능을 가진 사람은 그렇게 되지 않으니 이는 제딴에는 재능이 있다고 여겨 남의 말을 받아들이지 않을 뿐더러 억측하고 시기하여 함께 일을 할 수 없다.

〖註釋〗 *至人(지인) 도덕과 학문이 지극한 사람.
*不識不知(불식부지) 무식하여 앎이 없음.
*中才的人(중재적인) 중간의 재주를 가진 사람.
*億度(억탁) 억측(臆測)
*猜疑(시의) 시기와 의심.
*下手(하수) 손을 씀. 착수.

〖字意〗 至 : 이를 지, 지극할 지　思 : 생각 사　慮 : 생각 려
識 : 알 식　與 : 더불 여　建 : 세울 건　億 : 억 억
度 : 헤아릴 탁, 법도 도, 꾀할 탁　猜 : 시기할 시

220. 입은 마음의 문이다.

구내심지문 수구불밀 설진진기 의내심지족
口乃心之門이니 守口不密하면 洩盡眞機하고, 意乃心之足
방의불엄 주진사혜
이니 防意不嚴하면 走盡邪蹊니라.

【解釋】 입은 바로 마음의 문이니 입 조심을 잘 하지 않으면 중요한 기밀이 다 새어나간다. 뜻은 바로 마음의 발이니, 마음 단속을 잘못하면 사악한 길로 달리게 된다.

【解說】 말은 생각을 나타내는 것이므로 신중하게 하지 않으면 자신의 속 마음이 누설되어 후회해도 다시 거두어 담을 수가 없다. 뜻은 자기의 마음에 따르는 발과 같으므로 엄격하게 하지 않으면 사악한 길로 달리게 된다. 그러므로 입과 행동을 삼가서 그로 인해 일어날 수 있는 실수와 해를 피해야 한다.

〖註釋〗 *不密(불밀) 치밀하지 못함. *眞機(진기) 참다운 기밀. *邪蹊(사혜) 옳지 못한 길.

〖字意〗 門 : 문 **문** 密 : 가만할 **밀**, 빽빽할 **밀** 邪 : 간사할 **사** 守 : 지킬 **수** 盡 : 다할 **진** 防 : 막을 **방** 嚴 : 엄할 **엄** 蹊 : 좁은길 **혜**

221. 자신의 허물을 찾기에 힘쓰라.

책인자 원무과어유과지중 즉정평 책기자
責人者는 原無過於有過之中하면 則情平하고, 責己者는
구유과어무과지내 즉덕진
求有過於無過之内하면 則德進이라.

【解釋】 남을 책망하는 자는 허물이 있는 가운데서도 허물이 없는 것을 찾으면 마음이 평화롭고, 자신을 책망하는 자는 허물이 없는 가운데서도 허물이 있는 것처럼 하여 찾아내면 덕에 진보가 있다.

【解說】 남을 꾸짖을 때에는 그 사람의 잘못보다는 장점을 찾으려 애써야 하고, 자신에게는 허물이 없더라도 허물이 있을 것으로 여기면 발전할 수 있다.

〖註釋〗 *責人(책인) 남을 꾸짖음.
*無過於有過之中(무과어유과지중) 허물이 있는 가운데서도 허물이 없는 점.
*情平(정평) 마음이 평온해짐.
*責己(책기) 자신을 꾸짖음.

〖字意〗 責 : 꾸짖을 **책** 原 : 근본 **원**, 찾을 **원** 過 : 허물 **과**
進 : 나아갈 **진**

222. 어린이는 잘 단련시켜야 한다.

자제자 대인지배태 수재자 사부지배태 차시
子弟者는 大人之胚胎요, 秀才者는 士夫之胚胎니, 此時에
약화력부도 도주불순 타일 섭세립조 종난
若火力不到하여 陶鑄不純하면, 他日에 涉世立朝하여 終難
성개령기
成個令器니라.

【解釋】 자제는 어른의 싹이요, 수재는 사대부의 싹이니, 이 때에 만약 화력이 약하여 순수하게 도야시키지 못하면 후일 처세와 벼슬살이에 끝내 훌륭한 인물이 되지 못한다.

【解說】 제자는 지금 어리고 미숙하지만 앞으로 우리의 대를 이어갈 큰 인물이 될 싹이요, 과거에 갓 급제한 수재는 앞으로 나라를 이끌어갈 싹이다. 이들을 잘 가르치고 길러야 후일 나라와 사회의 큰 인물이 되지, 그렇지 않고 내버려 두면 끝내 그 자신은 물론 국가, 사회도 불행하게 된다.

〖註釋〗 *子弟(자제) 어린 아들과 동생.
*胚胎(배태) 싹.
*秀才(수재) 뛰어난 재주를 지닌 사람. 또는 과거에 급제한 사람.
*陶鑄(도주) 도야시킴.
*立朝(입조) 조정에 들어가 벼슬함.
*令器(영기) 훌륭한 그릇. 훌륭한 인물.

〖字意〗 **弟**:아우 **제** **胚**:아이밸 **배** **胎**:아이밸 **태** **秀**:빼어날 **수** **到**:이를 **도** **朝**:아침 **조**, 조정 **조** **令**:명령 **령**,아름다울 **령** **器**:그릇 **기**

223. 권세를 두려워하지 말라.

君子(군자)는 處患難而不憂(처환난이불우)하고 當宴遊而惕慮(당연유이척려)하며, 遇權豪而不懼(우권호이불구)하고 對惸獨而驚心(대경독이경심)이라.

【解釋】 군자는 어려운 일을 당해서 걱정하지 않고, 즐겁게 먹고 놀 때에도 두려워하는 마음을 갖고, 권세 있는 사람을 만나도 두려워하지 않으며, 의지할 곳 없는 사람을 대해서는 조심하는 마음을 갖는다.

【解說】 어려운 때를 당하여 걱정하고 실의에 빠진다 하여 일이 해결되는 것은 아니니, 용기를 갖고 극복하는데 힘을 써야 한다. 또 연회 등 즐거운 장소에서는 있을지도 모를 어려움을 생각하여 너무 빠져 들지 말며, 권세 있는 사람에게 괜히 굽실대서도 안 되며, 힘 없는 사람이라하여 무시하지 말고 그 처지를 이해해야 한다.

〖註釋〗 *患難(환난) 어려운 처지.
*宴遊(연유) 연회와 놀이.
*惕慮(척려) 두려워 하는 마음.
*權豪(권호) 권세 있는 호족.
*惸獨(경독) 경은 형제가 없는 사람. 독은 아들이 없는 사람. 의지할 곳 없는 사람.

〖字意〗 **難**:어려울 **난** **憂**:근심 **우** **宴**:잔치 **연** **遊**:놀 **유** **惕**:두려워할 **척** **懼**:두려울 **구** **惸**:홀로 **경**

224. 아름다운 것은 오래가지 못한다.

도리수염 하여송창백취지견정 이행수감 하
桃李雖艶이나 何如松蒼柏翠之堅貞하며, 梨杏雖甘이나 何
여등황귤록지형렬 신호 농요불급담구 조수
如橙黃橘綠之馨冽이리오? 信乎라 濃夭不及淡久하며 早秀
불여만성야
不如晩成也로다.

【解釋】 복숭아꽃, 오얏꽃이 비록 아름다우나 어찌 푸르른 소나무, 잣나무의 곧은 절개만 하겠으며, 배와 살구가 비록 달지만 어찌 노란 귤, 푸른 귤의 시원한 향기만 하겠는가? 참으로 아름다우면서 쉬이 지는 것이 담담하면서도 오래가는 것만 못하고, 일찍 익는 것이 늦게 익는 것만 못함을 알겠다.

【解說】 아름답고 달고 맛있는 것은 잠시는 좋으나 오래가지 못한다. 이와 마찬가지로 인재도 어려서 천재 소리를 듣는 것보다는 늦게 성취되어야 비로소 큰 인물이 된다. 대기만성(大器晩成)이란 바로 이를 가리킨 말이다. 어려서 재능이 뛰어나면 교만하기가 쉬우니 경계해야 하고, 재능이 없는 사람도 갈고 다듬으면 큰 인재가 될 수 있다는 신념이 필요하다.

〖註釋〗 ***松蒼柏翠**(송창백취) 소나무와 잣나무의 푸르름.
***堅貞**(견정) 굳은 절개.
***馨冽**(형렬) 시원한 향기.
***濃夭**(농요) 아름답지만 일찍 죽음.
***早秀**(조수) 일찍 익음.

〖字意〗 **桃**:복숭아 도 **李**:오얏 리 **松**:솔 송 **蒼**:푸를 창 **柏**:잣 백 **翠**:푸를 취 **堅**:굳을 견 **梨**:배 리 **甘**:달 감 **綠**:푸를 록 **馨**:향기 형 **冽**:추울 렬 **秀**:빼어날 수 **晩**:늦을 만

225. 고요함을 누려야 인생의 참맛을 느낀다.

풍염랑정중 견인생지진경 미담성희처 식심체
風恬浪靜中에 見人生之眞境하고, 味淡聲希處에 識心體
지본연
之本然이라.

【解釋】 바람이 잠잠하고 물결이 고요한 데서 인생의 참된 경지를 보고, 맛이 담백하고 소리가 드문 곳에서 본연의 심체를 알 수 있다.

【解說】 무상 무념한 가운데서 인생의 참맛을 느끼고, 담담한 가운데서 마음의 본체를 알 수가 있는 것이다.

〖註釋〗 *眞境(진경) 참된 경지. *心體(심체) 마음의 본체. *本然(본연) 참 모습.

〖字意〗 恬 : 고요할 념 浪 : 물결 랑 靜 : 고요할 정 本 : 근본 본 希 : 바랄 희, 여기서는 드물 희(稀)와 같이 쓰였음. 聲 : 소리 성

菜根譚

後　集

1. 명리를 멀리하기란 쉽지 않다.

담산림지락자 미필진득산림지취 염명리지담자
談山林之樂者는 **未必眞得山林之趣**요, **厭名利之談者**는
미필진망명리지정
未必盡忘名利之情이라.

【解釋】 산림의 즐거움을 말하는 자라 하여 반드시 참으로 산림의 멋을 아는 것이 아니요, 명리에 대해 이야기하기를 싫어하는 자라 하여 반드시 명리의 정을 다 잊어버린 것은 아니다.

【解說】 공명부귀에 대한 욕심을 훨훨 떨쳐 버리고 산골에 묻혀 사는 사람을 은자(隱者) 또는 처사(處士)라 하였다. 번거로운 속세의 일에 시달리다 보면 누구나 한 번 쯤은 그런 생활을 동경할 것이다. 그러나 그런 말을 하고 그런 뜻을 품었다 하여 누구나 실행할 수도 없고 또 뜻이 고상하다고 할 수도 없다.

또 명예, 벼슬에 싫증이 났다고 말하기는 쉽지만 거기에 대한 집착을 떨쳐버리기도 쉬운 일이 아니다.

〖註釋〗 ***山林之樂(산림지락)** 산림에 묻혀 사는 즐거움. | ***名利(명리)** 명예와 이익.

〖字意〗 **談**: 말할 **담** **樂**: 즐거울 **락**, 좋아할 **요** **眞**: 참 **진** **趣**: 취미 **취** **厭**: 싫어할 **염** **盡**: 다할 **진** **忘**: 잊을 **망** **情**: 뜻 **정**

2. 다재다능한 사람은 불행하다.

조수 일사야 상지생살지병 혁기 청희야 차
釣水는 逸事也나 尚持生殺之柄하고 奕棋는 清戲也나 且
동전쟁지심 가견희사 불여생사지위적 다능
動戰爭之心하니 可見喜事는 不如省事之爲適하고 多能은
불약무능지전진
不若無能之全眞이라.

【解釋】 낚시질은 한가한 일이지만 오히려 살리고 죽이는 권리를 잡고 있고, 바둑은 청한한 놀이이지만 전쟁하는 마음을 불러일으키니, 일을 좋아함은 일을 줄여서 한적하게 지내는 것만 못하고, 재능이 많음은 능력이 없어 참된 마음을 온전히 하는 것만 같지 못함을 알 수 있다.

【解說】 낚시질과 바둑을 두는 일은 한가하고 고상한 취미이긴 하지만, 하나는 살생이고 하나는 전쟁하는 마음을 일으킨다. 그러므로 일을 줄이어 한가롭게 지내고 무능(無能)의 경지에 드는 것만 못하다.

효종 때 종실인 덕원령(德原令)은 바둑을 잘 두었다. 그런데 하루는 어떤 병사가 말을 타고 오더니, 자기집 뜰에다 말을 매고 사랑채로 와서는 수작을 걸었다.

"대감님께서 바둑의 국수(國手)라는 말을 듣고 찾아왔습니다. 저와 내기 바둑을 한 판 두시지 않겠습니까?"

덕원령은 그 군사의 당돌한 말에 흥미를 느꼈다.

"그래 무얼 걸겠느냐?"

"제가 지면 저 말을 드리겠습니다."

"그렇다면 한 판 두어 보자."

생각대로 그 병사는 자신의 적수가 못 되었다. 두 판을 거듭 이긴 덕원령에게 병사는 말을 떠맡기듯이 맡기고 떠나면서 이렇게 말했다.

"제가 한 달 후에 다시 찾아와 기어이 제 말을 찾아가겠습니다."

"그렇게 하려무나."

과연 한 달 후에 그 병사가 다시 찾아왔다. 그런데 어찌된 셈인지 이번에는 두 판을 거듭 지고 말았다. 그 병사는 잘 먹어서 살이 피둥피둥 찐 말을 끌어내면서 이렇게 말했다.

"대감님, 제가 군복무하는 동안 말을 길러주셔서 고맙습니다."

〖註釋〗 *釣水(조수) 낚시질.
*逸事(일사) 한가한 일.
*生殺之柄(생살지병) 생살을 마음대로 하는 권리.
*奕棋(혁기) 바둑.
*省事(생사) 일을 줄이는 것.
*多能(다능) 재능이 많음.
*全眞(전진) 참된 본성을 온전히 보존함.

〖字意〗 **釣**:낚을 **조** **逸**:편안할 **일** **尙**:오히려 **상** **戱**:놀이 **희** **眞**:참 **진** **柄**:자루 **병**(권력) **動**:움직일 **동** **喜**:기쁠 **희** **省**:줄일 **생**, 살필 **성**

3. 아름다운 것은 환상에 불과하다.

앵 화 무 이 산 농 곡 염　총 시 건 곤 지 환 경
鶯花茂而山濃谷艷은 **總是乾坤之幻境**이요,
수 목 락 이 석 수 애 고　재 견 천 지 진 오
水木落而石瘦崖枯는 **纔見天地眞吾**니라.

【解釋】 꾀꼬리가 울고 꽃이 무성하게 핀 아름다운 산골짜기는 이 모두가 하늘과 땅의 거짓된 모습이요, 물이 마르고 나뭇잎이 떨어져서 바위가 앙상하게 드러나고 벼랑이 메마른 모습이야말로 천지의 참된 모습이다.

【解說】 꽃이 피고 새가 우짖는 경치가 아름답다 하여 그것만이 자연의 참모습이라고 생각해서는 안 된다. 그것은 요염한 여인에게서 느끼는 일시적인 감정과 같은 것이다. 물이 마르고 나뭇잎이 다 떨어져 바위가 드러난 앙상한 자연의 모습이야말로 참된 나를 깨닫게 한다.

〖註釋〗 *山濃谷艶(산농곡염) 산골짜기가 짙게 아름다운 것.
*幻境(환경) 환상의 경지. 거짓된 모습.
*眞吾(진오) 참된 자신의 모습.

〖字意〗 鶯 : 꾀꼬리 앵 花 : 꽃 화 茂 : 무성할 무 總 : 모두 총
乾 : 하늘 건 坤 : 땅 곤 落 : 떨어질 락 幻 : 요술 환. 속일 환
瘦 : 여윌 수 崖 : 낭떠러지 애. 枯 : 마를 고

4. 마음이 한가로운 자가 복인이다.

> 歲月(세월)은 本長(본장)이나 而忙者自促(이망자자촉)하고, 天地(천지)는 本寬(본관)이나 而鄙者自隘(이비자자애)하며, 風花雪月(풍화설월)은 本閑而勞攘者自冗(본한이로양자자용)이라.

【解釋】 세월은 본래 길지만 바쁜 자들은 스스로 촉박하다 하고, 천지는 본래 넓으나 속된 자들은 스스로 좁다고 하며, 바람, 꽃, 눈, 달은 본래 한가한 것이지만, 일에 바쁜 자들은 스스로 번거롭다고 여긴다.

【解說】 마음이 바쁜 자는 유구한 세월을 짧게 여겨 스스로 재촉하느라 한가함을 즐기지 못한다. 또 마음이 비루한 자는 넓은 천지를 좁다고 생각하며, 일에만 매달려 수고하는 사람들은 바람, 꽃, 눈, 달 등 한가한 정취를 자아내는 자연을 즐길 줄을 모른다.

〖註釋〗 *忙者自促(망자자촉) 바쁜 사람들이 스스로 재촉한다.
*鄙者自隘(비자자애) 속된 사람이 스스로 좁게 여김.
*勞攘者(노양자) 일에 매달려 애쓰는 사람.

〖字意〗 歲 : 해 세 長 : 길 장, 어른 장 忙 : 바쁠 망 寬 : 넓을 관
鄙 : 비천할 비 閑 : 한가할 한 冗 : 번거로울 용 隘 : 좁을 애

5. 아름다운 경치는 먼 곳에 있지 않다.

득취부재다　　　분지권석간　　연하구족　　　회경부재원
得趣不在多하니 盆池拳石間에 煙霞具足하며, 會景不在遠
　　봉창죽옥하　　풍월자사
하니 蓬窓竹屋下에 風月自賒니라.

【解釋】 정취(情趣)를 얻는 것은 많은 것에 있지 않으니 항아리만한 연못과 주먹만한 돌 사이에도 산수의 경치가 갖추어져 있으며, 좋은 경치는 먼 곳에 있지 않고 쑥대로 엮은 창, 오두막집 아래에도 바람과 달은 스스로 한가롭다.

【解說】 꼭 명산대천(名山大川)만이 정취를 자아내는 것이 아니라 조그마한 못이나 작은 바위도 보기에 따라서는 무한한 정취를 자아내며, 마음에 드는 아름다운 경치는 꼭 먼 곳에만 있는 것이 아니라 초라한 오두막집의 풍경에서도 찾아볼 수 있다. 본래 아름다움은 마음으로 느끼는 것이다. 아무리 아름다운 풍경도 자신의 마음이 즐겁지 않을 때에는 흙무더기, 바윗돌에 지나지 않으나 마음이 한가롭고 흥이 일 때에는 하찮은 풍경도 아름답고 사랑스럽다.

〖註釋〗 ***盆地(분지)** 작은 연못.
***拳石(권석)** 손으로 잡을 수 있는 작은 돌.
***會景(회경)** 좋은 경치.
***蓬窓(봉창)** 쑥대로 엮은 창.
***竹屋(죽옥)** 대나무로 만든 지붕, 곧 오두막집.

〖字意〗 **池**: 연못 **지**, 물이름 **타**　**拳**: 주먹 **권**　**間**: 사이 **간**
會: 모을 **회**　**遠**: 멀 **원**　**蓬**: 쑥 **봉**　**窓**: 창 **창**
屋: 지붕 **옥**　**賒**: 한가할 **사**, 멀 **사**

6. 자신 밖의 자신을 보라.

청정야지종성 환성몽중지몽 관징담지월영 규
聽靜夜之鐘聲에 喚醒夢中之夢하고, 觀澄潭之月影에 窺
견신외지신
見身外之身이라.

【解釋】 고요한 밤의 종소리를 듣고서 꿈 속의 꿈을 불러 깨우며, 맑은 못에 비친 달 그림자를 보고서 신외(身外)의 몸을 바라본다.

【解說】 고요한 밤에 정적을 깨고 먼 곳에서 들려오는 종소리는 무엇인가 우리의 마음에 와 닿는 것이 있게 한다. 맑은 못에 비친 달을 바라보고 있노라면 문득 자신을 잊고 무아(無我)의 경지로 들어간다.

〖註釋〗 *鐘聲(종성) 종 소리.
*喚醒(환성) 불러서 깨움.
*澄潭(징담) 맑은 못.
*身外之身(신외지신) 우주의 일부분인 자신.

〖字意〗 聽 : 들을 청, 결단할 청 靜 : 고요할 정 喚 : 부를 환
夢 : 꿈 몽 觀 : 볼 관 潭 : 맑을 담 影 : 그림자 영
窺 : 엿볼 규 身 : 몸 신 外 : 바깥 외

7. 자연은 도의 배움터이다.

조어충성 총시전심지결 화영초색 무비견도지
鳥語蟲聲이 總是傳心之訣이요 花英草色이 無非見道之
문 학자 요천기청철 흉차영롱 촉물 개유
文이니, 學者는 要天機清徹하여 胸次玲瓏하면 觸物에 皆有
회심처
會心處니라.

【解釋】 새의 노래, 풀벌레의 울음소리는 모두가 마음을 전하는 비결이요, 꽃잎과 풀빛은 도(道)를 나타내는 문장이 아닌 것이 없다. 배우는 자는 반드시 본 마음을 맑게 하여 가슴을 영롱하게 하면 사물에 부딪칠 때마다 마음에 느끼는 바가 있을 것이다.

【解說】 지저귀는 새 소리, 가을 밤에 들리는 벌레 소리에서도 느끼는 바가 있고, 꽃과 풀잎의 속삭임을 듣고 자연의 이치를 터득할 수 있다.

〖註釋〗 *傳心(전심) 마음을 전함.
*見道之文(견도지문) 천지 자연의 도를 나타내는 글.
*天機(천기) 본래의 마음.
*清徹(청철) 맑고 밝음.
*胸次(흉차) 가슴 속.
*玲瓏(영롱) 찬란히 빛남.

〖字意〗 鳥 : 새 조 蟲 : 벌레 충 訣 : 비결 결 草 : 풀 초
胸 : 가슴 흉 玲 : 찬란할 령 瓏 : 환할 롱 觸 : 부딪칠 촉

8. 줄 없는 거문고를 타라.

人이 解讀有字書하고 不解讀無字書하며 知彈有絃琴하고 不知彈無絃琴하며 以跡用하고 不以神用하니 何以得琴書之趣리오?

(인 해독유자서 불해독무자서 지탄유현금 부지탄무현금 이적용 불이신용 하이득금서지취)

【解釋】 사람들은 글씨가 있는 책을 읽을 줄은 아나 글씨 없는 책은 읽을 줄 모르고, 줄이 있는 거문고는 탈 줄 알지만 줄 없는 거문고는 탈 줄 모른다. 그래서 형체 있는 것만 쓸 줄 알고 정신을 사용할 줄은 모르니, 어찌 거문고와 책의 참맛을 얻을 수 있겠는가?

【解說】 글자로 쓰여진 것만 읽을 줄 알고 쓰여 있지 않은 언외

(言外)의 뜻을 모르는 사람은 제대로 독서를 할 줄 모르는 사람이다. 줄이 있는 거문고를 잘 타다보면 꼭 타지 않아도 그 세계에 몰입할 수가 있으니, 꼭 줄을 퉁겨 소리를 들어야 할 필요는 없다. 이런 경지를 이덕무(李德懋)는 그의 수필에서 이렇게 적은 바 있다.

'바둑은 두지 않는 것을 고아함으로 치고, 거문고는 타지 않는 것을 신묘함으로 치고, 시는 읊지 않는 것으로 기이함을 삼고, 술은 마시지 않는 것으로 흥취를 삼는다. 매양 두지 않고, 타지 않고, 읊지 않고, 마시지 않는 아취가 어떤 경지인가 생각해 본다.'

〖註釋〗 *無字書(무자서) 글자가 없는 책. 자연에서 가르침을 받음.
*無絃琴(무현금) 줄 없는 거문고. 자연의 소리.
*跡用(적용) 형체를 사용함.
*神用(신용) 정신을 사용함.

〖字意〗 讀 : 읽을 독, 구절 독 字 : 글자 자 書 : 책 서
彈 : 탄알 탄 絃 : 줄 현 琴 : 거문고 금 跡 : 자취 적
神 : 정신 신

9. 물욕이 없으면 신선이다.

心無物慾(심무물욕)이면 即是秋空霽海(즉시추공제해)요 坐有琴書(좌유금서)면 便成石室丹丘(변성석실단구)니라.

【解釋】 마음에 물욕이 없으면 이는 가을 하늘과 맑게 개인 바다요, 자리에 거문고와 책이 있으면 신선의 경지를 이룬다.

【解說】 물욕이 없는 마음은 가을 하늘처럼 티 하나 없이 맑고, 집에서 책과 거문고를 두고 즐길 수 있으면 바로 신선 생활이다.

〖註釋〗 *物慾(물욕) 물건에 대한 욕심.

*霽海(제해) 맑게 개인 잔잔한 바다.

*石室(석실) 신선이 사는 곳.

*丹丘(단구) 항상 환히 밝은 언덕.

〖字意〗 卽 : 곧 즉　秋 : 가을 추　空 : 하늘 공　霽 : 개일 제　丹 : 붉을 단　丘 : 언덕 구

10. 극진한 환락은 슬픔을 부른다.

賓朋(빈붕)이 雲集(운집)하여 劇飮淋漓樂矣(극음림리락의)라가 俄而漏盡燭殘(아이누진촉잔)하고 香銷茗冷(향소명랭)하면 不覺反成嘔咽(불각반성구열)하며 令人索然無味(영인삭연무미)라. 天下事(천하사) 率類此(솔유차)어늘 人奈何不早回頭也(인내하부조회두야)오.

【解釋】 손님과 벗이 구름처럼 모여들어 실컷 마시고 놀다가, 이윽고 시간이 다하여 촛불도 가물거리며 향불이 꺼지고 차도 식어버리면, 모르는 사이에 도리어 흐느낌으로 변하여 사람을 쓸쓸하고 무미하게 만든다. 천하의 일이 다 이와 같은데 어찌 빨리 고개를 돌리지 않는가?

【解說】 벗들과 손님이 번갈아 드는 집안은 필시 벌렬(閥閱)한 집안일 것이다. 날마다 잔치를 벌이여 밤늦도록 환락의 세계에 빠지다가 하루 아침 영락하고 나면 오히려 비참한 생각만 더 들게 된다. 세상의 일이란 이처럼 영고성쇠(榮枯盛衰)가 있음을 알아 대비하지 않으면 안 된다.

〖註釋〗 *劇飮(극음) 많이 마심.

*淋漓(임리) 물이 흘러 질펀한 모양. 술을 진탕하게 마시고 노는 모양.

*俄而(아이) 이윽고.

*漏盡(누진) 시간이 다 됨.

*燭殘(촉잔) 촛불이 가물가물 꺼져 감.

*嘔咽(구열) 흐느낌.

*索然(삭연) 흥이 깨져서 쓸쓸한 모양.

*類此(유차) 이와 같음.

〖字意〗 淋 : 물 흐를 림 漓 : 물 스밀 리 俄 : 갑자기 아 茗 : 차(茶) 명 嘔 : 토할 구 咽 : 목메일 열 奈 : 어찌 내 頭 : 머리 두

11. 마음의 눈을 뜨라.

회득개중취 會得個中趣면 오호지연월 五湖之煙月이 진입촌리 盡入寸裡하고, 파득안전기 破得眼前機면 천고지영웅 千古之英雄이 진귀장악 盡歸掌握이라.

【解釋】 사물 속에 깃든 참맛을 깨달으면 오호의 풍경이 다 마음 속에 들어오며, 눈 앞의 기미를 깨달으면 천고의 영웅이 다 손아귀에 들어온다.

【解說】 사물의 정취를 터득하고 나면 세상 아름다운 경치를 다 자신의 마음 속에 담을 수가 있다. 그것은 꼭 직접 보고난 후에 느끼는 것이 아니라 보지 않고도 느끼는 상상의 세계일 수도 있다. 또한 목전의 세상 기미(機微)를 다 깨우치고 나면 천고의 영웅 호걸을 직접 만나 본 일은 없지만 정신과 정신이 통하여 사귈 수 있는 것이다.

〖註釋〗 *會得(회득) 깨달음.
*個中趣(개중취) 사물 속에 깃든 정취.
*五湖(오호) 중국에 있는 경치가 아름다운 다섯 호수.
*煙月(연월) 경치.
*寸裡(촌리) 마음 속.
*眼前機(안전기) 눈 앞에 일어나는 여러 가지 작용.

〖字意〗 湖 : 호수 호 裡 : 속 리 眼 : 눈 안, 볼 안 前 : 앞 전 雄 : 수컷 웅 掌 : 손바닥 장 握 : 쥘 악, 주먹 악

12. 영원히 존재하는 것은 없다.

山河大地(산하대지)도 已屬微塵(이속미진)이어늘 而況塵中之塵(이황진중지진)이리오? 血肉(혈육)身軀(신구)도 且歸泡影(차귀포영)이어늘 而況影外之影(이황영외지영)이리오? 非上上智(비상상지)면 無了了心(무요료심)이라.

【解釋】 산하와 대지도 작은 티끌에 속하거늘, 하물며 티끌 속의 티끌이겠는가? 피와 살이 있는 몸뚱이도 물거품과 그림자에 속하거늘 하물며 그림자 밖의 그림자이겠는가? 최상의 지혜가 아니면 마음으로 밝게 깨닫지 못한다.

【解說】 저 커다란 산봉우리도 언젠가는 티끌로 변하게 되는데 더군다나 그보다 하찮은 것이겠는가? 우리의 육신도 언젠가는 물거품으로 변하는데 더군다나 잠깐의 부귀 공명 따위겠는가? 이런 것은 최상의 지혜가 아니면 분명하게 깨닫지 못한다.

〖註釋〗 ***塵中之塵(진중지진)** 티끌 속의 티끌. 곧 세상의 모든 생물.
***泡影(포영)** 물거품과 그림자.
***影外之影(영외지영)** 그림자 밖의 그림자. 곧 명리(名利)를 가리킴.
***上上智(상상지)** 최상의 지혜.
***了了心(요료심)** 확연히 깨닫는 밝은 마음.

〖字意〗 **塵**: 먼지 진 **況**: 하물며 황, 비유할 황 **軀**: 몸 구
泡: 거품 포 **了**: 깨달을 료, 똑똑할 료, 끝날 료

13. 인생은 찰나이다.

석화광중 石火光中에 쟁장경단 爭長競短하니 기하광음 幾何光陰이며, 와우각상 蝸牛角上에 교자논웅 較雌論雄하니 허대세계 許大世界리오?

【解釋】 부싯돌의 불빛 속에서 길고 짧음을 다툰들 그 세월이 얼마나 길며, 달팽이 뿔 위에서 자웅을 겨뤄 본들 그 세계가 얼마나 크랴?

【解說】 전광석화처럼 찰나에 불과한 인생인데 그 사이에 서로 잘났다고 뽐내며, 우주의 한 작은 부분인 이 땅덩이에 살면서 자웅을 겨루려 하니 우스운 일이다.

〖註釋〗 ***石火**(석화)* 부싯돌을 칠 때 일어나는 불. 인간의 짧은 생애를 비유함.
***光陰**(광음)* 세월.
***蝸牛角上**(와우각상)* 달팽이의 뿔 위. 사람 사는 세상이 좁은 것을 비유함.
***許大**(허대)* 얼마나 크겠는가?

〖字意〗 **爭**: 다툴 쟁 **競**: 다툴 경, 굳셀 경 **短**: 짧을 단 **蝸**: 달팽이 와 **較**: 견줄 교

14. 정열 없는 삶은 불꺼진 재와 같다.

한등무염 寒燈無焰하고 폐구무온 敝裘無溫은 총시파롱광경 總是播弄光景이요, 신여고목 身如槁木하고 심사사회 心似死灰는 불면타재완공 不免墮在頑空이라.

【解釋】 꺼져 가는 등불에는 불꽃이 없고 해진 갖옷에는 온기가

없으니 이는 모두 처량한 광경이며, 몸이 마치 마른 나무 같고 마음이 식은 재 같으면 적막에 떨어지는 것을 면치 못한다.

【解說】 가물거리는 등잔의 불꽃은 빛을 내지 못하고 떨어진 외투는 따뜻하지 않으니 모두 쓸쓸한 정경이다. 마찬가지로 자신의 육체를 너무 학대하여 고목처럼 만들고, 마음에 정열이 없어 식은 재처럼 싸늘한 사람은 공허한 가운데 빠지는 것을 면하기 어렵다.

〖註釋〗 *寒燈(한등) 꺼져가는 등불.
*敝裘(폐구) 해진 가죽옷.
*播弄(파롱) 조롱함.
*槁木(고목) 마른 나무.
*死灰(사회) 식은 재.
*頑空(완공) 사람의 몸과 마음은 모두 공적(空寂)이라는 불교용어.

〖字意〗 *焰 : 불꽃 염　裘 : 갖옷 구　播 : 뿌릴 파　弄 : 희롱할 롱
槁 : 마를 고　灰 : 재 회　墮 : 떨어질 타　免 : 면할 면
頑 : 완고할 완, 탐할 완

15. 쉬려거던 당장 실행하라.

> 人肯當下休(인긍당하휴)면 便當下了(변당하료)나 若要尋個歇處(약요심개헐처)면 則婚嫁雖完(즉혼가수완)이라도 事亦不少(사역불소)하니 僧道雖好(승도수호)나 心亦不了(심역불료)라. 前人(전인)이 云(운)하되 「如今休去(여금휴거)면 便休去(변휴거)하라 若覓了時(약멱료시)면 無了時(무료시)라」하니 見之卓(견지탁)의矣로다.

【解釋】 사람이 쉬어야 할 경우를 당하여 당장 쉬면 그 자리에서 바로 깨달을 수 있으나 만일 쉴 곳을 찾는다면 아들, 딸을 장가 시집보내는 일이 끝난다 하더라도 일은 항상 많은 법이니, 스님과 도사를 좋아하더라도 속세의 마음이 그치지 않으리라. 옛 사람이 이르기를 '지금 당장 쉬려면 곧 쉴 수 있으나 만일 끝날 때를 찾는다면 끝날 때가 없으리라'라고 했으니, 참으로 탁견(卓見)이다.

【解說】 우리 속담에 '죽으려 해도 죽을 날이 없다'는 말이 있듯 쉴 처지를 당했으면 쉬어야 하며, 일을 다 해 놓고 쉬려는 사람은 영원히 쉬지 못한다. 또 속세의 번거로움을 피해 깊은 산 속에 들어가 도를 닦는 승려도 참으로 마음의 평화를 얻지 못하면 번거로움을 떨쳐버릴 수가 없다.

〖註釋〗 ***當下**(당하) 바로 당장.
***歇處**(헐처) 쉴 곳.
***婚嫁**(혼가) 아들을 장가 들이고, 딸을 시집보냄.
***僧道**(승도) 스님과 도사.
***了時**(요시) 끝마칠 때.

〖字意〗 **便**: 쉴 **변**, 편할 **편**　**尋**: 찾을 **심**　**嫁**: 시집갈 **가**
歇: 쉴 **헐**, 다할 **헐**　**覓**: 구할 **멱**　**卓**: 높을 **탁**, 멀 **탁**, 탁자 **탁**

16. 바빠본 사람만이 한가한 맛을 안다.

> 종랭시열연후　지열처지분주무익　종용입한연후
> **從冷視熱然後**에 **知熱處之奔走無益**하고, **從冗入閑然後**에
> 각한중지자미최장
> **覺閑中之滋味最長**이라.

【解釋】 냉정한 눈으로 열광한 때를 바라본 연후에야 열광했을 때의 분주함이 무익함을 알고, 번잡한 데서 한가함으로 들어간 후에야 한가한 재미가 제일 좋은 것임을 느끼게 된다.

【解說】 차가운 것을 보다가 뜨거운 것을 보아야만 비로소 뜨거운 것이 어떤 것인 줄을 알게 되듯, 냉랭한 생활을 해 보아야 열광적인 생활도 결코 만족할 만한 것이 못됨을 안다. 또 바쁜 생활을 하다가 한가한 생활을 해 보아야만 한가한 맛이 무엇인지를 깨닫게 된다.

〖註釋〗 ***從冷視熱**(종랭시열) 냉정한 마음으로서 열광했을 때를 바라봄.
***從冗入閑**(종용입한) 바쁘고 번잡하다가 한가하게 됨.
***滋味**(자미) 재미. 맛.

〖字意〗 冷 : 차가울 랭　熱 : 열 열, 더울 열　奔 : 달릴 분, 달아날 분
滋 : 더욱 자, 번성할 자

17. 자연에 묻혀 사는 것만이 고귀함은 아니다.

유 부 운 부 귀 지 풍　이 불 필 암 서 혈 처　무 고 황 천 석
有浮雲富貴之風이라도 **而不必巖棲穴處**하고, **無膏肓泉石**
지 벽　이 자 상 취 주 료 시
之癖이라도 **而自常醉酒聊詩**니라.

【解釋】 부귀 영화를 뜬구름처럼 여기는 기풍이 있더라도 반드시 암혈에 살아야 하는 것은 아니고, 자연을 좋아하는 취미가 없더라도 늘 스스로 술에 취하고 시를 즐기는 풍류를 알면 된다.

【解說】 부귀를 뜬 구름처럼 가볍게 여긴다고 해서 꼭 속세를 피해 산 속에 들어가 살 필요는 없다. 그런 뜻이 참으로 확고하다면 아무 곳에 살든 무엇이 자신을 유혹하겠는가? 그래서 옛날 아주 큰 은자(隱者)는 산곡(山谷)에 숨어 사는 것이 아니라 저자 거리로 몸을 피해 살았다고 한다. 산수를 즐기는 아취가 없어 생활과 정서가 무미건조한 사람이라도 가끔 취흥을 일으켜 시를 읊조리면 나쁠 것이 없다.

〖註釋〗 *浮雲富貴(부운부귀) 부귀영화를 뜬구름처럼 여김.
*巖棲穴處(암서혈처) 바위 틈에 살고 굴에 거처함. 속세를 떠나 깊은 산 속에서 생활함.
*膏肓泉石(고황천석) 자연을 사랑하는 고질병.

〖字意〗 浮 : 뜰 부　巖 : 바위 암　棲 : 쉴 서, 집 서　膏 : 기름 고
肓 : 명치 황　泉 : 샘 천　癖 : 버릇 벽　醉 : 술취할 취　酒 : 술 주
聊 : 즐길 료　詩 : 시 시

18. 자신의 맑음을 자랑하지 말라.

競逐(경축)은 聽人而不嫌盡醉(청인이불혐진취)하고 恬淡(염담)은 適己而不誇獨醒(적기이불과독성)이라. 此釋氏所謂不爲法纏(차석씨소위불위법전)하고 不爲空纏(불위공전)하여 身心(신심)이 兩自在(양자재) 者(자)니라.

【解釋】 명예와 이익을 다투는 것은 남들에게 맡기되 모두 취하더라도 미워하지 말고, 고요하고 담박함은 나에게 알맞게 하되 홀로 깨어 있는 것을 자랑하지 말라. 이것은 불교에서 말하는 '법에도 얽매이지 않고 공(空)에도 얽매이지 않는 것'으로 몸과 마음이 모두 자유롭게 될 것이다.

【解說】 세상 일로 각축(角逐)하는 일은 경쟁해서는 안 되지만 남들이 다 거기에 취해 있다 해서 비난할 것은 없고, 고요하고 담박한 생활을 하는 것은 좋으나 자기만이 그런 생활을 한다고 뽐내서도 안 된다.

〖註釋〗 ***競逐**(경축)** 다툼. 명리(名利)를 다툼.
***聽人**(청인)** 남에게 맡김.
***恬淡**(염담)** 고요하고 담박함.
***獨醒**(독성)** 혼자 깨어 있음.
***釋氏**(석씨)** 석가모니, 즉 불교(佛敎)를 뜻함.
***法纏**(법전)** 법에 얽매임.
***自在**(자재)** 자유로움.

〖字意〗 **嫌**: 싫어할 **혐**, 의심할 **혐**　**恬**: 조용할 **염**　**淡**: 담박할 **담**
醒: 깨달을 **성**, 깰 **성**　**纏**: 얽힐 **전**, 감길 **전**

19. 매사는 마음 먹기에 달려 있다.

연촉	유어일념	관착	계지촌심	고	기한
延促은	由於一念하고	寬窄은	係之寸心이라.	故로	機閑

자	일일	요어천고	의광자	두실	관약양간
者는	一日도	遙於千古하고,	意廣者는	斗室도	寬若兩間이라.

【解釋】 길고 짧음은 생각에서 말미암으며, 넓고 좁음은 한 치 마음에 달려 있다. 그러므로 마음이 한가한 자는 하루가 천고보다 아득하고, 뜻이 넓은 자는 좁은 방도 하늘과 땅 사이처럼 넓다.

【解說】 매사는 자신의 마음에 달려 있어 길게 보면 무한히 길고, 짧게 생각하면 무한히 짧으며, 좁고 좁은 것 역시 같다. 그래서 마음이 한가로운 자는 하루에 천년의 즐거움을 느끼고, 뜻이 넓은 사람은 좁은 방안에서도 넓은 우주에 노니는 듯 자유롭다.

〖註釋〗 *延促(연촉) 길고 짧음.
*寬窄(관착) 넓고 좁음.
*機閑(기한) 마음이 한가함.
*斗室(두실) 좁은 방.
*兩間(양간) 하늘과 땅 사이.

〖字意〗 延 : 뻗을 연　促 : 급할 촉, 짧을 촉　念 : 생각 념
寬 : 넓을 관　窄 : 좁을 착　係 : 이을 계　遙 : 멀 요
廣 : 넓을 광　斗 : 말 두　室 : 방 실

20. 신선이 따로 있는 것이 아니다.

손지우손	재화종죽	진교환오유선생	망무
損之又損하며	栽花種竹하니	儘交還烏有先生이요,	忘無

가망	분향자명	총불문백의동자
可忘하며	焚香煮茗하니	總不問白衣童子라.

【解釋】 욕심을 줄이고 또 줄이며 꽃을 가꾸고 대나무를 심으면 오유 선생이 되고, 세상사를 잊고 또 잊으며 향 피우고 차 끓이면 도무지 백의 동자를 묻지 않게 된다.

【解說】 오유 선생은 무소유(無所有)를 소유로 삼는 욕심 없는 사람을 말한다. 물욕을 줄이고 줄이어 안빈락도(安貧樂道)의 경지에 이르러 자연을 벗삼고, 세상 일을 잊고 또 잊어서 마음을 텅 비운 채 조용하고 깨끗한 방안에서 향불을 피워 놓고 사색에 잠기면, 그것이 바로 신선의 세계인 것이다.

〚註釋〛 ***損之又損(손지우손)** 욕심을 줄이고 또 줄임.

***烏有先生(오유선생)** 아무것도 소유함이 없다는 가상적인 인물.

***忘無可忘(망무가망)** 더 이상 잊어버릴 것이 없을 때까지 잊음.

***煮茗(자명)** 차를 달임.

***白衣童子(백의동자)** 흰옷을 입은 동자. 도연명(陶淵明)이 9월 9일에 술이 없어 국화를 따고 있는데, 흰옷을 입은 동자가 술을 가지고 왔다 함.

〚字意〛 **損** : 덜 손, 잃을 손 **栽** : 심을 재 **種** : 심을 종 **儘** : 다할 진 **還** : 돌아갈 환 **烏** : 까마귀 오 **忘** : 잊을 망 **焚** : 불사를 분 **煮** : 끓일 자 **童** : 아이 동

21. 만족을 알면 신선이다.

> 都來眼前事(도래안전사)는 知足者仙境(지족자선경)이요 不知足者凡境(부지족자범경)이며, 總出世上因(총출세상인)은 善用者生機(선용자생기)요 不善用者殺機(불선용자살기)니라.

【解釋】 눈 앞에 나타나는 모든 일은 만족한 줄 알면 선경이요, 만족한 줄을 모르면 속경이다. 세상에 나타나는 모든 인연은 잘 사용하면 살리는 작용이 되고, 잘못 사용하면 죽이는 작용이 된다.

【解說】 목전에 닥친 일에 만족하는 사람은 매사를 긍정적으로 생각

하지만, 불만을 품은 자는 무슨 일이거나 부정적으로 보아, 보고 들은 일마다 마음을 거스른다. 또 세상의 모든 인연을 잘 활용하는 자는 생기가 넘치고 그걸 잘 활용하지 못한 자는 살기를 품게 된다.

〖註釋〗 *知足(지족) 자기의 분수를 알고 만족하게 여김.
*凡境(범경) 평범한 사람의 경지. 속경(俗境)
*生機(생기) 살리는 작용.
*殺機(살기) 사람이나 사물을 해롭게 하는 작용.

〖字意〗 **都**: 모두 도, 도읍 도 **來**: 올 래 **善**: 착할 선 **殺**: 죽일 살 **凡**: 범상할 범, 무릇 범

22. 세력을 추종하면 화가 뒤따른다.

> 추염부세지화 심참역심속 서염수일지미 최담
> **趨炎附勢之禍**는 **甚慘亦甚速**하고, **棲恬守逸之味**는 **最淡**
> 역최장
> **亦最長**이라.

【解釋】 권력을 따르고 권세에 붙는 재앙은 매우 참혹하고 또 아주 빠르며, 고요함에 살고 안일함을 지키는 맛은 가장 담박하고 또 아주 오래 간다.

【解說】 권세에 붙좇는 재앙은 아주 참혹하고 또 재빨리 닥치지만, 고요하고 편안함을 지니는 맛은 아주 담박하나 오래 계속된다.

〖註釋〗 *趨炎(추염) 불꽃을 좇음. 권력을 붙좇음.
*附勢(부세) 권세에 붙어서 좇음.
*棲恬守逸(서염수일) 고요함에 살고 안일함을 지킴.

〖字意〗 **趨**: 쫓을 추, 빠를 촉 **附**: 붙을 부 **勢**: 세력 세 **禍**: 재앙 화 **慘**: 혹독할 참 **速**: 빠를 속 **逸**: 편안할 일

23. 자연과 벗삼아 사는 멋.

송간변(松澗邊)에 휴장독행(携杖獨行)하면 입처(立處)에 운생파납(雲生破衲)하고, 죽창하(竹窓下)에 침서고와(枕書高臥)하면 각시(覺時)에 월침한전(月侵寒氈)이라.

【解釋】 소나무가 울창한 시냇가에 지팡이에 의지하여 홀로 걷노라면 서는 곳마다 해진 누더기 옷에서 구름이 일어나고, 대나무 창 아래에서 책을 베개 삼아 누웠다가 깨어나면 달빛이 낡은 담요 위를 비추고 있다.

【解說】 소나무 우거진 한적하고 소슬한 시냇가를 혼자 지팡이에 의지하여 바장이면 서 있는 곳마다 누더기 옷 사이에서 구름이 감돌 듯하여 마치 신선의 세계에 와 있는 착각이 일 것이며, 대숲 우거진 오두막집에서 책을 베고 누워 독서의 삼매경에 빠지다 잠이 든다. 그러다가 잠에서 깨어 보면 창 틈으로 달빛이 새어들어와 해진 이불을 비추니 이 역시 신선의 세계가 아니랴?

〖註釋〗 *松澗邊(송간변) 소나무가 울창한 시냇가.
*携杖獨行(휴장독행) 지팡이에 의지하여 혼자 걸음.
*破衲(파납) 해진 누더기 옷.
*高臥(고와) 세상 일을 잊고 편안히 누움.
*寒氈(한전) 낡은 담요.

〖字意〗 松 : 소나무 송 澗 : 시내 간 邊 : 변방 변 携 : 끌 휴, 들 휴
杖 : 지팡이 장 衲 : 승복 납 枕 : 베개 침 臥 : 누울 와
覺 : 깨달을 각 侵 : 침범할 침 氈 : 담요 전

24. 항상 죽음과 병을 염두에 두라.

색욕 화치 이일념급병시 변흥사한회 명리
色慾이 火熾라도 而一念及病時면 便興似寒灰하고, 名利
이감 이일상도사지 변미여작랍 고 인상우
飴甘이라도 而一想到死地면 便味如嚼蠟이라. 故로 人常憂
사려병 역가소환업이장도심
死慮病이면 亦可消幻業而長道心이라.

【解釋】 색욕이 불꽃처럼 치솟다가도 생각이 병든 때에 미치게 되면 바로 흥은 식어 재처럼 줄어들고, 명리가 엿처럼 달콤하게 여겨지다가도 생각이 죽음에 이르게 되면 그 맛이 밀랍을 씹는 것처럼 덤덤하다. 그러므로 사람이 항상 죽음을 근심하고 병을 염려하면, 헛된 생각을 버리고 도심(道心)을 기를 수 있을 것이다.

【解說】 색욕이 불같이 일어날 때에는, 병이 났을 때를 생각하면 문득 흥이 사라져 식은 재처럼 냉정을 회복할 수 있다. 명예와 이익의 유혹이 달콤하더라도 죽을 경우를 생각하면 밀랍을 씹는 것처럼 무미건조하다. 그러므로 우리는 항상 병과 죽음을 생각하면서 성찰(省察)하는 생활을 한다면 헛된 꿈이 사라지고 도(道)로 향하는 마음이 깊어지게 된다.

〖註釋〗 *火熾(화치) 불처럼 치솟음.
*寒灰(한회) 불꺼진 재.
*飴甘(이감) 엿같이 달음.
*死地(사지) 죽는 처지.
*嚼蠟(작랍) 밀납을 씹음.
*幻業(환업) 헛된 죄업, 곧 현세의 색욕과 명리(名利).
*道心(도심) 참 마음. 진리의 마음.

〖字意〗 熾 : 불사를 치, 성할 치　興 : 흥할 흥　飴 : 엿 이, 달 이
嚼 : 씹을 작　蠟 : 밀랍 랍, 초 랍　消 : 사라질 소, 쓸 소　業 : 일 업

25. 경쟁에서 양보하라.

爭先的徑路(쟁선적경로)는 窄(착)하니 退後一步(퇴후일보)하면 自寬平一步(자관평일보)하고, 濃艶的滋味(농염적자미)는 短(단)하니 淸淡一分(청담일분)하면 自悠長一分(자유장일분)이라.

【解釋】 다투는 길은 좁아서 한 걸음 뒤로 물러나면 스스로 한 걸음 만큼 넓고 평평해 지며, 짙고 좋은 맛은 짧아서 조금 맑고 담박하게 하면 스스로 조금은 길어질 것이다.

【解說】 경쟁의 길은 항상 좁게 마련이니, 한 걸음 양보하면 넓어지고, 맛있는 술과 향기로운 술의 맛은 오래지 못하니 맑고 깨끗한 맛을 더하면 스스로 오래 갈 수 있다.

〖註釋〗 *爭先(쟁선) 선두를 다툼.
*徑路(경로) 좁은 길. 지름길.
*寬平(관평) 넓고 평평함.
*濃艶(농염) 짙고 맛이 좋음.
*淸淡(청담) 맑고 담박함.
*悠長(유장) 유유히 길음.

〖字意〗 徑 : 지름길 경, 좁을 경　退 : 물러날 퇴　平 : 평평할 평
艶 : 고울 염, 얼굴탐스러울 염　窄 : 좁을 착　濃 : 짙을 농
悠 : 한가할 유, 근심할 유

26. 사물의 본질을 이해하라.

忙處(망처)에 不亂性(불란성)이면 須閑處(수한처)에 心神(심신)을 養得淸(양득청)하고, 死時(사시)에 不動心(부동심)이면 須生時(수생시)에 事物(사물)을 看得破(간득파)니라.

【解釋】 바쁜 때에 본성을 어지럽히지 않으려면 한가할 때에 정신을

맑게 길러야 하고, 죽을 때에 마음이 동요하지 않으려면 살아 있을 때에 사물의 참 모습을 간파해야 한다.

【解說】 바쁠 때에 허둥대지 않으려면 한가할 때에 몸과 마음을 수양해야 하고, 죽음에 이르러 마음이 동요하지 않으려면 평소에 사물의 이치를 터득해야 한다. 죽음에 이르러 마음의 동요가 일지 않는 사람은 드물다. 그러나 미리 세상 만물의 살고 죽는 이치와 사람의 생로병사(生老病死)의 진리를 깨달아 생사를 초월하는 마음을 길러두면 죽음이란 자연으로 돌아가는 한 과정으로 생각할 수 있을 것이다.

〖註釋〗 ***忙處**(망처)** 바쁠 때.
***不亂性**(불란성)** 본성을 어지럽히지 않음.
***閑處**(한처)** 한가히 있을 때.
***心神**(심신)** 정신, 마음.
***看得破**(간득파)** 꿰뚫어 알다. 간파(看破).

〖字意〗 **忙**:바쁠 **망**, 빠를 **망** **須**:모름지기 **수**, 기다릴 **수** **動**:움직일 **동** **看**:볼 **간** **亂**:어지러울 **란**

27. 은거하면 영욕이 없다.

은일림중 무영욕 도의로상 무염량
隱逸林中엔 **無榮辱**이요 **道義路上**엔 **無炎涼**이라.

【解釋】 은거하는 숲 속에는 명예나 굴욕이 없고, 도의의 길에는 인정의 변화가 없다.

【解說】 숲 속에 숨어 자신의 도를 지키고 사는데 영광과 욕됨이 있을 수 없고, 도의를 지키며 사는데 권세가 있을 수 없다.

〖註釋〗 ***隱逸**(은일)** 은둔하여 숨어 살다.
***炎涼**(염량)** 더위와 추위, 곧 속세 인정의 변화.

〖字意〗 **隱**:숨을 **은** **林**:수풀 **림** **榮**:영화 **영** **辱**:욕될 **욕** **炎**:불꽃 **염**, 뜨거울 **염** **涼**:서늘할 **량**

28. 가난을 걱정하는 마음을 버려라.

열불필제 熱不必除나 이제차열뇌 而除此熱惱하면 신상재청량대상 身常在淸涼臺上하고, 궁불 窮不 가견 可遣이나 이견차궁수 而遣此窮愁하면 심상거안락와중 心常居安樂窩中이라.

【解釋】 더위를 반드시 제거할 필요가 없으니, 더위를 괴로워 하는 마음을 없애면 몸이 항상 시원한 누대 위에 있게 되고, 가난을 반드시 쫓을 필요가 없으니, 가난을 근심하는 마음을 내 쫓으면 항상 편안한 집 속에서 살게 된다.

【解說】 열망하는 마음은 누구나 있어 버릴 수는 없으나, 그 열정으로 인해 생기는 번뇌를 제거하면 몸이 항상 시원한 누각 위에 있는 것처럼 상쾌하다. 가난은 쫓을 수 없으나 가난으로 인해 생기는 근심을 떨쳐버리면 마음은 언제나 편안하리라. 열정은 가져야 되지만 이루어지지 않을 때의 번뇌는 없애야 하고, 가난은 떨쳐 버려야 하지만 벗어나지 못한다 하여 근심하지 말라.

〖註釋〗 *熱惱(열뇌) 더위의 고뇌. | *窮愁(궁수) 가난을 근심하는 마음.

〖字意〗 熱 : 더울 열　除 : 덜 제, 다스릴 제　惱 : 한할 뇌　臺 : 돈대 대
遣 : 보낼 견　愁 : 근심 수　安 : 편안할 안　窩 : 굴 와, 움집 와

29. 물러날 줄 알면 화를 면한다.

진보처 進步處에 변사퇴보 便思退步하면 서면촉번지화 庶免觸藩之禍하고, 착수시 著手時에 선 先 도방수 圖放手하면 재탈기호지위 纔脫騎虎之危니라.

【解釋】 진보할 때에 뒤로 물러설 생각을 하면 뿔이 울타리에 걸리는 재앙을 거의 면할 수 있고, 손을 대기 앞서 손떼기를 꾀한다면 곧 호랑이를 타는 위험을 벗어나게 된다.

【解說】 세상 살아가는 데는 한참 진보할 때가 있다. 매사가 순조로워 계속 앞으로 나아갈 때에 정신을 차려야 실수가 없으니, 이것이 향상을 위한 한 걸음 후퇴이며 재앙을 피할 수 있는 안전한 한 걸음이 된다. 손을 대어야 할 일이 있을 때에 손을 대지 않는 것도 문제이지만, 아무 데나 쓱쓱 손을 내미는 것은 위태롭기 짝이 없다. 그것은 마치 호랑이를 타고 달리는 것처럼 위태로우니 미리 손을 뗄 줄 아는 지혜가 필요하다.

〖註釋〗 ***觸藩之禍(촉번지화)** 양의 뿔이 울타리에 걸림. | ***騎虎之危(기호지위)** 호랑이를 타는 위기.

〖字意〗 **進**: 나아갈 **진**, 오를 **진** **退**: 물러날 **퇴** **藩**: 울타리 **번** **禍**: 재앙 **화** **著**: 입을 **착**, 손댈 **착**, 지울 **저** **脫**: 벗을 **탈** **圖**: 헤아릴 **도**, 다스릴 **도** **纔**: 겨우 **재**, 조금 **재** **騎**: 말탈 **기** **虎**: 호랑이 **호** **庶**: 거의 **서**

30. 말타면 경마잡히고 싶다.

> **貪得者(탐득자)**는 **分金(분금)**에 **恨不得玉(한부득옥)**하고 **封公(봉공)**에 **怨不受侯(원불수후)**하니 **權豪自甘乞丐(권호자감걸개)**하며, **知足者(지족자)**는 **藜羹(여갱)**도 **旨於膏粱(지어고량)**하고 **布袍(포포)**도 **煖於狐貉(난어호학)**하니 **編民(편민)**도 **不讓王公(불양왕공)**이라.

【解釋】 이득을 탐내는 자는 금을 나누어 주면 옥을 얻지 못함을 한탄하고, 공작에 봉해 지면 제후가 되지 못함을 원망하며, 권세와 부귀를 누리면서도 거지 노릇을 달게 여긴다. 만족할 줄 아는 자는 명아주국도 고기와 쌀밥보다 맛 있게 여기고, 베로 만든 두루마기도

털옷보다 따뜻하게 여기니, 평민이면서도 왕공을 부러워하지 않는다.

【解說】 '말을 타면 경마잡히고 싶다'는 속담이 있다. 금을 얻으면 옥을 탐낼 마음이 생기고, 재상이 되면 정승이 되고 싶은 마음이 생긴다. 그러나 이러한 마음은 모두 스스로 만족할 줄을 모르는 까닭이다.

〖註釋〗 *貪得者(탐득자) 이득을 탐내는 사람.
*乞丐(걸개) 거지.
*封公(봉공) 공작(公爵)에 봉함.
*黎羹(여갱) 명아주국. 맛 없는 음식.
*膏粱(고량) 맛 좋은 음식.
*布袍(포포) 베두루마기.
*狐貉(호학) 여우 가죽과 담비 가죽으로 만든 좋은 옷.
*編民(편민) 평민.

〖字意〗 恨 : 한스러울 한, 뉘우칠 한 玉 : 구슬 옥 封 : 봉할 봉
怨 : 원망할 원 侯 : 제후 후 豪 : 호걸 호 藜 : 명아주 려
乞 : 거지 걸, 구걸할 걸 丐 : 빌 개, 거지 개 羹 : 국 갱
袍 : 솜옷 포 煖 : 따뜻할 난 貉 : 오소리 학, 오랑캐 맥
狐 : 여우 호, 여우털 옷 호 讓 : 사양할 양, 겸손 양, 꾸짖을 양
編 : 맬 편, 책끈 편

31. 명성을 감추고 일을 줄이자.

긍명	불약도명취	연사	하여생사한
矜名은	不若逃名趣요	練事는	何如省事閒이리오?

【解釋】 이름을 자랑하는 것은 이름을 숨기는 취미만 못하며, 일에 익숙한 것이 어찌 일을 덜고 한가롭게 지냄만 같겠는가?

【解說】 명성을 자랑스럽게 여기지 말고 이름을 감추라. 자신이 능숙한 일이라 하여 일을 자꾸 만들기보다는 일을 줄이고 한적한 시간을 가져라.

〖註釋〗 *矜名(긍명) 이름을 자랑함.
*逃名(도명) 이름을 감춤.
*練事(연사) 일에 익숙함.
*省事(생사) 일을 덜음.

〖字意〗 矜 : 자랑할 긍 逃 : 달아날 도 趣 : 뜻 취, 추창할 추
練 : 익힐 련, 겪을 련 省 : 덜 생 閑 : 한가할 한

32. 소란과 고요함을 몰라야 높은 경지이다.

嗜寂者(기적자)는 觀白雲幽石而通玄(관백운유석이통현)하고, 趣榮者(추영자)는 見淸歌妙舞而忘倦(견청가묘무이망권)하니 唯自得之士(유자득지사)라야 無喧寂(무훤적)하고 無榮枯(무영고)하여 無往非自適之天(무왕비자적지천)이라.

【解釋】 적막함을 즐기는 자는 흰 구름과 그윽한 바위를 보고 현묘한 도리를 깨달으며, 영화를 따르는 자는 맑은 노래와 묘한 춤을 보고 권태를 잊으니, 오직 진리를 깨달은 선비만이 시끄러움과 적막이 따로 없고, 번성과 쇠퇴함이 없어, 가는 곳마다 자기 마음에 맞지 않는 곳이 없다.

【解說】 스스로 도를 터득하여 고요함을 즐기는 사람은 흰 구름, 깊숙한 바위같은 자연에서 낙을 찾지만, 세상 부귀 영화를 좇는 사람은 춤과 노래로 권태를 달랜다. 도를 얻어 만족할 줄 아는 사람에게는 시끄러움, 고요함이나 번성하고 쇠함에 따라 동요하지 않아 가는 곳마다 저절로 유유자적하게 된다.

〖註釋〗 *嗜寂者(기적자) 고요함을 즐기는 사람.
*通玄(통현) 현묘(玄妙)한 도리에 통함.
*趣榮者(추영자) 영화를 따르는 사람.
*自得(자득) 스스로 마음의 진리를 깨달음.
*喧寂(훤적) 시끄러움과 적막함.
*榮枯(영고) 번영과 쇠함.
*自適(자적) 자기 마음에 맞음

〖字意〗 嗜 : 즐길 기　寂 : 고요할 적　幽 : 그윽할 유　妙 : 묘할 묘
舞 : 춤출 무　倦 : 게으를 권　唯 : 오직 유　喧 : 떠들썩할 훤

33. 걸림이 없는 자유로운 생활.

고운 출수 거류 일무소계 낭경 현공 孤雲은 出岫하여 去留에 一無所係하고, 朗鏡은 懸空하여 정조 양불상간 靜躁에 兩不相干이라.

【解釋】 산골짜기에서 피어 오르는 외로운 구름은 가고 머무르는 것이 전혀 구애받음이 없고, 하늘에 걸린 밝은 달은 고요하고 시끄러움을 둘 다 상관하지 않는다.

【解說】 외로운 뜬 구름은 가고 머무는 것이 자유로워 걸릴 것이 없고, 하늘에 걸린 깨끗한 달은 고요하거나 시끄러움에 상관 없이 밝은 빛을 비춘다. 사람의 일생도 뜬 구름과 다를 바가 없는데, 세상 일에 얽매이어 슬퍼하고, 기뻐하고, 성내고, 즐거워하니 모두 부질없는 일이다.

〖註釋〗 ***孤雲(고운)** 외로운 구름.
***朗鏡(낭경)** 밝은 거울. 즉 밝은 달.
***靜躁(정조)** 고요함과 시끄러움.
***不相干(불상간)** 서로 상관하지 않음.

〖字意〗 孤 : 외로울 고　岫 : 산굴 수, 산봉우리 수　去 : 떠날 거
留 : 머무를 류　係 : 맬 계　朗 : 밝을 랑　鏡 : 거울 경
懸 : 매달 현　躁 : 떠들 조, 성급할 조　干 : 방패 간

34. 슬픔은 즐거움에서 생긴다.

悠長之趣는 不得於醲釅하고 而得於啜菽飮水하며, 惆悵之懷는 不生於枯寂하고 而生於品竹調絲하니, 固知濃處에 味常短하고 淡中에 趣獨眞也라.

(유장지취 부득어농엄 이득어철숙음수 추창지회 불생어고적 이생어품죽조사 고지농처 미상단 담중 취독진야)

【解釋】 길고 오래 가는 취미는 맛 있는 술에서 얻어지는 것이 아니라 콩을 씹고 물을 마시는 데서 생기며, 슬픈 회포는 메마르고 쓸쓸함에서 생기는 것이 아니라 피리 불고 거문고 뜯는 데서 생겨나니, 짙은 맛은 항상 오래가지 못하고 담박함 속의 취미야말로 참된 것임을 알아야 한다.

【解說】 진한 술은 오래 즐길 수가 없지만, 콩이나 물 같이 담박한 것은 언제 먹어도 항상 새로워 오래 간다. 또 슬픔은 외로운 데서 생기는 것이 아니라 즐거운 음악을 듣는등 흥에서 배태된다.

〖註釋〗 *醲釅(농엄) 진하고 맛 좋은 술.
*啜菽(철숙) 콩을 씹음.
*惆悵之懷(추장지회) 슬픈 생각.
*枯寂(고적) 메마르고 쓸쓸함.
*品竹調絲(품죽조사) 죽(竹)은 피리, 사(絲)는 거문고.

〖字意〗 **醲**: 진 한술 **농**, 두터울 **농** **釅**: 진할 **엄** **啜**: 마실 **철**
菽: 콩 **숙** **惆**: 실심할 **추** **悵**: 원망할 **창** **懷**: 품을 **회**, 위로할 **회**

35. 진리는 지극히 평범하다.

禪宗(선종)에 曰(왈)「餓來(아래)면 喫飯(끽반)하고 倦來眠(권래면)」이라 하고 詩旨(시지)에 曰(왈)「眼前(안전) 景致口頭語(경치구두어)」라하니 蓋極高(개극고)는 寓於極平(우어극평)하고 至難(지난)은 出於至易(출어지이)하여 有意者(유의자)는 反遠(반원)하고 無心者(무심자)는 自近也(자근야)라.

【解釋】 선종에 이르기를 '배가 고프면 밥 먹고, 피곤하면 잠을 잔다.' 라고 하였고, 시지에 이르기를 '눈 앞의 경치요, 평범한 말이다.' 라 하였다. 대개 지극히 높은 것은 지극히 낮음에 부쳐 있고, 지극히 어려움은 지극히 쉬운 데서 나오며, 뜻이 있는 자는 오히려 멀어지고, 마음이 없는 자는 절로 가까워진다.

【解說】 아주 높은 것은 아주 평평 한 데 붙어 있고, 아주 큰 어려움은 아주 쉬운 일에서 생긴다. 꼭 될 것으로 믿었던 일은 어긋나기가 쉽고, 생각지도 않던 일이 쉽게 이루어진다.

〖註釋〗 ***禪宗(선종)** 불교의 한 종파. 불경을 읽지 않고 참선에 의하여 불도를 닦는다.
***口頭語(구두어)** 예사로운 말.

〖字意〗 **禪**:중 선 **宗**:종묘 종, 높일 종 **餓**:베고플 아 **喫**:먹을 끽 **飯**:밥 반 **頭**:머리 두, 우두머리 두 **蓋**:대개 개 **易**:쉬울 이 **眠**:잠잘 면

36. 구름은 산봉우리를 피하지 않는다.

수류이경무성　　득처훤견적지취　　산고이운불애
水流而境無聲하니 得處喧見寂之趣요, 山高而雲不碍하니
오출유입무지기
悟出有入無之機라.

【解釋】 물은 흘러가도 소리가 없으니, 시끄러운 데 있으면서도 적막함을 보는 취미를 얻어야 하고, 산은 높아도 구름은 피하지 않으니, 유(有)에서 나와 무(無)로 들어가는 기틀을 깨달아야 한다.

【解說】 물이 흐르면서도 소리를 내지 않듯 시끄러운 곳에서 고요함을 즐길 줄 알아야 하고, 우뚝한 산봉우리가 흘러가는 구름을 막지 않는 것처럼 유(有)에서 나와 무(無)로 돌아가는 이치를 깨달아야 한다.

〖註釋〗 *處喧(처훤) 시끄러운 데 있음.
*見寂(견적) 적막함을 봄.
*出有入無(출유입무) 유(有)에서 나와 무(無)로 들어감.

〖字意〗 流 : 흐를 류　　碍 : 막을 애　　悟 : 깨달을 오

37. 생각 많은 것이 고해이다.

산림　　시승지　　일영련　　변성시조　　서화　　시아
山林은 是勝地나 一營戀하면 便成市朝하고, 書畫는 是雅
사　　일탐치　　변성상고　　개심무염착　　욕계시선도
事나 一貪癡하면 便成商賈하니, 蓋心無染著이면 欲界是仙都
심유계련　　낙경　　성고해의
요, 心有係戀이면 樂境도 成苦海矣라.

【解釋】 산림은 아름다운 곳이나 시설하여 애착을 가지면 곧 시장 바닥이 되고, 글과 그림 감상은 고상한 일이나 탐내어 정신이 빠지면 곧 장사치가 된다. 대체로 마음에 물들어 집착함이 없으면 속세도 선경(仙境)이요, 마음에 집착함이 있으면 선경도 고해가 된다.

【解說】 산림의 생활은 좋은 일이긴 하나 한결같이 연연해 하면 시장 가운데 사는 것이나 다름이 없다. 글씨와 그림을 감상하고 모으는 취미는 고상하지만 너무 욕심을 부리면 장사꾼이 되게 마련이다. 그러니 아무리 좋은 일이나 취미에도 물들거나 욕심을 부려서는 안 된다.

〖註釋〗 *勝地(승지) 경치 좋은 곳.
*營戀(영련) 인위적 시설을 하여 애착을 가짐.
*市朝(시조) 시장(市場)과 조정(朝廷). 속세.
*雅事(아사) 고상한 일.
*貪癡(탐치) 탐내어 정신이 빠짐.
*染著(염착) 물들어 집착함.
*欲界(욕계) 탐욕의 세계.
*仙都(선도) 신선의 세계.
*係戀(계련) 집착하여 그리워함.

〖字意〗 勝 : 이길 승, 맡을 승　營 : 영문 영　戀 : 생각할 련
畫 : 그림 화　雅 : 바를 아, 우아할 아　商 : 장사 상, 헤아릴 상
癡 : 미칠 치, 어리석을 치　成 : 이룰 성　染 : 물들 염, 더러울 염
賈 : 장사 고, 살 고　海 : 바다 해

38. 환경에 따라 명암이 엇갈린다.

時當喧雜(시당훤잡)하면 則平日所記憶者(즉평일소기억자)도 皆漫然忘去(개만연망거)하고, 境在淸寧(경재청녕)하면 則夙昔所遺忘者(즉숙석소유망자)도 又恍爾現前(우황이현전)하니, 可見靜躁稍分(가견정조초분)이라도 昏明頓異也(혼명돈이야)라.

【解釋】 시끄럽고 복잡한 때를 당하면 평소 기억하던 것도 모두 멍청히 잊어버리게 되고, 맑고 고요한 경지에 있으면 지난 날 잊어버렸던 일도 다시 뚜렷하게 생각나니, 고요함과 시끄러움이 조금만 나뉘어져도 어둠과 밝음이 판이하게 달라지는 것을 알 수 있다.

【解說】 북적대는 곳에서는 평소 잘 기억하고 있던 바도 곧잘 생각이 나지 않는 경우가 있고, 조용한 곳에 있으면서 곰곰히 생각해 보면 잊어버렸던 일도 문득 어제의 일처럼 떠오른다. 이는 모두 환경과 마음의 안정 여부에 따른 것이니 생각해 두지 않을 수 없다.

〖註釋〗 *喧雜(훤잡) 시끄럽고 복잡함.
*漫然(만연) 멍청히.
*清寧(청녕) 맑고 고요함.
*夙昔(숙석) 지난 날.
*遺忘(유망) 잊어버림.
*恍爾(황이) 뚜렷한 모양.
*稍分(초분) 조금 나뉘짐.
*頓異(돈이) 완전히 다름.

〖字意〗 雜 : 섞일 **잡** 憶 : 기억할 **억**, 생각할 **억** 漫 : 방종할 **만**, 흩어질 **만**
夙 : 이미 **숙**, 일찍 **숙** 恍 : 황홀할 **황** 爾 : 너 **이**, 어조사 **이**
頓 : 갑자기 **돈**

39. 자연과 벗하면 속세를 벗어난다.

蘆花被下(노화피하)에 臥雪眠雲(와설면운)하면 保全得一窩夜氣(보전득일와야기)하고, 竹葉杯中(죽엽배중)에 吟風弄月(음풍농월)하면 躱離了萬丈紅塵(타리료만장홍진)이라.

【解釋】 갈대 꽃 이불을 덮고 눈 위에 누워 구름 속에 잠들면 한 방안의 밤 기운을 보전할 수 있고, 술잔 속에 이는 바람을 읊고 달을 희롱하면 만겁 붉은 티끌을 벗어 날 수 있다.

【解說】 갈대 꽃 이불을 덮고 눈 위에서 잠을 자는 생활은 어떤 것일까? 맑은 댓잎 술잔에 비추 인 달을 들여다보며 무한한 생의 희열을 느끼는 사람은 세상의 부귀 영화나 명예, 이욕 따위에 관심이 없는 고상한 선비일 것이다. 이런 즐거움을 느낄 수 있는 사람이야말로 홍진에 찌들어 만신창이가 된 현대인들에게는 생각만 해도 신선같이 여겨진다.

〖註釋〗 ***蘆花被(노화피)** 갈대 꽃을 솜 대신 넣어 만든 이불.
***臥雪眠雲(와설면운)** 눈 위에 누워 구름 속에서 잠을 자다.
***夜氣(야기)** 밤의 맑은 기운.
***竹葉杯(죽엽배)** 술잔. 죽엽(竹葉)은 대나무 잎으로 빚은 술.
***吟風弄月(음풍농월)** 맑은 바람을 읊고 달을 희롱한다는 뜻으로 시를 짓는다는 비유.
***躲離(타리)** 피하여 떠남.
***萬丈紅塵(만장홍진)** 붉은 먼지가 끝없이 일어나는 속세.

〖字意〗 **蘆**:갈대 **로**, 꼭두서니 **려** **葉**:잎 **엽** **吟**:읊조릴 **음** **弄**:희롱할 **롱** **躲**:피할 **타** **離**:떨어질 **리** **丈**:길 **장** **紅**:붉을 **홍** **塵**:먼지 **진**

40. 속기를 떨쳐 버려라.

> 袞冕行中(곤면행중)에 著一藜杖的山人(착일려장적산인)이면 便增一段高風(변증일단고풍)하고, 漁樵路上(어초로상)에 著一袞衣的朝士(착일곤의적조사)면 轉添許多俗氣(전첨허다속기)하니, 固知濃不勝淡(고지농불승담)하고 俗不如雅也(속불여아야)라.

【解釋】 높은 벼슬아치의 일행 가운데 명아주 지팡이를 짚은 한 산인이 끼면 약간은 높은 풍취를 더하게 되고, 어부와 나무꾼이 다니는 길 위에 한 사람의 관복 입은 벼슬아치가 섞이면 도리어 많은 속기를 더하게 되니, 짙은 것은 담박함을 이기지 못하고 속된 것은 고상한 것만 같지 못함을 알겠다.

【解說】 화려한 벼슬아치의 행렬 가운데 명아주 지팡이를 짚은 신선 같은 산 사람이 한 사람 섞이면 고상한 풍치가 더하지만, 어부나 나무꾼이 쉬고 있는 곳에 화려한 벼슬아치가 한 사람 섞이면 속된 경치가 되고 만다.

〖註釋〗 *袞冕(곤면) 높은 벼슬아치의 예복. 높은 벼슬아치.
*藜杖(여장) 명아주 줄기로 만든 지팡이.
*漁樵(어초) 낚시꾼과 나무꾼.
*朝士(조사) 조정의 벼슬아치.

〖字意〗 袞:곤룡포 곤　冕:면류관 면　段:조각 단, 가지 단
漁:어부 어　樵:땔나무 초　添:더할 첨　許:허락할 허

41. 속세 가운데서 초탈하라.

出世之道(출세지도)는 卽在涉世中(즉재섭세중)이니 不必絶人以逃世(불필절인이도세)하고, 了心之功(요심지공)은 卽在盡心內(즉재진심내)니 不必絶慾以灰心(불필절욕이회심)이라.

【解釋】 속세를 벗어나는 길은 바로 세상을 살아가는 가운데 있으니 반드시 인연을 끊고 도피할 필요는 없으며, 마음을 깨닫는 공부는 바로 마음을 다하는 속에 있으니 반드시 욕심을 끊어 식은 재처럼 할 필요는 없다.

【解說】 속세에서 벗어나기 위해 반드시 사람들과 절교를 하거나 인간 세상에서도 도망할 필요는 없고, 마음을 깨우치는 공부를 하기 위해 욕망을 모조리 끊을 필요는 없고 마음을 다하면 된다.

옛날 세속을 피해 사는 사람을 은자(隱者)라 했다. 은자들은 으레 궁벽한 산 속으로 숨게 마련이었으나 아주 큰 은자는 사람들이 떠들썩하게 붐비는 저자 한가운데로 숨어 자기의 도를 닦았다 한다.

〖註釋〗 *出世(출세) 속세를 벗어남. | *灰心(회심) 마음을 재처럼 식힘.
*了心(요심) 마음에 깨달음.

〖字意〗 絶 : 끊을 절 逃 : 피할 도 灰 : 재 회

42. 내 마음이 고요하면 남이 나를 속이지 못한다.

此身(차신)을 常放在閑處(상방재한처)하면 榮辱得失(영욕득실)로 誰能差遣我(수능차견아)하며, 此心(차심)을 常安在靜中(상안재정중)하면 是非利害(시비이해)를 誰能瞞昧我(수능만매아)리오?

【解釋】 내 몸을 항시 한가한 곳에 두면 영욕과 득실로 누가 나를 보낼 수 있겠으며, 내 마음을 항시 고요한 속에 두면 시비와 이해로 누가 나를 속여 어둡게 할 수 있겠는가?

【解說】 몸과 마음을 항상 한아하고 안정한 가운데 두면 남이 나를 벼슬이나 욕되는 것으로 흔들지 못하고, 시비와 이해를 가지고 속이지 못한다.

〖註釋〗 *差遣(차견) 보냄. | *瞞昧(만매) 속이고 우매하게 함.

〖字意〗 榮 : 영화로울 영, 꽃다울 영 辱 : 욕보일 욕 得 : 얻을 득
失 : 잃어버릴 실 差 : 다를 차 遣 : 보낼 견, 시킬 견, 쫓을 견
害 : 해로울 해 瞞 : 속일 만

43. 가난하면서도 운치가 있으면 신선 세계이다.

竹籬下(죽리하)에 忽聞犬吠鷄鳴(홀문견폐계명)하면 恍似雲中世界(황사운중세계)요, 芸窓中(운창중)에 雅聽蟬吟鴉噪(아청선음아조)면 方知靜裡乾坤(방지정리건곤)이라.

【解釋】 대나무 울타리 아래에서 홀연히 개 짖는 소리와 울음 소리를 들으면 마치 구름 속의 세계처럼 황홀해 지고, 서창 안에서 매미 우는 소리와 까마귀 우는 소리를 들으면 바야흐로 고요한 천지를 알게 된다.

【解說】 부귀 영화를 떠나 초야에 묻혀 살면서 개 짖는 소리, 닭 우는 소리, 매미 우는 소리를 들으며 독서를 하거나 사색에 잠기는 것이야말로 별천지가 아니겠는가?

〔註釋〕 *竹籬(죽리) 대나무 울타리.
*芸窓(운창) 서창(書窓). 서재의 창.
*蟬吟(선음) 매미 울음 소리.
*鴉噪(아조) 갈가마귀의 울음.
*靜裡乾坤(정리건곤) 고요 속의 세상.

〔字意〕 籬 : 울타리 리 忽 : 문득 홀 犬 : 개 견 吠 : 짖을 폐 鳴 : 울 명 蟬 : 매미 선 鴉 : 까마귀 아

44. 영화를 바라지 않으면 미끼에 걸리지 않는다.

我不希榮(아불희영)이면 何憂乎利祿之香餌(하우호리록지향이)하며, 我不競進(아불경진)이면 何畏乎仕官之危機(하외호사관지위기)리오?

【解釋】 내가 영화를 바라지 않으면 어찌 이득과 봉록의 향기로운 미끼에 걸릴 것을 근심하며, 내가 승진을 다투지 않으면 어찌 벼슬살이의 위기를 두려워하랴?

【解說】 모든 욕됨은 영화나 벼슬을 바라는 마음에서 생기므로 내가 그런 마음을 버리면 후한 녹봉의 미끼가 되지 않으며, 남보다 앞서 승진하려는 마음을 버리면 벼슬살이에 위태로움이 없다.

〔註釋〕 *希榮(희영) 영화를 바람.
*利祿(이록) 이득과 봉록.

*香餌(향이) 향기로운 미끼. 유혹.
*競進(경진) 승진을 다툼.
*仕宦(사관) 벼슬살이.

〖字意〗 希 : 바랄 희, 희망 희 祿 : 봉록 록 香 : 향기 향
餌 : 미끼 이, 음식 이, 낚을 이

45. 서화 감상은 속기를 없앤다.

상양어산림천석지간		이진심섬식		이유어시서도
徜徉於山林泉石之間	하면	而塵心漸息	하고,	夷猶於詩書圖

화지내 / 이속기점소 / 고 / 군자수불완물상지 / 역상
畫之內하면 而俗氣漸消라. 故로 君子雖不玩物喪志나 亦常

차경조심
借境調心이라.

【解釋】 산의 숲, 샘과 바위 사이를 거닐면 속세의 더러운 마음이 점점 사라지고, 시·서와 그림을 감상하노라면 속된 기운이 점점 사라진다. 그러므로 군자는 사물을 완상하는데 마음을 빼앗기지 말아야 하나 또한 풍아한 경지를 빌어서 마음을 조화시켜야 한다.

【解說】 산 좋고 물 좋은 곳에 살면 욕심이 사라지고, 좋은 문학서(文學書)나 그림을 감상하면 속된 마음이 사라진다. 그러므로 군자는 문학 작품이나 그림 감상에 너무 빠져 뜻을 상하게 하는 것도 안 되지만 때때로 감상하여 마음의 조화를 잃지 말아야 한다.

〖註釋〗 *徜徉(상양) 배회함.
*塵心(진심) 속세의 더러운 마음.
*夷猶(이유) 마음을 머물게 함.
*詩書(시서) 시와 문장.
*玩物喪志(완물상지) 진기한 물건을 너무 좋아해 본심을 빼앗김.
*借境調心(차경조심) 경치를 빌어서 마음을 고름.

〖字意〗 徜 : 어정거릴 상 徉 : 노닐 양 漸 : 점차 점, 젖을 점
夷 : 평평할 이, 오랑캐 이 玩 : 장난할 완, 익힐 완 喪 : 죽을 상
借 : 빌릴 차, 가령 차

46. 봄의 기상은 가을만 못하다.

춘일 기상 번화 영인심신태탕 불약추일 **春日**은 **氣象**이 **繁華**하여 **令人心神駘蕩**이나 **不若秋日**의 운백풍청 난방계복 수천일색 상하공명 사 **雲白風淸**하고 **蘭芳桂馥**하며 **水天一色**으로 **上下空明**하여 **使** 인신골구청야 **人神骨俱淸也**라.

【解釋】 봄날은 기상이 변화하여 사람의 마음을 넓고 크게 만들지만, 가을날의 흰 구름, 맑은 바람 속에 난초가 아름답고, 계수 나무가 향기로우며, 물과 하늘이 같은 색이 되고 천지에 달이 비추어 사람의 정신과 육체를 모두 맑게 함만 같지 못하다.

【解說】 화려하고 번성한 봄날은 마음을 즐겁고 활달하게 하지만, 소슬한 가을날만 못하다. 봄날은 우리의 마음을 들뜨게 하지만 가을의 구름, 바람, 물 등은 모두 우리의 정신을 맑게 하고 사색에 잠기도록 하기 때문이다.

〖註釋〗 ***駘蕩(태탕)** 마음이 넓고 큼.
***水天一色(수천일색)** 물과 하늘이 맞닿아 한 색이 됨.
***空明(공명)** 달이 물 속에 떠 있는 것.
***神骨(신골)** 마음과 육체.

〖字意〗 **繁** : 많게 할 **번**, 번거로울 **번**　**駘** : 넓을 **태**　**蕩** : 클 **탕**
秋 : 가을 **추**　**蘭** : 난초 **난**　**馥** : 향기 **복**　**桂** : 계수나무 **계**
骨 : 뼈 **골**

47. 글을 모르는 사람에게도 시심은 있다.

一字不識(일자불식)이라도 而有詩意者(이유시의자)는 得詩家眞趣(득시가진취)요, 一偈不參(일게불참)이라도 而有禪味者(이유선미자)는 悟禪敎玄機(오선교현기)니라.

【解釋】 글자 하나 모르는 사람도 시심을 지닌 자는 시가의 참된 홍취를 얻을 수 있고, 게(偈)를 하나도 외지 않더라도 선의 풍미를 아는 자는 선종의 현묘한 작용을 깨달을 수 있다.

【解說】 시심(詩心)은 꼭 글을 많이 아는 사람에게만 있는 것이 아니라, 마음이 순진하고 다정다감한 사람이면 누구에게나 있다. 그러므로 글을 모르는 사람도 시적 감동을 지니면 시인의 홍취를 맛볼 수가 있다. 또 불교에서 하는 게송을 외지 못하는 사람이라 하더라도 선(禪)의 맛을 아는 자면 비록 게송을 하지 않더라도 현묘한 진리를 깨닫게 될 것이다.

〖註釋〗 *詩意(시의) 시를 이해하는 마음. 시심.
*禪味(선미) 선(禪)의 참된 뜻.
*禪敎(선교) 선종(禪宗)의 가르침.
*玄機(현기) 현묘한 작용.

〖字意〗 參 : 참고할 **참** 偈 : 글귀 **게**

48. 피해 의식을 버려라.

機動的(기동적)은 弓影(궁영)도 疑爲蛇蝎(의위사갈)하고 寢石(침석)도 視爲伏虎(시위복호)하니 此中(차중)에 渾是殺氣(혼시살기)요, 念息的(염식적)은 石虎(석호)도 可作海鷗(가작해구)하고 蛙聲(와성)도 可當鼓吹(가당고취)하니 觸處(촉처)에 俱見眞機(구견진기)니라.

【解釋】 마음이 흔들리면 활의 그림자도 뱀으로 의심하고, 누워 있는 바위도 엎드린 호랑이로 보이니, 이럴 때에는 모두가 살기요, 마음이 고요하면 석호같은 사람도 바다의 갈매기로 만들고, 개구리 울음소리도 음악으로 들리니, 사물에 접하는 곳마다 모두 참된 기틀을 알게 된다.

【解說】 모든 일은 마음 먹기에 달렸다. 옛날 중국 진(晉) 나라 때 재상 악광(樂廣)에게 친구가 찾아왔다. 너무 오랜만에 찾아온 것이 이상해 까닭을 물었더니 그 사람은,

"임금이 내린 술을 먹으려는데 술 잔에 독사의 그림자가 어른거렸습니다. 그걸 억지로 마셨더니 병이 나 꼼짝하지 못했습니다."

하는 것이었다. 악광은 생각나는 바가 있어 자기 처소 벽에다가 활 하나를 걸어 놓고 그 친구에게 술을 따라주며 다시 술잔을 보게 하였다. 그러자 그 친구는 역시 독사의 그림자가 보인다고 했다. 악광이 활을 치우자 그림자가 사라져 그 사람은 그것이 활의 그림자였음을 깨닫게 했다는 고사이다.

〖註釋〗 ***機動(기동)** 마음이 동요되어 흔들림.
***蛇蝎(사갈)** 뱀. 독사.
***念息(염식)** 마음이 가라앉음.
***石虎(석호)** 진대(晋代)의 사람으로 몹시 사나웠다는데, 후에 고승(高僧)의 감화를 받아 갈매기처럼 유순하게 되었다 한다.
***鼓吹(고취)** 음악.
***觸處(촉처)** 사물에 닿는 곳.
***眞機(진기)** 참다운 기틀.

〖字意〗 **弓**:활 **궁** **影**:그림자 **영** **疑**:의심할 **의** **蛇**:뱀 **사** **蝎**:전갈 **갈** **渾**:흐릴 **혼** **鷗**:갈매기 **구** **蛙**:개구리 **와** **鼓**:북두드릴 **고** **吹**:불 **취**

49. 몸은 자유롭게 마음은 냉철하게.

身如不繫之舟(신여불계지주)니 一任流行坎止(일임류행감지)하고, 心似旣灰之木(심사기회지목)이니 何妨刀割香塗(하방도할향도)리오?

【解釋】 몸은 매어 놓지 않은 배처럼 제 마음대로 흘러가고 스스로 멈춤에 맡기며, 마음은 마른 나무와 같이 냉철하니, 칼로 쪼개건 향을 바르거나 무슨 상관이 있겠는가?

【解說】 우리 인생이란 일정한 방향 없이 흘러가는 배와 같으니, 그저 흘러가는 대로 맡겨두어야 한다는 말은 얼른 이해가 가지 않는다. 그렇다고 우리의 삶이 꼭 자기의 마음 먹은대로 되는 것도 아니지 않은가? 학자를 꿈꾸던 사람이 사업가가 되고, 문인을 꿈꾸던 사람이 정치가가 되는 것이 세상이다. 인위적인 노력보다는 우리의 생에는 맡겨야 할 어떤 힘이 있는 것이다.

〖註釋〗 *不繫之舟(불계지주) 매어 놓지 않은 배.
*流行(유행) 흘러감.
*坎止(감지) 멈춤.
*旣灰之木(기회지목) 마른 나무.
*刀割香塗(도할향도) 칼로 쪼개어 땔감을 만들거나, 그릇을 만들어 향을 칠함.

〖字意〗 繫 : 묶을 계, 맬 계 舟 : 배 주 任 : 맡길 임 坎 : 구덩이 감 旣 : 이미 기 割 : 쪼갤 할 塗 : 바를 도, 길 도

50. 아름다움이나 추함이 한가지이다.

人情(인정)은 聽鶯啼則喜(청앵제즉희)하고 聞蛙鳴則厭(문와명즉염)하며, 見花則思培之(견화즉사배지)하고 遇草則欲去之(우초즉욕거지)하니, 但是以形氣用事(단시이형기용사)라. 以性天視之(이성천시지)하면 何者(하자) 非自鳴天機(비자명천기)며 非自暢其生意也(비자창기생의야)리오?

【解釋】 사람의 마음은 꾀꼬리 소리를 들으면 기뻐하고 개구리 울음소리를 들으면 싫어하며, 꽃을 보면 가꾸고 싶고 풀을 보면 베고자 하니, 이는 단지 형체와 기질로 사물을 구분하기 때문이다. 그러나 본성으로 보면 어느 것이 스스로 하늘의 작용에서 울려 나온 것이 아니며, 스스로 자라나는 뜻을 펴는 것이 아닌가?

【解說】 새가 우는 것이나 개구리가 우는 것이 그 자체는 같은 것이지만 우리는 하나는 좋아하고 하나는 싫어한다. 이는 사물의 외형이 그런 것이지 천성으로 보면 모든 것이 같은 작용인 것이 아니겠는가?

〖註釋〗 *形氣(형기) 형체와 기질.
*用事(용사) 일을 함.
*性天(성천) 본래의 바탕. 천성(天性).
*天機(천기) 하늘의 작용.
*生意(생의) 살아 움직임.

〖字意〗 啼 : 울 제　培 : 복돋울 배, 언덕 부　草 : 풀 초　但 : 다만 단　暢 : 통할 창

51. 새 울음과 꽃의 웃음이 참된 성품이다.

髮落齒疎(발락치소)는 任幻形之彫謝(임환형지조사)하고, 鳥吟花笑(조음화소)는 識自性之眞如(식자성지진여)니라.

【解釋】 머리털이 빠지고 이가 빠져 성글게 됨은 환상적인 형태 변화에 맡기고 새들이 노래하고 꽃의 웃음에서 본성의 변함 없는 진리를 알 것이다.

【解說】 머리털과 이빨이 빠진 것은 하나의 환형(幻形)일 뿐이고, 새의 노래와 꽃의 웃음이 참다운 성품인 것이다.

〖註釋〗 *齒疎(치소) 이가 빠짐.
*환형(幻形) 거짓 형상.
*彫謝(조사) 시들어 변함.
*自性(자성) 자연의 본성.
*眞如(진여) 절대적이고 평등한 진리.

〖字意〗 髮 : 터럭 발 齒 : 이 치 疎 : 성길 소 彫 : 시들 조, 새길 조
謝 : 사례할 사, 사양할 사, 끊을 사 笑 : 웃을 소

52. 마음을 비우면 세상의 시끄러움을 모른다.

欲其中者(욕기중자)는 波沸寒潭(파비한담)하여 山林(산림)도 不見其寂(불견기적)하고, 虛其中者(허기중자)는 涼生酷暑(양생혹서)하여 朝市(조시)에 不知其喧(부지기훤)이라.

【解釋】 탐욕이 가득차 있는 사람은 차가운 연못에 물결이 끓어 오르듯하여 산림 속에서도 그 정적을 느끼지 못하고, 마음이 비어

있는 사람은 무더위 속에서 서늘한 기운이 생기는 듯하여, 시끄러운 저자 가운데에서도 시끄러움을 모른다.

【解說】 욕심으로 가득찬 사람은 항상 고요할 때가 없이 바빠서 조용한 시골에 묻혀 살아도 한가함을 모른다. 마음을 비운 사람은 더운 날의 찬 바람 같아서 떠들썩한 저자에 살아도 시끄러움을 알지 못하고 지낸다.

〖註釋〗 *欲其中(욕기중) 욕심이 마음을 채움.
*波沸(파비) 물결이 끓어 오름.
*寒潭(한담) 차가운 연못.
*涼生酷暑(양생혹서) 혹심한 더위에도 서늘한 맛이 생김. 마음이 고요함.
*朝市(조시) 조정과 시장. 사람이 많은 곳.

〖字意〗 沸 : 끓을 비, 용솟음칠 불 酷 : 혹독할 혹 暑 : 더위 서

53. 가진 것이 많으면 잃는 것도 많다.

> 多藏者(다장자)는 厚亡(후망)이라 故(고)로 知富不如貧之無慮(지부불여빈지무려)요, 高步者(고보자)는 疾顚(질전)이라 故(고)로 知貴不如賤之常安(지귀불여천지상안)이라.

【解釋】 많이 가진 사람은 많이 잃는다. 그러므로 부유함이 가난하나 근심 없는 자만 못함을 알겠다. 높이 걷는 자는 속히 넘어진다. 그러므로 귀한 사람이 천한 사람의 항상 편안함만 못하다는 것을 알 수 있다.

【解說】 가진 것이 없는 사람은 잃을 것도 없다. 우스운 소리에, 거지가 남의 집에 불이 난 것을 보고 그 아들에게 저런 걱정이 없는 것은 애비를 잘 둔 탓이라고 하였다 한다. 가난하면서도 근심 · 걱정

이 없는 생활이 많이 갖고도 항상 잃을까 걱정하는 사람보다 행복한 생활이다.

〖註釋〗 *多藏者(다장자) 재산이 많은 사람.
*厚亡(후망) 많이 잃음.
*高步者(고보자) 높이 걷는 사람. 신분이 높다고 거드름 피우는 사람.
*疾顚(질전) 빨리 넘어짐.

〖字意〗 藏 : 감출 장, 착할 장 亡 : 죽을 망 疾 : 병 질, 괴로움 질 顚 : 넘어질 전, 머리 전 賤 : 천할 천

54. 산림에 묻혀 사는 즐거움.

> 讀易曉窓(독역효창)에 丹砂(단사)를 研松間之露(연송간지로)하고, 談經午案(담경오안)에 寶磬(보경)을 宣竹下之風(선죽하지풍)이라.

【解釋】 새벽 창가에서《주역(周易)》을 읽다가 솔 숲의 이슬을 받아 주사를 갈아 점을 찍고,한낮 책상 앞에서 불경을 담론하노라면 아름다운 풍경 소리가 대 숲에서 부는 바람에 울려 퍼진다.

【解說】 새벽에 일어나 독서를 하면서 솔잎의 이슬을 받아 주사를 갈아 잘 된 부분에 동그라미를 치고, 대낮 풍경 소리를 들으면서 경서 이야기를 나누는데 대숲에서 시원한 바람이 분다. 이런 경지야말로 신선의 생활이 아니겠는가?

〖註釋〗 *易(역) 주역(周易).
*丹砂(단사) 주사(朱砂). 붉은 빛을 내는 먹.
*午案(오안) 한낮에 책상을 대함.
*寶磬(보경) 절의 처마 끝에 다는 풍경.

〖字意〗 曉 : 새벽 효 研 : 갈 연 露 : 이슬 로 案 : 책상 안 午 : 낮 오

55. 화분의 꽃과 새장의 새는 자연미가 없다.

화거분내	종핍생기	조입롱중	변감천취
花居盆内하면	終乏生機하고	鳥入籠中하면	便減天趣하니,
불약산간화조	착집성문	고상자약	자시유연회심
不若山間花鳥가	錯集成文하고	翶翔自若하여	自是悠然會心이라.

【解釋】 꽃이 화분 안에 심어지면 마침내 생기를 잃게 되고, 새가 새장에 갇히면 바로 천연의 운치가 감소된다. 그래서 산에 핀 꽃과 새가 서로 뒤섞여 아름다운 무늬를 이루고, 자유롭게 날아 돌아다니며 스스로 유유하여 마음에 드는 것만 못하다.

【解說】 화분에 기르는 화초, 새장 속의 새는 자연 그대로의 모습은 아니다. 그 보다는 산 속의 이름 모를 새와 꽃이 제멋대로 우짖고 피어나듯 인위가 전혀 더해지지 않은 순수한 마음을 지녀야 참된 멋을 이해할 수 있다.

〖註釋〗 *生機(생기) 살아 움직이는 기운.
*天趣(천취) 자연스런 맛.
*錯集成文(착집성문) 여럿이 뒤섞여 아름다운 무늬를 이룸.
*翶翔(고상) 빙빙 날아 돌아다님.
*會心(회심) 마음에 맞음.

〖字意〗 乏 : 모자를 핍, 다할 핍 籠 : 새장 롱, 대그릇 롱 減 : 감할 감
錯 : 섞일 착 集 : 모을 집 翶 : 날 고 翔 : 날 상, 돌아볼 상

56. 자아에 집착함이 번뇌이다.

세인 지연인득아자태진 고 다종종기호 종종
世人이 只緣認得我字太眞이라. 故로 多種種嗜好하고 種種
번뇌 전인 운 「불부지유아 하지물위귀 우
煩惱라. 前人이 云하되 「不復知有我면 何知物爲貴오?」하고, 又
운 「지신불시아 번뇌갱하침 진파적지언야
云하되 「知身不是我면 煩惱更何侵인가?」하니, 眞破的之言也라.

【解釋】 세상 사람들은 오직 '나'라는 글자를 지나치게 참된 것으로만 여기기 때문에, 갖가지 기호와 번뇌가 생긴다. 옛 사람이 이르기를 '내가 있음도 알지 못하는데 어찌 사물의 귀함을 알겠는가?'라고 했으니, 참으로 맞는 말이다.

【解說】 자아(自我)에 너무 집착함으로써 좋아함과 번뇌가 우리를 괴롭힌다. 그러니 '나'를 마음에 두지 않으면 무슨 귀한 물건이 있을 것이며 무슨 번뇌가 있을 것인가? 모든 번뇌와 갈등은 모두 아집(我執)에서 비롯됨을 알아야 한다.

〖註釋〗 *認得(인득) 알아차리다.
*太眞(태진) 아주 참됨.
*種種(종종) 갖가지.
*破的(파적) 과녁을 뚫음. 적중함. 곧 진리에 맞음.

〖字意〗 緣 : 인연 연 認 : 알 인 煩 : 번거로울 번 侵 : 침범할 침

57. 부귀영화는 덧없는 꿈이다.

자로시소 가이소분치각축지심 자췌시영 가
自老視少하면 可以消奔馳角逐之心이요, 自瘁視榮하면 可
이절분화미려지념
以絶紛華靡麗之念이라.

【解釋】 늙었을 때의 입장에서 젊었을 때를 생각하듯 하면 바삐 달리고 서로 다투는 마음을 없앨 수 있고, 영락한 처지에서 부귀영화를 보듯 하면, 사치하고 화려해지고자 하는 생각을 끊어 버릴 수 있다.

【解說】 일이 지난 다음에 보면 그 때 무엇을 위해 그처럼 다투고 마음을 태웠는지 이해가 되지 않는 일이 많다. 이런 것을 미리 알면 범사(凡事)에 조금은 여유가 생길 것이다.

〖註釋〗 *奔馳(분치) 명예와 이익을 추구하느라 바삐 달림.
*角逐(각축) 서로 경쟁하여 다툼.
*紛華靡麗(분화미려) 요란스럽고, 화려하고, 사치스러움.

〖字意〗 逐 : 쫓을 축, 달릴 축 瘁 : 병들 췌, 파리해질 췌 靡 : 화려할 미

58. 오늘의 내것이 훗날 남의 것이 된다.

인정세태 숙홀만단 불의인득태진 요부운
人情世態는 倏忽萬端이니 不宜認得太眞이라. 堯夫云하되,
「석일소운아 이금각시이 부지금일아 우속후래수
昔日所云我도 而今却是伊라. 不知今日我인들 又屬後來誰오?」
인상작시관 변가해각흉중견의
하니, 人常作是觀하면 便可解却胸中罥矣리라.

【解釋】 인정과 세태는 잠깐 사이에 만갈래로 변하니 너무 진실된 것으로 알아서는 안 된다. 요부가 이르기를 '지난 날 내 것이라던 것이 지금은 오히려 저 사람의 것이 되었네. 오늘의 내 것이 또 뒷날 누구의 것이 될 것인지 어찌 알겠는가?' 하였으니 사람이 항상 이런 관점으로 사물을 본다면, 곧 가슴 속에 얽매인 바를 풀어버릴 수 있을 것이다.

【解說】 세태는 항상 변하여 어제의 적이 오늘의 동지가 되고 오늘의 동지가 내일은 원수가 되기도 한다. 소유함 역시 오늘은 내것이

지만 내일은 누구의 것이 될지 모르니 너무 현재의 사실을 믿어서는 안 된다.

〖註釋〗 ***世態**(세태)** 세상의 인심, 모습.
***倏忽**(숙홀)** 갑자기.
***萬端**(만단)** 갖가지 갈래.
***堯夫**(요부)** 송(宋)나라 학자인 소강절(邵康節)의 자(字). 이름은 옹(雍)이며, 강절은 시호이다.
***昔日**(석일)** 지난 날.
***作是觀**(작시관)** 이런 견해를 지음.
***解却**(해각)** 풀어버리다.

〖字意〗 **態**: 모양 **태** **端**: 실마리 **단**, 바를 **단** **堯**: 높을 **요**, 멀 **요** **伊**: 저 **이**, 어조사 **이** **誰**: 누구 **수** **胸**: 가슴 **흉** **罥**: 얽힐 **견**, 걸릴 **견**

59. 때에 따라 냉철하고 열중하라.

> 열뇨중 착일냉안 변생허다고심사 냉락처 존
> **熱鬧中**에 **著一冷眼**하며 **便省許多苦心思**하고, **冷落處**에 **存**
> 일열심 변득허다진취미
> **一熱心**하면 **便得許多眞趣味**라.

【解釋】 복잡하고 시끄러운 가운데 한번 냉철한 눈으로 보게 되면, 많은 괴로운 생각을 덜게 되고, 몰락한 형편에서 한번 뜨거운 마음을 가지면 많은 참된 취미를 얻게 된다.

【解說】 흥분한 마음을 식히고 냉정을 되찾아 생각해 보면 지금까지 흥분했던 일이 우습게 생각 될 때가 많다. 또 암담한 때에는 낙망만 할 것이 아니라 마음을 가다듬어 열정을 가지면 그런 대로 세상은 살 만한 것이라고 생각된다.

〖註釋〗 ***熱鬧**(열뇨)** 번잡하고 시끄러움.
***冷眼**(냉안)** 냉정한 안목.
***冷落**(냉락)** 몰락해서 형편이 보잘 것 없이 됨.

〖字意〗 **鬧**: 시끄러울 **뇨** **省**: 줄일 **생** **思**: 생각 **사** **落**: 떨어질 **락**
存: 있을 **존**

60. 일상의 즐거움이 참다운 기쁨이다.

유 일 락 경 계 취 유 일 불 락 적 상 대 대 유 일 호 광 경
有一樂境界하면 **就有一不樂的相對待**하고 **有一好光景**하면
취 유 일 불 호 적 상 승 제 지 시 심 상 가 반 소 위 풍 광
就有一不好的相乘除하니, **只是尋常家飯**과 **素位風光**이라야
재 시 개 안 락 적 와 소
纔是個安樂的窩巢니라.

【解釋】 즐거운 경지가 있으면, 즐겁지 못한 경지가 있어 서로 대립되고, 좋은 경치가 있으면 좋지 못한 경치가 있어 서로 비기게 된다. 다만 늘 먹는 밥과 벼슬 없는 생활이 비로소 안락한 거처가 되는 것이다.

【解說】 호사다마(好事多魔)란 말이 있다. 좋은 일 뒤에는 꼭 나쁜 일이 뒤따라서 인생은 어차피 희비(喜悲)가 맞물려 돌아간다. 그럴 바에는 너무 기쁜 일도, 너무 슬픈 일도 생기지 말고 평범한 생활이 계속되는 것이 낫다.

〖註釋〗 ***相對待(상대대)** 서로 대립함.
***相乘除(상승제)** 서로 곱하고 나눔. 비김.
***尋常家飯(심상가반)** 늘 먹는 식사.
***素位(소위)** 벼슬이 없는 신분.
***風光(풍광)** 경치.
***窩巢(와소)** 거처. 생활하는 집.

〖字意〗 **乘**: 곱할 **승**, 오를 **승** **尋**: 보통 **심**, 찾을 **심**
素: 흴 **소** **窩**: 굴 **와** **巢**: 둥지 **소**

61. 자연을 벗하면 나와 남을 함께 잊을 수 있다.

염 롱 고 창 　 간 청 산 록 수 탄 토 운 연 　 식 건 곤 지 자 재
簾櫳高敞하고 看青山綠水吞吐雲煙하면 識乾坤之自在하며,

죽 수 부 소 　 임 유 연 명 구 송 영 시 서 　 지 물 아 지 양 망
竹樹扶疎에 任乳燕鳴鳩送迎時序하면 知物我之兩亡이라.

【解釋】 발 드리운 문을 높이 열고, 푸른 산과 맑은 물이 구름과 안개를 삼켰다 뱉았다 하는 광경을 바라보면 천지의 자유 자재함을 알게 되고, 대와 숲이 우거진 곳에서 새끼 치는 제비와 우는 비둘기가 계절에 따라 가고 오는 것을 보면 사물과 나를 다 잊게 된다.

【解說】 창문을 열고 구름이 덮였다 걷혔다 하는 푸른 산을 보면 천지의 무궁한 조화를 보는 것 같아 겸허한 마음이 생기며, 숲 속에 튼 둥지에서 새끼를 치다가 철이 되면 들고 나는 새들을 보면 자연과 내가 하나임을 느끼게 된다.

〖註釋〗 *簾櫳(염농) 발을 드리운 난간.
*高敞(고창) 높이 열음.
*呑吐雲煙(탄토운연) 구름과 안개가 끼었다 걷힘.
*扶疎(부소) 가지와 잎이 우거짐.
*乳燕(유연) 새끼 치는 제비.
*鳴鳩(명구) 우는 비둘기.
*送迎時序(송영시서) 계절을 따라 가고 오다.

〖字意〗 綠 : 푸를 록　吐 : 토할 토　樹 : 심을 수　簾 : 발 렴
櫳 : 창 롱, 난간 롱　呑 : 삼킬 탄　敞 : 열을 창, 넓을 창
乳 : 젖 유　燕 : 제비 연　鳩 : 비둘기 구

62. 살아 있는 것은 언젠가 죽는다.

지 성 지 필 패　즉 구 성 지 심　불 필 태 견　지 생 지 필 사
知成之必敗면 則求成之心이 不必太堅하고, 知生之必死면
즉 보 생 지 도　불 필 과 로
則保生之道에 不必過勞니라.

【解釋】 이루어진 것은 언젠가 반드시 무너지게 된다는 사실을 알면, 이루기를 바라는 마음이 반드시 지나치게 굳지 않을 것이고, 살아 있는 것은 언젠가 죽는다는 것을 안다면, 삶을 보전하는 길을 찾기에 반드시 지나치게 애쓰지 않을 것이다.

【解說】 정상에 오르는 기쁨은 크지만, 언젠가는 내려와야 할 슬픔이 있음을 알면 기어이 정상에 도달하려는 마음이 사라질 것이다. 삶이 있으면 죽음이 있게 마련이라는 것은 누구나 알지만 그것을 초월하는 사람은 많지 않아서 어떻게 하든지 살려고 매달린다. 그러나 지나치게 살려고 애써서는 안 된다.

〖註釋〗 *求成之心(구성지심) 성취하기를 바라는 마음.
*太堅(태견) 지나치게 굳음.
*保生之道(보생지도) 삶을 보전하는 길을 찾아 애씀.
*過勞(과로) 지나치게 애씀.

〖字意〗 堅 : 굳을 견　保 : 보전할 보　過 : 지날 과　勞 : 수고로울 노

63. 조용한 마음으로 사물을 대하라.

고 덕　운　죽 영 소 계 진 부 동　월 륜 천 소 수 무 흔
古德이 云하되 「竹影掃階塵不動이요, 月輪穿沼水無痕이라」하고,
오 유　운　수 류 임 급 경 상 정　화 락 수 빈 의 자 한
吾儒가 云하되, 「水流任急境常靜이요, 花落雖頻意自閑이라」하니,
인 상 지 차 의　이 응 사 접 물　신 심　하 등 자 재
人常持此意하여 以應事接物하면 身心이 何等自在리오?

【解釋】 옛날 고승(高僧)이 이르기를 '대 그림자가 섬돌을 쓸어도 티끌이 일지 않고, 달빛이 연못을 꿰뚫어도 물에는 흔적이 없다'라고 하였고, 우리의 유가(儒家)에서도 말하기를 '물 흐름이 아무리 빨라도 주위는 항상 고요하고, 꽃은 자주 지지만 마음은 스스로 한가롭다'라고 했으니, 사람이 항상 이런 뜻을 가지고 사물에 접한다면, 몸과 마음이 얼마나 자유롭겠는가?

【解說】 바람에 흔들리는 대나무 그림자가 뜰에 비추어도 먼지 하나 일지 않고, 달빛이 연못의 물 속에 드리워도 물결이 일지 않듯 항상 외물에 동요하지 말고 평정한 마음으로 사물을 대하면 얼마나 자유롭겠는가?

〖註釋〗 ***古德**(고덕)** 덕이 높은 승려. 고승(高僧).
***吾儒**(오유)** 유가(儒家).
***應事接物**(응사접물)** 사물에 접함.
***何等自在**(하등자재)** 얼마나 자유롭겠는가의 뜻.

〖字意〗 **掃**:쓸 소 **階**:섬돌 계 **穿**:뚫을 천 **沼**:늪 소, 연못 소
痕:상처 흔, 흔적 흔 **儒**:선비 유 **頻**:자주 빈 **持**:가질 지

64. 천지 자연은 최상의 문장이다.

林間松韻(임간송운)과 石上泉聲(석상천성)도 靜裡聽來(정리청래)면 識天地自然鳴佩(식천지자연명패)하고,
草際煙光(초제연광)과 水心雲影(수심운영)도 閒中觀去(한중관거)면 見乾坤最上文章(견건곤최상문장)이니라.

【解釋】 숲 사이의 솔바람 소리와 돌 위를 흐르는 샘물 소리도 고요한 가운데 들어보면 천지 자연의 음악임을 알 수 있고, 풀섶의 안개 빛과 물 가운데 비친 구름 그림자도 한가한 마음으로 보면, 이 세상 최상의 문장임을 알게 된다.

【解說】 솔솔 부는 솔바람 소리, 졸졸 흐르는 샘물 소리를 조용히

듣고 있노라면 그것은 천지 자연의 교향곡임을 알 수 있고, 숲에 낀 안개와 물에 뜬 구름의 그림자를 한가롭게 보노라면 언어로 나타내지 못할 세상에서 가장 오묘한 문장임을 보게 된다.

〖註釋〗 *松韻(송운) 솔바람 소리. *鳴佩(명패) 패옥 소리. 음악. *草際(초제) 풀섶. *煙光(연광) 안개 빛. *水心雲影(수심운영) 물 속에 비치는 구름 그림자.

〖字意〗 韻 : 울림 운, 운 운　佩 : 찰 패, 패옥 패
際 : 사이 제　煙 : 연기 연　影 : 그림자 영　乾 : 하늘 건
坤 : 땅 곤

65. 마음은 항복시키기가 어렵다.

眼看西晋之荊榛(안간서진지형진)하되 猶矜白刃(유긍백인)하고, 身屬北邙之狐兎(신속북망지호토)하되 尙惜黃金(상석황금)이라. 語(어)에 云(운)하되 猛獸(맹수)는 易伏(이복)이나 人心(인심)은 難降(난항)하며, 谿壑(계학)은 易填(이전)이나 人心(인심)은 難滿(란만)이라 하니 信哉(신재)라.

【解釋】 눈으로 서진의 황폐함을 보고서도 칼날을 뽐내고, 몸은 북망산의 여우와 토끼에게 맡겨질 것을 알면서도 황금을 아낀다. 옛말에 이르기를 '사나운 짐승은 길들이기 쉽지만 사람의 마음은 항복시키기 어렵고, 계곡은 쉽게 메울 수 있어도 사람의 마음은 만족시키기 어렵다'라고 했으니, 옳은 말이다.

【解說】 흥망성쇠는 무상한 것이어서 역사에 흥했던 나라치고 망하지 않은 나라가 없다. 그런데도 모두 무력을 뽐내어 나라를 세우려 하며, 언젠가는 죽어서 북망산에 묻힐 몸인데도 재물을 목숨보다 아끼니, 이런 사람의 마음은 참으로 고치기가 어렵다.

〖註釋〗 *西晉之荊榛(서진지형진) 서진 나라가 망하여 그 도읍이 가시

와 잡초에 묻혀 황폐하다는 뜻으로 흥망성쇠의 무상함을 뜻한다.
*白刃(백인) 병기(兵器). 무기.
*北邙(북망) 낙양(洛陽) 북쪽에 있는 공동 묘지.
*谿壑(계학) 골짜기.

〖字意〗 晉 : 진나라 진
榛 : 가시나무 진, 덤불 진
兎 : 토끼 토　惜 : 아낄 석
谿 : 시내 계, 계곡 계
塡 : 메울 전, 채울 전
信 : 믿을 신, 맡길 신
荊 : 가시나무 형, 곤장 형
刃 : 칼날 인　北 : 북녘 북
降 : 항복할 항, 내릴 강
壑 : 골짜기 학
滿 : 가득찰 만

66. 마음의 파도를 잠재우라.

> 心地上(심지상)에 無風濤(무풍도)면 隨在(수재)에 皆靑山綠水(개청산록수)요, 性天中(성천중)에 有化育(유화육)이면 觸處(촉처)에 見魚躍鳶飛(견어약연비)라.

【解釋】 마음에 풍파가 일지 않으면 가는 곳마다 청산 녹수요. 천성 가운데 만물을 기르는 기운이 있으면 닿는 곳마다 물고기가 뛰놀고 솔개가 날아 오르는 자연스런 모습을 보게 될 것이다.

【解說】 자신의 마음에 파문이 일지 않고 고요하면 보는 것마다 모두 아름다운 청산과 녹수로 보인다. 성품이 남을 길러주고 살리기를 좋아하면 손닿는 곳마다 거기에 힘입어 환기에 넘칠 것이다

〖註釋〗 *心地(심지) 마음.
*性天(성천) 천성(天性).
*化育(화육) 만물을 북돋아 기름.
*觸處(촉처) 손닿는 곳.
*魚躍鳶飛(어약연비) 물고기가 뛰놀고 솔개가 나는 자유자재의 기상.

〖字意〗 濤 파도 도　隨 : 따를 수　躍 : 뛸 약　鳶 : 솔개 연

67. 유유자적함을 즐겨라.

아관대대지사	일단도경사소립	표표연일야	미
峨冠大帶之士도	一旦睹輕簑小笠으로	飄飄然逸也면	未
필부동기자차	장연광석지호	일단우소렴정궤	유
必不動其咨嗟하고,	長筵廣席之豪도	一旦遇疎簾淨几로	悠
유언정야	미필부증기권련	인내하구이화우	
悠焉靜也면	未必不增其綣戀하리니,	人奈何驅以火牛하고	
유이풍마	이불사자적기성재		
誘以風馬하며	而不思自適其性哉아?		

【解釋】 높은 관에 큰띠 띤 벼슬아치도, 한번 가벼운 도롱이에 작은 삿갓을 쓴 사람의 경쾌하고 편한 모습을 보면, 부러워 감탄을 하지 않을 수 없고, 호화스러운 곳에 사는 부호도 한번 성긴 발과 깨끗한 책상에서 한가롭게 조용함을 즐기는 사람을 만나면, 그리워하는 마음이 더해지지 않을 수 없다. 그런데 사람들은 어찌 화우(火牛)로 몰아 붙이고, 풍마로 꾀일 줄만 알고, 그 천성에 자적할 생각을 못하는가?

【解說】 높은 벼슬아치가 도롱이와 삿갓을 쓰고 한가히 낚시질하는 사람을 보면 부러워하게 되고, 호사스런 생활을 하는 부자도 거친 발을 친 방안에서 조용히 독서하거나 사색하는 선비를 보면 그런 생활을 동경하게 마련이다. 그러나 그런 마음은 잠시일 뿐 다시 부귀 공명을 추구하느라 수단과 방법을 가리지 않으니 안타까운 일이다. 화우(火牛)란 소의 뿔에 창을 붙잡아매고 꼬리에다 기름 묻힌 갈대를 매달아 적을 공격하는 전술. 풍마(風馬)란 거리가 멀어 말이 교미를 하려 해도 되지 않는다는 뜻.

〖註釋〗 ***峨冠大帶(아관대대)*** 높은 관과 넓은 띠. 높은 벼슬아치.

輕簑小笠(경사소립) 가벼운 도롱이와 작은 삿갓. 농부나 은자(隱者)의 복장.

飄飄然(표표연) 경쾌한 모양.

*咨嗟(자차) 감탄하는 탄식.
*長筵廣席(장연광석) 호화로운 잔치 자리.
*疎簾淨几(소렴정궤) 성긴 발과 청아한 책상.
*悠悠焉(유유언) 한가로운 모양.
*綣戀(권련) 그리워하다.
*火牛(화우) 꼬리에 불을 붙인 공격용 소.
*風馬(풍마) 교미(交尾)하려는 말.

〖字意〗 峨:높을 아 旦:아침 단 睹:볼 도 簑:도롱이 사
笠:삿갓 립 飄:떠돌 표 咨:탄식할 자 嗟:탄식할 차
筵:대자리 연 綣:정다울 권 驅:몰 구 誘:꾀일 유

68. 물고기는 물의 고마움을 모른다.

> 魚得水逝(어득수서)로되 而相忘乎水(이상망호수)하고 鳥乘風飛(조승풍비)로되 而不知有風(이부지유풍)하니, 識此(식차)면 可以超物累(가이초물루)하고 可以樂天機(가이낙천기)라.

【解釋】 물고기는 물 속에서 헤엄을 치지만 물이 있음을 잊고, 새는 바람을 타고 날지만 바람이 있음을 모른다. 이러한 사실을 안다면 물질의 속박을 벗어나 하늘의 작용을 즐길 수 있을 것이다.

【解說】 물에서 헤엄치는 물고기나 공중을 나는 새는 물과 공기 때문에 살아갈 수 있으나 거기에 매달리거나 구속을 받지 않는다. 사람이 세상을 사는 것도 마찬가지 이치이지만 사람은 세상의 속박을 떨쳐버리지 못하여 갖은 얽매임과 더러움을 당해야 한다. 그러므로 이런 속박을 벗어나야만 하늘이 우리에게 준 즐거운 생을 누릴 수 있을 것이다.

〖註釋〗 *物累(물루) 외물(外物)로부터의 속박.
*天機(천기) 천지의 작용.

〖字意〗 逝:갈 서, 죽을 서 忘:잊을 망 超:뛰어넘을 초
累:여러 루, 얽힐 루 乘:탈 승

69. 흥망 성쇠는 무상하다.

호 면 패 체　　토 주 황 대　　진 시 당 년 가 무 지 지　　노 랭 황
狐眠敗砌하고 兎走荒臺하니 盡是當年歌舞之地요, 露冷黃
화　　연 미 쇠 초　　실 속 구 시 쟁 전 지 장　　성 쇠 하 상
花화고 煙迷衰草하니 悉屬舊時爭戰之場이라. 盛衰何常이며
강 약 안 재　　염 차　　영 인 심 회
强弱安在오? 念此면 令人心灰라.

【解釋】 여우가 무너진 섬돌에서 잠을 자고, 토끼가 황폐한 누대 위를 달리는데, 이곳은 모두 그 옛날 노래하고 춤추던 곳이요, 이슬은 국화에 싸늘히 맺히고 연기가 시든 풀에 어리는데, 이곳은 옛날의 전쟁터이다. 번성하고 쇠퇴함이 어찌 변하지 않으며, 강자와 약자가 어디에 있는가? 이를 생각하면 마음이 재와 같이 식을 것이다.

【解說】 옛날 화려했던 궁궐이나 저택의 폐허는 여우와 토끼의 놀이터가 되어 당시의 춤추고 노래하던 즐거운 자취는 간 곳이 없다. 흥망을 다투느라 불꽃 튀던 옛 전쟁터에는 이름모를 꽃과 잡초만이 우거져 이슬과 안개에 덮여 있으니 어찌 성쇠와 강약이 무상하지 않는가? 이런 생각을 해 보면 우리의 마음은 좀 더 냉철할 수가 있다.

〖註釋〗 *敗砌(패체) 무너진 섬돌.
*荒臺(황대) 황폐한 누대.
*黃花(황화) 국화의 별명.

〖字意〗 砌 : 섬돌 **체**　荒 : 황폐할 **황**　黃 : 누를 **황**　場 : 마당 **장**
强 : 굳셀 **강**　弱 : 약할 **약**　念 : 생각 **념**　灰 : 재 **회**
安 : 편안 **안**, 어찌 **안**

70. 영욕을 초월해야 자연을 즐길 줄 안다.

총욕 불경 한간정전화개화락 거류 무의
寵辱에 不驚하니 閒看庭前花開花落하고, 去留에 無意하니
만수천외운권운서
漫隨天外雲卷雲舒니라.

【解釋】 영화와 욕됨에 놀라지 아니하니 한가로이 뜰 앞에 피고 지는 꽃을 보고, 떠남과 머무는 데 뜻이 없으니 무심히 하늘 가의 걷히고 펼쳐지는 구름을 따른다.

【解說】 영광과 욕됨에 개의치 않고 한가로이 뜰에 피었다 지는 꽃을 감상하고, 머물고 떠남에 집착하지 않으면서 접혔다 펴졌다 하는 하늘에 뜬 구름을 보면 한가로운 사람이다.

〖註釋〗 ***寵辱(총욕)*** 총애를 받음과 욕을 당함.
去留(거류) 떠남과 머무름.
雲卷雲舒(운권운서) 구름이 걷히고 펼쳐짐.

〖字意〗 **驚** : 놀랄 **경** **漫** : 넓을 만, 더러울 **만** **隨** : 따를 **수**
卷 : 책 권, 접을 **권** **舒** : 펼 **서**

71. 썩은 쥐만 찾는 올빼미가 되지 말라.

청공랑월 하천 불가고상 이비아 독투야
晴空朗月에 何天을 不可翶翔이리오마는 而飛蛾는 獨投夜
촉 청천록훼 하물 불가음탁 이치효 편
燭하고, 淸泉綠卉에 何物을 不可飮啄이리오마는 而鴟鴞는 偏
기부서 희 세지불위비아치효자 기하인재
嗜腐鼠하니, 噫라 世之不爲飛蛾鴟鴞者가 幾何人哉아?

【解釋】 맑은 하늘, 밝은 달 아래 어딘들 날 데가 없어 부나비는 유독 촛불에 몸을 던지고, 맑은 샘 푸른 풀잎에 어디를 쪼고 마실 것이 없어 올빼미는 굳이 썩은 쥐를 즐기는가? 아, 세상에 부나비와 올빼미 아닌 사람이 몇이나 될까?

【解說】 맑은 창공, 밝은 달을 두고 부나비는 꼭 등불만 찾아들다가 몸을 망치고, 맑은 물에 있는 물고기나 숲에 사는 곤충이 많은데 올빼미는 꼭 썩은 쥐만 먹는다. 사람도 이와 같아서 맑은 취미와 깨끗한 생활을 마다 하고 굳이 이권(利權)에 매달리다 끝내는 몸과 명예를 더럽히니 어찌 안타까운 일이 아니겠는가?

〖註釋〗 *翱翔(고상) 훨훨 자유로이 날음.
*飛蛾(비아) 부나비.
*綠卉(녹훼) 푸른 풀.
*鴟鴞(치효) 올빼미.

〖字意〗 蛾 : 부나비 아　投 : 던질 투　卉 : 풀 훼　啄 : 쪼을 탁
鴟 : 솔개 치　鴞 : 올빼미 효　幾 : 몇 기　哉 : 어조사 재

72. 나귀를 타고 또 나귀를 찾는 사람.

> 纔就筏(재취벌)하여 便思舍筏(변사사벌)하면 方是無事道人(방시무사도인)이나, 若騎驢(약기려)하여 又復覓驢(우부멱려)하면 終爲不了禪師(종위불료선사)니라.

【解釋】 뗏목에 올라 곧 뗏목을 버릴 생각을 하는 사람은 바로 일없는 도인이나, 만일 나귀를 타고 다시 나귀를 찾는다면 끝내 도를 깨닫지 못한 선사가 될 것이다.

【解說】 물을 건너려면 도구가 필요하지만 그것은 건너기 위한 수단이지 목적이 될 수 없어 영원히 자기의 것은 되지 못하므로, 버릴 줄 아는 사람은 달통한 도인이다. 그러나 나귀를 타고도 또 나귀를

찾는 사람은 자신을 버려두고 남에게만 의지하려는 사람이니, 끝내 도를 깨닫지 못한다. 불경의 "마음이 부처인 줄을 모르는 사람은 바로 나귀를 타고도 나귀를 찾는 것이나 다름 없다.[不解心即是佛 眞是騎驢覔驢]"에서 인용한 말이다.

〖註釋〗 *就筏(취벌) 뗏목에 오름.
*纔~便(재변) 겨우~하니. 문득~한다.
*舍筏(사벌) 뗏목을 버림.
*方是(방시) 바야흐로~이다.
*無事道人(무사도인) 일상사의 얽매임에서 벗어난 도통한 사람. 달인(達人).
*騎驢覔驢(기려멱려) 나귀를 타고서 나귀를 찾음.
*不了禪師(불료선사) 진리를 깨닫지 못한 사이비 도인(道人)

〖字意〗 筏 : 뗏목 벌 驢 : 나귀 려 覔 : 찾을 멱, 볼 멱

73. 세상의 시비와 득실에 마음 쓰지 말라.

權貴龍驤(권귀용양)하고 英雄虎戰(영웅호전)하니 以冷眼視之(이랭안시지)하면 如蟻聚羶(여의취전)하고 如蠅競血(여승경혈)이라 是非蜂起(시비봉기)하고 得失蝟興(득실위흥)하니 以冷情當之(이랭정당지)하면 如冶化金(여야화금)하고 如湯消雪(여탕소설)이니라.

【解釋】 권세와 부귀를 지닌 자들이 용처럼 날뛰고, 영웅들이 범처럼 싸우는데 이를 냉정한 눈으로 본다면 마치 개미가 비린내를 따라 모이고, 파리가 피를 다투어 빨아 먹는 것이나 다름이 없다. 시비를 따지는 데 벌 떼가 모이듯 하고, 이해 득실을 가리는 것이 고슴도치 털이 뻗치는 듯하니, 이를 냉정한 마음으로 대하고 보면, 마치 풀무가 쇠를 녹이고 끓는 물이 눈을 녹이는 것과 같다.

【解說】 부귀, 권력이 있는 곳이면 마치 쉬파리가 몰려들듯 사람들이 염치 없이 몰려들며, 하찮은 일의 시비를 따지는데 벌떼처럼 일어나는 것이 세태이지만 그것은 결국 자신을 멸망의 길로 몰아 넣는 길이다.

〖註釋〗 *權貴(권귀) 권력자와 부귀한 자.
*龍驤(용양) 용처럼 날뛰며 다툼.
*虎戰(호전) 범이 싸움.
*蟻聚羶(의취전) 개미가 비린내에 모여드는 것.
*蠅競血(승경혈) 파리 떼가 다투어 피를 빨음.
*蝟興(위흥) 고슴도치털처럼 일어섬.
*冶化金(야화금) 풀무가 쇠붙이를 녹임.
*湯消雪(탕소설) 끓는 물이 눈을 녹임.

〖字意〗 龍 : 용 룡 驤 : 날뛸 양 蟻 : 개미 의 羶 : 누린내 전, 더러울 전
蠅 : 파리 승 蜂 : 벌 봉 蝟 : 고슴도치 위

74. 물욕에 얽매인 사람은 불쌍하다.

羈鎖於物慾(기쇄어물욕)하면 覺吾生之可哀(각오생지가애)하고 夷猶於性眞(이유어성진)하면 覺吾生之可樂(각오생지가락)하니, 知其可哀(지기가애)하면 則塵情(즉진정)이 立破(입파)하고 知其可樂(지기가락)하면 則聖境(즉성경)이 自臻(자진)이라.

【解釋】 물욕에 얽매이면 우리 인생이 불쌍함을 깨닫게 되고, 천성에 따라 유유히 노닐면 우리 생애가 즐거운 것임을 깨닫게 되니, 그 불쌍함을 알면 곧 속세의 욕심이 그대로 사라져 버릴 것이요. 그 즐거움을 알면 곧 성인의 경지에 스스로 이르게 될 것이다.

【解說】 물욕에 매인 사람은 불행하여 본성에 따라 삶을 즐기는 사람만 못하다. 이런 이치를 깨달아 속된 마음을 깨뜨려야 즐거움을 알고 성인의 경지에 이를 수 있다.

〖註釋〗 *羈鎖(기쇄) 기(羈)는 굴레, 쇄(鎖)는 좌물쇠 곧 얽매임을 뜻함.

*夷猶(이유) 유유자적하게 노닐음.
*塵情(진정) 속세의 욕심.
*立破(입파) 곧 바로 깨어짐.

〖字意〗 羈 : 굴레씌울 기　鎖 : 자물쇠 쇄　哀 : 슬플 애　塵 : 티끌 진
臻 : 이를 진

75. 마음이 맑아야 푸른 하늘의 달을 본다.

胸中(흉중)에 旣無半點物慾(기무반점물욕)이면 已如雪消爐焰氷消日(이여설소로염빙소일)하고, 眼前(안전)에 自有一段空明(자유일단공명)이면 時見月在靑天影在波(시견월재청천영재파)니라.

【解釋】 욕심이 없으면 모든 번민이 눈 녹듯이 사라지고, 마음이 밝으면 때때로 물 속에 비치는 푸른 하늘의 달을 볼 수 있다.

【解說】 조금의 물욕이 없으면 화로나 해가 눈을 녹이고 얼음을 녹이듯 마음의 속기가 없어질 것이며, 마음을 환하게 비우면 하늘에 걸린 달과 물 위에 비추인 달 그림자를 보게 된다.

〖註釋〗 *半點(반점) 약간을 뜻하는 말.
*爐焰(노염) 화로 속에 타오르는 불꽃.
*一段(일단) 한 조각.
*空明(공명) 달이 물 속에 비친 모양. 마음이 밝고 빛남의 뜻

〖字意〗 胸 : 가슴 흉　旣 : 이미 기　爐 : 화로 로　焰 : 불꽃 염
空 : 빌 공　波 : 물결 파

76. 경치에 따라 흥이 일어난다.

詩思(시사)는 在灞陵橋上(재패릉교상)이라 微吟就(미음취)에 林岫(임수)가 便已浩然(변이호연)하고, 野興(야흥)은 在鏡湖曲邊(재경호곡변)이라 獨往時(독왕시)에 山川(산천)이 自相映發(자상영발)이라.

【解釋】 시상(詩想)이 패릉 다리 위에서 이니 나직히 읊조리면 숲과 계곡이 문득 탁 트이고, 맑은 흥취가 경호의 구비진 호숫가에서 이니 홀로 거닐면 산과 내가 절로 서로를 비춘다.

【解說】 시상(詩想)은 아무 데서나 이는 것이 아니라 정취있는 장소에서 일기 때문에 읊으면 감흥이 있는 것이며, 맑은 흥은 아무 곳에서나 이는 것이 아니라 경호처럼 경치 좋은 곳에서 일어 나기 때문에 자연과 내가 서로 합치된다.

〖註釋〗 *詩思(시사) 시적인 생각. 시상(詩想).

*灞陵橋(패릉교) 중국 장안(長安) 동쪽에 있는 다리 이름으로, 옛날 이곳에서 이별의 정을 나누었다 함.

*微吟就(미음취) 시상이 떠올라 나직이 읊조림.

*浩然(호연) 마음이 넓게 탁트인 상태.

*野興(야흥) 속세를 벗어난 맑은 흥취.

*鏡湖(경호) 중국 절강성(浙江省) 소흥현(紹興縣) 남쪽에 있는 호수 이름.

*映發(영발) 눈이 부시게 빛남.

〖字意〗 灞 : 물이름 패　陵 : 큰언덕 릉　橋 : 다리 교　浩 : 넓을 호　野 : 들 야　川 : 내 천　映 : 비칠 영

77. 오래 엎드린 새가 높이 난다.

복구자　비필고　개선자　사독조　지차　가이
伏久者는 飛必高하고 開先者는 謝獨早하니, 知此면 可以
면층등지우　가이소조급지념
免蹭蹬之憂하고 可以消躁急之念이라.

【解釋】 오래 엎드렸던 새가 반드시 높이 오르고, 먼저 핀 꽃이 유독 빨리 떨어진다. 이러함을 알면 헛디딜 근심을 면할 수 있고 초조한 생각을 없앨 수 있다.

【解說】 멀리 날려면 반드시 오랜 휴식이 필요하고, 늦도록 성취를

누리려면 오랜 각고의 노력이 필요하다. 이런 이치를 알면 헛수고할 근심이 없고, 조급하게 서두르는 마음이 없게 된다.

〖註釋〗 *謝(사) 꽃이 떨어짐.
*蹭蹬(층등) 발을 헛디뎌 실각함. 지위에서 떨어짐.

〖字意〗 蹭 : 어정거릴 층 蹬: 어정거릴 등, 밟을 등 憂: 근심 우 躁: 움직일 조, 빠를 조

78. 인생은 관 뚜껑을 덮음과 동시에 끝난다.

樹木(수목)은 至歸根而後(지귀근이후)에 知華蕚枝葉之徒榮(지화악지엽지도영)하고, 人事(인사)는 至蓋棺而後(지개관이후)에 知子女玉帛之無益(지자녀옥백지무익)이라.

【解釋】 나무는 뿌리만 남은 뒤라야 꽃과 잎이 헛되이 무성했었음을 알 수 있고, 사람은 관 뚜껑을 덮은 뒤라야 자손과 재산이 쓸 데 없음을 알게 된다.

【解說】 가을이 되면 무성했던 잎과 꽃이 지고 앙상한 줄기와 뿌리만 남게 되는데 그제서야 잎과 꽃이 부질없는 것임을 알게 되고, 사람이 죽어서 관 뚜껑을 덮고 나면 이제까지 그처럼 사랑하고 집착했던 자손과 재물이 헛것이었음을 알게 된다.

〖註釋〗 *歸根(귀근) 가을이 되어 잎이 지고 줄기와 뿌리만 남은 상태.
*華蕚(화악) 꽃과 꽃받침. 곧 꽃.
*徒榮(도영) 헛된 영화.
*蓋棺(개관) 관뚜껑을 덮음.
*玉帛(옥백) 주옥(珠玉)과 비단. 곧 재산.

〖字意〗 蕚 : 꽃받침 악 枝 : 가지 지 徒 : 무리 도, 한갖 도 益 : 더할 익 蓋 : 뚜껑덮을 개 棺 : 관 관 帛 : 비단 백

79. 욕심을 따름도, 욕심을 끊음도 괴로움이다.

眞空은 不空이요 執相은 非眞이요 破相도 亦非眞이니, 問世尊은 如何發付오? 「在世出世하라. 徇欲은 是苦요 絶欲도 亦是苦니 聽吾儕善自修持하라.」

【解釋】 참다운 공(空)은 공(空)이 아니요, 현상에 집착하는 것은 참이 아니며, 현상을 깨뜨림도 참이 아니다. 묻건대 세존께서는 어떻게 말씀하셨는가? '세상에 있으면서 세속을 초월하라. 욕심을 따르는 것도 괴로움이요, 욕심을 끊는 것도 괴로움이니, 우리는 스스로 심신을 잘 수양하도록 해야 한다.'

【解說】 불교의 진리를 말한 것이다. 공(空)은 본질, 상(相)은 현상으로 본질과 현상은 상대적 의지이며, 절대적이 아니라는 뜻이다. 그러므로 한쪽에 집착하는 것이나 부인하는 것도 진리가 아니다. 이런 경지에 이르려면 세상에 있으면서 세상을 초월해 스스로 수양하여 지녀야 한다는 것이다.

〖註釋〗 ***眞空(진공)** 참다운 공(空). 공(空)은 불가에서 말하는 우주의 현상. 만물의 실체.
***執相(집상)** 현상에 집착함.
***破相(파상)** 현상을 깨뜨림. 현상을 전혀 허무한 것이라 보는 것.
***世尊(세존)** 석가모니.
***發付(발부)** 의견을 발표함.
***在世出世(재세출세)** 세속에 살면서 세속을 초월함.
***吾儕(오제)** 우리들.
***修持(수지)** 마음을 닦고 몸가짐을 유지함.

〖字意〗 空 : 빌 공　執 : 잡을 집　破 : 깨뜨릴 파　尊 : 높일 존
付 : 붙일 부　儕 : 무리 제　修 : 닦을 수　持 : 가질 지

80. 임금이나 걸인의 애태움은 같다.

열사 양천승 탐부 쟁일문 인품 성연야
烈士는 讓千乘하고 貪夫는 爭一文하니 人品은 星淵也나

이호명 불수호리 천자 영가국 걸인 호옹손
而好名은 不殊好利요, 天子는 營家國하고 乞人은 號饔飧하니

위분 소양야 이초사 하이초성
位分은 霄壤也나 而焦思는 何異焦聲이리요?

【解釋】 의로운 선비는 나라도 사양하고, 탐욕한 지아비는 한 푼의 돈도 다툰다. 그들의 인품은 하늘과 땅처럼 차이가 나지만 명예를 좋아함이 이익을 좋아함과 다를 바가 없다. 천자는 국가를 다스리고, 거지는 아침 저녁 끼니를 구걸하기 위해 외친다. 그들의 지위와 신분은 천지처럼 차이가 나지만, 애태우는 마음은 외치는 소리와 무엇이 다르랴?

【解說】 의로운 사람은 나라를 사양하지만 그것도 자신의 명예를 위해서이니, 한 푼을 다투는 욕심 많은 사람과 다를바 없다. 국가를 다스리는 천자가 나라를 다스리기에 마음을 태우는 것이나, 거지가 한 그릇의 밥을 빌기 위해 애태우는 것은 정도의 차이는 있을지 모르나 걱정하는 것은 마찬가지이다.

〖註釋〗 ***烈士(열사)** 의리를 존중하는 선비.

***千乘(천승)** 전시(戰時)에 전차 1천 대를 낼 수 있는 나라. 천자 나라 다음인 제후(諸侯)의 나라.

***貪夫(탐부)** 탐욕이 많은 사람.

***一文(일문)** 한 푼.

***星淵(성연)** 성은 하늘의 별, 연은 땅의 연못. 천지.

***不殊(불수)** 다를 것이 없음.

***饔飧(옹손)** 아침과 저녁의 끼니.

***位分(위분)** 지위와 신분.

***霄壤(소양)** 하늘과 땅.

〖字意〗 **烈**: 굳셀 **렬** **殊**: 다를 **수** **號**: 부를 **호** **饔**: 아침밥 **옹** **飧**: 저녁밥 **손** **霄**: 하늘 **소** **壤**: 흙 **양**

焦 : 태울 초　　聲 : 소리 성

81. 인정과 세태를 다 알고 나면 환멸을 느낀다.

포암세미 飽諳世味하면 일임복우번운 一任覆雨飜雲하여 총용개안 總慵開眼하고, 회진인정 會盡人情하면 수교호우환마 隨教呼牛喚馬하여 지시점두 只是點頭라.

【解釋】 세상 맛을 자세히 알고 나면, 손바닥을 뒤집음에 따라 비가 되었다 구름이 되었다 하는 세태에 몸을 맡기는 것 같아 눈을 뜨기가 싫어지고, 인정을 다 깨닫게 되면 소라고 부르건 말이라고 부르건 부르는 대로 맡겨 버린채 고개만 끄덕이게 된다.

【解說】 세태를 다 알게 되면 환멸을 느껴 어떻게 되든 상관하고 싶은 생각이 없어지고, 사람의 마음을 다 알고 나면 소를 말이라고 하는 사람이 있어도 시비를 따지기 귀찮아서 그저 그렇다고 고개를 끄덕이게 된다.

〖註釋〗 *飽諳(포암) 속속들이 자세히 앎.
*世味(세미) 세상의 달고 쓴 맛.
*覆雨飜雲(복우번운) 손바닥을 엎으면 비가 되고, 손바닥을 뒤치면 구름이 되는 것.
*會盡(회진) 다 깨닫게 됨.
*隨教(수교) 되는 대로 맡겨 버림.
*呼牛喚馬(호우환마) 소라고 부르건, 말이라고 부르건 내버려 둠.
*點頭(점두) 고개를 끄덕임.

〖字意〗 飽 : 배부를 포　味 : 맛 미　慵 : 게으를 용　呼 : 부를 호
飜 : 날 번, 뒤집을 번　喚 : 부를 환　頭 : 머리 두

82. 무념의 경지는 차원이 높다.

금인 전구무념 이종불가무 지시전념불체
今人은 專求無念이나 而終不可無니, 只是前念不滯하고
후념불영 단장현재적수연 타발득거 자연점점입
後念不迎하며, 但將現在的隨緣하여 打發得去면 自然漸漸入
무
無리라.

【解釋】 지금 세상 사람들은 오로지 사념 없애기를 추구하지만 끝내는 없앨 수가 없다. 다만 이전에 있었던 생각을 남겨 두지 않고, 앞으로 있을 생각을 받아들이지 말며, 지금 있는 대로의 인연에 따라 처리해 나갈 수 있다면 자연히 무념의 경지로 들어가게 될 것이다.

【解說】 전적으로 무념무상(無念無想)의 경지에 들기는 어려운 일이다. 다만 앞서의 생각을 마음에 새겨두지 말고, 뒤의 생각을 미리 하지 않고, 현재의 일만 처리해 나가면 자연 무념무상의 경지에 들게 된다.

〖註釋〗 *無念(무념) 사념이 없는 상태.
*不滯(불체) 남겨 두지 않음.
*隨緣(수연) 인연에 따름.
*打發(타발) 처치함.

〖字意〗 專 : 오로지 전 滯 : 남을 체, 머무를 체 迎 : 맞을 영 打 : 칠 타
漸 : 젖을 점, 차차 점

83. 천연의 것이 아름답다.

의소우회 변성가경 물출천연 재견진기 약
意所偶會하면便成佳境하고 物出天然이면 纔見眞機하니, 若
가일분조정포치 취미변감의 백씨운 「의수무사적
加一分調停布置하면 趣味便減矣라. 白氏云하되 「意隨無事適
풍축자연청 유미재 기언지야
이요 風逐自然清이라」하니, 有味哉라 其言之也여.

【解釋】 우연히 뜻에 맞으면 아름다운 경지가 이루어지고, 천연에서 나온 물건이라야 비로소 참된 기틀을 볼 수 있으니, 만일 조금이라도 인위적인 조정과 배치를 가한다면 취미는 감소된다.

백낙천이 말하기를 '마음은 할 일이 없음에 따라서 쾌적해 지고, 바람은 자연스러워야 맑다.' 라고 하였으니 참으로 멋 있는 말이다.

【解說】 우연히 맞아 떨어진 일이 우리를 기쁘게 하고, 천연적으로 생긴 물건이 아름다우며, 인위적으로 계획하여 조정하면 그 기쁨과 취미가 반감된다. 백낙천(白樂天)은 이런 경지를 "할 일이 없으면 마음이 한가해지고, 저절로 부는 바람이 더 시원하다."라고 하였다.

〚註釋〛 ***偶會(우회)** 우연히 맞음.
***眞機(진기)** 진정한 기틀. 참된 묘미.
***調停(조정)** 고침. 조절함.
***布置(포치)** 위치를 정함.
***白氏(백씨)** 당(唐)나라 때 문인 백거이(白居易).

〚字意〛 **偶**: 짝 우 **佳**: 아름다울 가 **停**: 머무를 정 **置**: 놓을 치
減: 덜 감 **適**: 나아갈 적 **味**: 맛 미

84. 마음이 맑으면 굶주려도 건강하다.

性天(성천)이 澄徹(징철)하면 卽饑食渴飮(즉기식갈음)이라도 無非康濟身心(무비강제신심)이요, 心地(심지)가 沈迷(침미)하면 縱談禪演偈(종담선연게)라도 總是播弄精魂(총시파롱정혼)이라.

【解釋】 천성이 맑으면 굶주리고 목마르는 생활이라도 모두 심신을 건강하게 하지 못할 것이 없고, 마음이 물욕에 빠져 혼미해 지면 비록 선을 말하고 게를 풀이할지라도 모두 정신의 희롱일 뿐이다.

【解說】 천성이 맑고 깨끗한 사람은 끼니를 굶는 검소한 생활을 하더라도 심신이 다 건강을 유지할 수가 있지만, 마음의 바탕이 물욕에 어두워진 사람은 비록 염불을 외면서 도를 닦더라도 모두 정신을 어지럽게 할 뿐이다.

〖註釋〗 *性天(성천) 천성(天性).
*澄徹(징철) 맑고 투명함.
*饑食渴飮(기식갈음) 주리고 목마름. 겨우 기갈을 면하는 생활.
*康濟(강제) 편안히 지냄.
*沈迷(침미) 물욕에 빠져 마음이 혼미해짐.
*談禪演偈(담선연게) 선(禪)을 말하고, 게(偈)를 풀이함. 게(偈)는 불타의 공덕을 찬미한 시(詩)의 일종.
*播弄(파롱) 희롱.
*精魂(정혼) 정신과 영혼.

〖字意〗 徹 : 통할 철, 꿰뚫을 철　渴 : 목마를 갈　飮 : 마실 음
沈 : 빠질 침　迷 : 혼미할 미　演 : 통할 연　偈 : 중의 글 게
魂 : 넋 혼

85. 음악과 차가 없어도 즐거운 생활.

인 심 / 人心에 有個眞境하여 非絲非竹이라도 而自恬愉하고 不煙不茗이라도 而自淸芬하니, 須念淨境空하고 慮忘形釋이라야 纔得以游衍其中이라.

【解釋】 사람의 마음에는 일종의 참된 경지가 있어 거문고와 피리가 아니더라도 스스로 유쾌해지고, 향과 차가 아니더라도 저절로 맑은 향기가 풍길 수 있다. 모름지기 생각을 깨끗이 하고 심정을 공허하게 하며, 염려를 잊고 형체를 풀어버려야 비로소 그 속에 고요할 수 있다.

【解說】 마음에는 누구나 참된 경지가 있어 그 경지만 잘 계발하면 음악 소리를 듣지 않아도 항상 마음이 즐거우며, 차를 마시지 않아도 저절로 상쾌한 기분이 들게 된다. 이런 경지에 들려면 마음을 깨끗하게 비우고, 생각을 잊고 형체를 없애야만 된다.

〚註釋〛 ***眞境(진경)** 참된 깨달음의 경지.
***絲竹(사죽)** 거문고와 피리. 음악.
***恬愉(염유)** 편안하고 유쾌함.
***煙茗(연명)** 향을 사르는 연기와 차(茶).
***淸芬(청분)** 맑은 향기.
***念淨(염정)** 생각이 깨끗함.
***境空(경공)** 경지가 텅 빔. 듣고 보는 데 얽매이지 않음.
***慮忘(여망)** 생각이 잊혀짐.
***形釋(형석)** 형체가 풀림.
***游衍(유연)** 거닐음. 소요함.

〚字意〛 絲 : 실 **사**　恬 : 편안할 **염**　煙 : 연기 **연**　芬 : 향기 **분**
忘 : 잊을 **망**, 깜짝할 **망**　釋 : 풀 **석**　衍 : 남을 **연**, 넉넉할 **연**

86. 환생한 것이 참이다.

금 자 광 출 옥 종 석 생 비 환 무 이 구 진 도 득
金自鑛出하고 玉從石生하니 非幻이면 無以求眞이라. 道得
주 중 선 우 화 리 수 아 불 능 리 속
酒中하고 仙遇花裡하니 雖雅나 不能離俗이라.

【解釋】 금은 광석에서 나오고, 옥은 돌에서 생기니 환상이 아니면 참다운 실상을 구할 수 없다. 술 가운데서 도를 터득하고, 꽃 속에서 신선을 만났다는 것은 비록 아취가 있긴 하나 속됨을 벗어날 수 없다.

【解說】 금이 광석에서, 옥이 돌 가운데서 나오는 것은 환생(幻生)한 것이어서 귀하다. 그렇지 않고 술에 취하여 도를 얻었다거나 꽃을 따라가 신선을 만났다는 등의 이야기는 아치는 있을지 몰라도 세속을 초탈할 수는 없다.

〖註釋〗 ***幻(환)** 환상.
***眞(진)** 참다운 실상. 실체.
***道得酒中(도득주중)** 술이 취한 가운데서 도를 얻음.
***仙遇花裡(선우화리)** 신선을 꽃 속에서 만남.

〖字意〗 **鑛**:쇳돌 광 **從**:따를 종 **酒**:술 주 **仙**:신선 선 **遇**:만날 우

87. 세상 만물은 구분이 없다.

천지중만물 인륜중만정 세계중만사 이속안관
天地中萬物과 人倫中萬精과 世界中萬事는 以俗眼觀하면
분분각이 이도안관 종종시상 하번분별 하용
紛紛各異나 以道眼觀하면 種種是常이니 何煩分別하며 何用
취사
取捨리오?

【解釋】 천지 가운데의 만물, 인류 가운데의 온갖 감정, 세계 속의 수 많은 일들은 속세 사람의 눈으로 보면 각양 각색으로 다르지만, 도를 통달한 사람의 눈으로 보면 갖가지가 모두 하나의 평범한 것이니, 어찌 분별하느라고 번거로울 것이며 취사 선택이 무슨 필요가 있겠는가?

【解說】 만물, 갖가지 정, 만사는 모두 세속 사람의 눈으로 보면 각각 다르게 보여 구분과 차등을 두지만, 도를 터득한 사람의 눈으로 보면 그 여러 가지가 다 같은 것이다. 그러니 어찌 번거롭게 분별하여 어떤 것을 버리고 어떤 것을 취하고 하겠는가?

〖註釋〗 *人倫(인륜) 도덕적 인간 관계.
*萬情(만정) 여러 가지 감정.
*俗眼(속안) 세속적인 견해.
*紛紛(분분) 각양 각색.
*道眼(도안) 도를 깨달은 사람의 안목.
*種種是常(종종시상) 갖가지 것이 모두 한결같음.

〖字意〗 倫 : 이륜 륜 各 : 각각 각 別 : 다를 별 紛 : 어지러울 분
異 : 다를 이 常 : 떳떳할 상 煩 : 번거로울 번 捨 : 버릴 사

88. 명아주국에도 인생의 진미가 있다.

신감 포피와중 득천지충화지기 미족 여갱
神酣하면 **布被窩中**에 **得天地沖和之氣**하고, **味足**이면 **藜羹**
반후 식인생담박지진
飯後에 **識人生澹泊之眞**이라.

【解釋】 정신이 통창하면 작은 방에서 베 이불을 덮어도 천지의 바르고 화평한 기운을 얻을 수 있고, 입맛이 좋으면 명아주국에 밥을 먹어도 인생의 담박한 진미를 알게 된다.

【解說】 정신이 통창하면 작은 방에서 베 이불을 덮고 자는 생활에서도 천지의 화평한 기운을 맛볼 수 있고, 맛을 족히 알면 하찮은 명아주국에 밥을 먹어도 인생의 담박한 맛을 느낄 수 있다.

〖註釋〗 ***神酣(신감)** 정신이 통창함.
***布被(포피)** 베 이불.
***窩中(와중)** 작은 방 가운데.
***沖和(충화)** 중정(中正)하고 화평(和平)한 기운.
***味足(미족)** 입맛이 왕성함. 만족함을 느낌.
***藜羹(여갱)** 명아주국.

〖字意〗 **酣**: 술취할 **감**, 왕성할 **감** **沖**: 온화할 **충**, 부딪칠 **충** **羹**: 국 **갱**
足: 발 **족**, 만족할 **족** **藜**: 명아주 **여** **飯**: 밥 **반**

89. 마음이 밝으면 속세도 극락이다.

전탈 지재자심 심료 즉도사조점 거연정토
纏脫은 只在自心이니 心了면 則屠肆糟店도 居然淨土요,
불연 종일금일학 일화일훼 기호수청 마장종
不然이면 縱一琴一鶴과 一花一卉로 嗜好雖淸이라도 魔障終
재 어 운 능휴 진경 위진경 미료 승가
在라. 語에 云하되 「能休면 塵境도 爲眞境이요, 未了면 僧家도
시속가 신부
是俗家라」하니 信夫로다.

【解釋】 얽매임과 벗어남은 단지 자신의 마음에 달린 것이니, 마음이 깨달으면 푸줏간이나 술집도 극락이 되고, 그렇지 않으면 비록 거문고와 학을 벗삼고, 화초를 심고 가꾸는 즐거움이 청아할지라도 악마의 방해는 끝까지 남아 있을 것이다. 옛말에 이르되 '쉴 수만 있다면 더러운 세속도 참 경지가 되고, 깨닫지 못하면 절간도 속세가 된다'라고 하였으니 참으로 옳은 말이다.

【解說】 속박에서 벗어나는 것은 자신의 마음에 달려 있지, 환경에 달린 것이 아니다. 참으로 마음에 깨달은 바가 있으면 도살장이나 술집 생활도 극락이 되지만, 그렇지 않으면 비록 거문고와 학을 벗삼으며 운치 있는 생활을 즐길지라도 마음 속의 악마는 물리치지 못할 것이다.

〖註釋〗 ***纏脫(전탈)** 얽매임과 벗어남.

***心了(심료)** 마음으로 깨달음.

***屠肆(도사)** 푸줏간. 조점(糟店). 술집.

***淨土(정토)** 극락 세계.

***魔障(마장)** 악마의 방해. 마음의 장애.

***塵境(진경)** 속세.

〖字意〗 纏: 얽을 전, 감을 전 屠: 잡을 도, 죽일 도 糟: 막걸리 조 肆: 가게 사, 방자할 사 店: 가게 점 鶴: 두루미 학

90. 시름을 지우면 가난해도 저절로 즐겁다.

두실중 斗室中이라도	만려도연 萬慮都捐하면	설심화동비운 說甚畫棟飛雲하고	주렴권우 珠簾捲雨
하며, 삼배후 三杯後에	일진자득 一眞自得하면	유지소금횡월 唯知素琴橫月하고	단적음풍 短笛吟風이라.

【解釋】 좁은 방에서도 모든 시름을 다 버리면 채색한 기둥에 구름이 날고 구슬 발을 걷고 비를 구경한다는 이야기는 해서 무엇하며, 석 잔 술에 얼근히 취한 후에 모든 진리를 스스로 얻으면 소박한 거문고를 달빛에 비껴 타고 단소를 바람결에 읊조릴 줄 알 뿐이다.

【解說】 비좁은 방안에서도 모든 생각을 떨쳐버리면, 고대 광실에 사는 즐거움을 말하지 않아도 그 가운데 스스로 즐거움이 있다. 석 잔 술에 마음이 참되고 평화로워질 때면 달빛 아래서 거문고를 타고 단소를 읊으며 내 생활을 만족해 할 뿐이다.

〖註釋〗 *斗室(두실) 한 말들이 정도의 좁은 방.
*都捐(도연) 다 버림.
*畫棟(화동) 채색한 기둥.
*珠簾(주렴) 구슬로 만든 발.
*一眞(일진) 한결같은 진리.
*素琴(소금) 장식하지 않은 거문고.

〖字意〗 說: 말씀 설 甚: 심할 심, 무엇 심 棟: 기둥 동 珠: 구슬 주 杯: 술잔 배 笛: 피리 적 捐: 버릴 연, 덜 연

91. 천성은 메마르지 않다.

萬籟寂寥中(만뢰적료중)에	忽聞一鳥弄聲(홀문일조롱성)하면	便喚起許多幽趣(변환기허다유취)하고,	
萬卉摧剝後(만훼최박후)에	忽見一枝擢秀(홀견일지탁수)하면	便觸動無限生機(변촉동무한생기)하니,	可(가)
見性天(견성천)은	未常枯槁(미상고고)하고	機神(기신)은	最宜觸發(최의촉발)이라.

【解釋】 모든 소리가 고요한데 갑자기 한 마리 새의 지저귐이 들리면 말할 수 없는 그윽한 운치를 불러 일으키고, 모든 초목이 시든 후에 문득 한 가지의 꽃을 보면 무한한 생동감이 움직이게 되니, 천성은 항상 메마르지 않고 정신은 사물에 부딪쳐 아주 잘 발휘됨을 알 수 있다.

【解說】 삼라만상이 고요할 때에 갑자기 어디서 새 지저귀는 소리가 들리면 더욱 그윽한 운치가 있고, 모든 풀이 시들어 쓸쓸한데 한 가지 아름다운 꽃을 보면 무한한 생동감을 느낀다. 그래서 사람의 천성은 항상 메마른 것이 아니요, 정신은 사물에 부딪치면 잘 발휘됨을 알 수 있다.

〖註釋〗 *萬籟(만뢰) 모든 소리.
*寂寥(적료) 쓸쓸하고 조용함.
*弄聲(농성) 우짖는 소리.
*幽趣(유취) 그윽한 운치.
*萬卉(만훼) 모든 초목.
*摧剝(최박) 꺾어지고 벗어짐.
*擢秀(탁수) 꽃이 핌.
*觸動(촉동) 사물에 부딪쳐 움직임.
*枯槁(고고) 마르고 시들음.
*機神(기신) 정신.
*觸發(촉발) 사물에 부딪쳐 발동함.

〖字意〗 籟 : 소리 뢰 寥 : 쓸쓸할 료, 하늘 료 摧 : 꺾을 최, 쪼갤 최
擢 : 뽑을 탁, 빼낼 탁 限 : 한정 한 枯 : 마를 고 槁 : 마를 고, 짚 고

92. 몸과 마음을 자신의 의지로 조종하라.

白氏云하되 「不如放身心하여 冥然任天造라」 하고, 晁氏云하되 「不如收身心하여 凝然歸寂定이라」 하니 放者는 流爲猖狂하고 收者는 入於枯寂하니, 唯善操心身的은 欛柄在手하여 收放自如라.

【解釋】 백낙천은 말하기를 '몸과 마음을 풀어 놓아 자연의 조화에 맡겨 두는 것보다 나은 것이 없다.' 라고 하였고, 조보지는 말하기를 '몸과 마음을 거두어 단단히 선정(禪定)으로 돌아가는 것만 못하다'라고 했다. 풀어 버리면 도를 넘어 미치광이가 되기 쉽고, 단속하면 메마르고 삭막하여 생기 없는 데로 빠지기 쉽다. 오직 몸과 마음을 잘 다루는 자만이 온갖 조종하는 권한이 자신의 손에 있어서 거두고 방치함을 자유자재로 할 수 있다.

【解說】 백낙천(白樂天)은 몸과 마음의 긴장을 풀어 자연에 맡기는 것이 좋다고 하였고, 조보지(晁補之)는 몸과 마음을 거두어 선정(禪定)의 세계에 들어가야 한다 라고 하여 다른 견해를 보였다. 그러나 오직 몸과 마음을 잘 조정하여 미친 듯한 지경에 빠져서도 안 되고, 너무 삭막하고 적적한 지경으로 들어가서도 안 된다.

〖註釋〗 ***白氏(백씨)** 당 나라 시인 백낙천(白樂天)
***天造(천조)** 하늘의 조화.
***晁氏(조씨)** 송(宋)의 시인 조보지(晁補之).
***凝然(응연)** 움직이지 않는 모양.
***寂定(적정)** 잡념을 버리고 선정(禪定)에 들어간 상태.
***猖狂(창광)** 미치광이.
***枯寂(고적)** 고목처럼 생기가 없음.
***欛柄(파병)** 조종하는 권한.
***自如(자여)** 자유 자재.

〖字意〗 **冥**: 어두울 **명**, 하늘 **명**　　**晁**: 朝의 옛 글자, 아침 **조**

凝 : 정할 응, 모을 응, 바를응　　猖 : 미칠 창　　狂 : 미칠 광
欛 : 칼자루 파　　柄 : 잡을 병

93. 자연의 섭리와 사람의 마음은 같다.

당설야월천　심경　변이징철　우춘풍화기　의
當雪夜月天하면 心境이 便爾澄徹하고, 遇春風和氣면 意
계　역자충융　조화인심　혼합무간
界가 亦自冲融하니, 造化人心이 混合無間이라.

【解釋】 눈 내린 밤이나 달 밝은 하늘을 보면 마음이 환하게 맑아지고, 따뜻한 봄바람을 쏘이면 마음도 또한 저절로 부드러워진다. 그리하여 자연의 섭리와 인간의 심리는 한 데 어울려 틈이 없는 것이다.

【解說】 눈 덮인 밤의 달빛을 보면 문득 자신도 모르는 사이에 맑고 깨끗한 마음이 되게 마련이고, 따뜻한 봄바람이 부는 날이면 마음도 거기에 따라 따뜻해지고 부드러워지니, 이로써 자연의 섭리와 인간의 마음이 한가지임을 알 수 있다.

〖註釋〗 *心境(심경) 마음의 상태.
*便爾(변이) 문득.
*澄徹(징철) 맑고 탁 트임.
*意界(의계) 생각, 뜻.
*冲融(충융) 부드럽게 융화됨.
*造化(조화) 대자연의 섭리

〖字意〗 爾 : 너 이, 어조사 이　　融 : 화합 융, 녹일 융, 밝을 융
澄 : 맑을 징　　混 : 섞일 혼

94. 문장은 간결하고 기상이 넘쳐야 한다.

문 이 졸 진 　 도 이 졸 성 　 일 졸 자 　 유 무 한 의 미 　 여
文以拙進하고 道以拙成하니 一拙字에 有無限意味라 如
도 원 견 폐 　 상 간 계 명 　 하 등 순 롱 　 지 어 한 담 지 월 　 고
桃源犬吠와 桑間雞鳴은 何等淳龐고? 至於寒潭之月과 古
목 지 아 　 공 교 중 　 변 각 유 쇠 삽 기 상 의
木之鴉하여는 工巧中에 便覺有衰颯氣象矣라.

【解釋】 문장은 졸함에서 진보하고 도는 졸함에서부터 이루어지니, '졸(拙)'이라는 한 글자에 무한한 의미가 있다. '복사꽃 핀 마을에 개가 짖고, 뽕나무 사이에서 닭이 운다'는 글은 얼마나 순박한가? 그러나 '차가운 연못에 달이 비치고, 고목 나무에 까마귀가 운다.'는 글에 이르면 교묘하기는 하지만 그 가운데 문득 쓸쓸하고 삭막한 기분을 느끼게 된다.

【解說】 문장과 도덕은 꾸미는 것보다는 소박하고 간결해야 하며, 기상은 활달하고 온화해야지 삭막한 기분이 들어서는 안 되며, 너무 기교를 부리면 거짓된 기상이 드러난다. 그러니 '졸(拙)'이란 글자에 무한한 의미가 있다.

〖註釋〗 ***拙(졸)** 꾸밈이 없고 잘못되어 보임.
***淳龐(순롱)** 순박하고 충실함.
***古木之鴉(고목지아)** 고목에 앉은 까마귀.
***工巧(공교)** 교묘함.
***衰颯(쇠삽)** 쇠하고 삭막한 모양.

〖字意〗 **拙**: 졸할 **졸** 　 **源**: 근원 **원** 　 **桑**: 뽕나무 **상** 　 **淳**: 순박할 **순** 　 **龐**: 충실할 **롱** 　 **巧**: 교묘할 **교** 　 **颯**: 쇠할 **삽**, 바람소리 **삽**, 성할 **삽**

95. 남의 의지에 따르면 속박당한다.

以我轉物者(이아전물자)는 得固不喜(득고불희)하고 失亦不憂(실역불우)하니 大地盡屬逍遙(대지진속소요)하며, 以物役我者(이물역아자)는 逆固生憎(역고생증)하고 順亦生愛(순역생애)하니 一毛便生纏縛(일모변생전박)이라.

【解釋】 나의 의지에 따라 사물을 움직이는 사람은 얻더라도 진정 기뻐하지 않고 잃더라도 또한 근심하지 않으니, 대지를 모두 소요하는 곳으로 삼는다. 남의 의지에 따라 움직이는 자는 역경에 처하면 증오심을 내고, 순경에는 애착심을 내어 털끝만한 일에도 속박받는다.

【解說】 나의 의지에 따라 남을 움직이는 사람은 얻음이 있어도 기뻐하지 않고 그것을 잃어버려도 근심하지 않으니, 이는 대지를 자신의 활동 무대로 삼기 때문이다. 그러나 남의 조종을 받는 사람은 마음에 거스르는 일이 있으면 증오하는 마음이 생기고, 뜻대로 되면 사랑하는 마음이 생겨 작은 일에도 속박 당하게 된다.

〖註釋〗 *以我轉物(이아전물) 자신의 의지대로 남을 부림.
*盡屬逍遙(진속소요) 모두 소요자적하는 장소로 삼음.
*以物役我(이물역아) 남에 의해 부림을 받음.
*一毛(일모) 털끝만큼 매우 작은 일.
*纏縛(전박) 얽매임.

〖字意〗 役:부릴 역 逆:거스를 역 憎:미워할 증 毛:털 모 纏:묶을 전 縛:묶을 박

96. 그림자를 없애려면 형체부터 없애라.

이적즉사적 理寂則事寂하니 견사집리자 遣事執理者는 사거영류형 似去影留形이요, 심공즉경공 心空則境空하니 거경존심자 去境存心者는 여취전각예 如聚羶却蚋니라.

【解釋】 본체가 고요하면 그 형상도 따라서 고요해지는 것이다. 현상을 버리려고 하면서 본체를 고수하는 행위는 마치 형체는 그대로 두고 그림자만 없애려는 것과 같다. 마음이 공허하면 경지도 공허해지니 경지를 버리려면서 마음을 그대로 두는 것은 마치 비린 냄새를 풍기면서 파리를 쫓으려는 것과 같다.

【解說】 이(理)는 본체, 사(事)는 현상으로 본체가 고요하면 거기에 따르는 현상도 고요해 진다. 그래서 현상을 지우려면 본체를 지워야 하니, 이는 마치 어떤 물체의 그림자를 없애려면 그 물건 자체를 없애야 하는 것과 같다. 마음도 이와 같아서 어떤 경지를 없애려면 그 경지에 이르게 한 마음 자체를 버려야지, 그렇지 않으면 비린내를 풍기면서 파리가 모이지 않기를 바라는 것과 같다.

〖註釋〗 *이(理) 우주의 원리
*사(事) 사물. 현상.
*遣事(견사) 일을 버림. 곧 현상을 무시함.
*執理(집리) 본체를 고집함.
*却蚋(각예) 모기를 쫓음.

〖字意〗 執 : 잡을 집 羶 : 비린내 전 蚋 : 모기 예 却 : 물리칠 각

97. 권하지 않는 술이 맛있다.

유인청사 총재자적 고 주이불권 위환 기
幽人清事는 總在自適이라. 故로 酒以不勸으로 爲歡하고 棋
이부쟁 위승 적이무강 위적 금이무현
以不爭으로 爲勝하며 笛以無腔으로 爲適하고 琴以無絃으로
위고 회이불기약 위진솔 객이불영송 위탄
爲高하며 會以不期約으로 爲眞率하고 客以不迎送으로 爲坦
이 약일견문니적 변락진세고해의
夷하니, 若一牽文泥迹하면 便落塵世苦海矣라.

【解釋】 은둔한 사람의 맑은 흥취는 모두가 유유자적하는 데 있다. 그러므로 술은 권하지 않고 자작하는 것으로 기쁨을 삼고, 바둑은 승부를 겨루지 않는 것을 아름답게 여기고, 피리는 구멍을 무시하고 부는 것을 즐기고, 거문고는 현을 만지지 않는 것을 고상하게 여기고, 만남은 약속을 하지 않음으로써 참되고, 손님은 마중과 배웅을 않는 것으로 마음 편히 여기니 만약 한 번이라도 겉치레에 이끌리고 형식에 매인다면, 곧 세속의 고해로 떨어지고 말 것이다.

【解說】 깊숙히 운둔해 사는 사람은 격식이나 절차에 구애받지 않는다. 만약 그런데 구애받다 보면 자신도 모르는 사이에 속세의 고해로 떨어지고 만다.

〖註釋〗 ***幽人(유인)** 세속을 떠나 한가히 지내는 은둔자(隱遁者)
***清事(청사)** 맑고 깨끗한 흥취.
***自適(자적)** 마음 내키는 대로 여유 있고 한가한 생활을 함.
***眞率(진솔)** 참되고 솔직함.
***坦夷(탄이)** 마음이 편함.
***牽文(견문)** 겉치레에 견제됨.
***泥迹(니적)** 표면의 자취에 빠짐.

〖字意〗 **勸**: 권할 권 **期**: 기약할 기 **約**: 약속할 약 **率**: 거느릴 솔 **送**: 보낼 송

98. 생전과 사후의 자신을 생각하라.

시사미생지전 유하상모 우사기사지후 작하경
試思未生之前에 有何象貌하고 又思旣死之後에 作何景
색 즉만념회랭 일성적연 자가초물외유상선
色하면 則萬念灰冷하고 一性寂然하여 自可超物外遊象先이라.

【解釋】 시험삼아 이 몸이 태어나기 전에 어떤 모습이었는가를 생각해 보고, 또 이 몸이 죽은 후에 어떤 모양이 될까를 생각해 보면, 만 가지 생각이 재처럼 싸늘하게 식고 한 조각 본성만이 고요히 남아, 스스로 만물 밖으로 초월하여 만물의 생성이 있기 전의 상태에서 노닐게 될 것이다.

【解說】 한 번쯤 내가 이 세상에 태어나기 전의 모습이나 죽은 후의 상태를 생각해 봄직하다. 그렇게 하면 온갖 상념이 부질없음을 알아서 매달리거나 연연하는 마음이 싹 가실 것이다. 이런 경지가 되면 고요한 본성만 남아 이 세상을 초탈하여 형상 있는 이전의 세계에서 노닐게 된다.

〖註釋〗 ***象貌(상모)** 모습.
***景色(경색)** 경치, 모양.
***灰冷(회랭)** 재처럼 싸늘하게 식음.
***一性(일성)** 일단의 본성.
***象先(상선)** 천지 만물이 생겨 나기 이전의 상태.

〖字意〗 **試**:시험할 **시** **貌**:모양 **모**, 멀 **막** **景**:볕 **경**, 경치 **경**
寂:고요할 **적** **超**:초월할 **초** **遊**:놀 **유** **象**:코끼리 **상**, 형상 **상**
先:먼저 **선**

99. 난리를 겪어 보아야 평화를 안다.

우 병 이 후　사 강 지 위 보　치 란 이 후　사 평 지 위 복
遇病而後에 思强之爲寶하고 處亂而後에 思平之爲福은
비 조 지 야　행 복 이 선 지 기 위 화 지 본　탐 생 이 선 지 기 위 사
非蚤智也라 倖福而先知其爲禍之本하고 貪生而先知其爲死
지 인　기 탁 견 호
之因은 其卓見乎인저.

【解釋】 병든 뒤에야 건강이 보배임을 생각하고, 어지러움에 처한 뒤에야 평화가 복인 줄을 생각함은 재빠른 지혜가 아니다. 복을 바라는 것이 재앙의 근본임을 미리 알고, 삶을 탐내는 것이 죽음의 원인이 됨을 미리 아는 것이 뛰어난 식견이다.

【解說】 지혜가 뛰어나지 않은 사람도 병을 앓고 나면 건강이 보배임을 알고, 난리를 겪고 나면 평화가 얼마나 복된 것임을 안다. 그러나 탁월한 식견을 가진 사람이 아니면 복은 화의 근본이 되고, 생을 탐내는 것은 죽음의 원인이 되는 것임을 알지 못한다.

〖註釋〗 *蚤智(조지) 재빠른 지혜. 先見之明(선견지명).
*倖福(행복) 복이 오기를 바람.
*卓見(탁견) 탁월한 식견.

〖字意〗 蚤 : 일찍 조(早와 같음). 벼룩 조　智 : 지혜 지　倖 : 요행 행　貪 : 탐낼 탐

100. 인생은 꼭두각시 놀음이다.

우 인　부 분 조 주　효 연 추 어 호 단　아 이　가 잔 장 파
優人은 傅粉調硃하여 效姸醜於毫端하나 俄而오 歌殘場罷
연 추 하 존　혁 자　쟁 선 경 후　교 자 웅 어 착 자
하면 姸醜何存이며, 奕者는 爭先競後하여 較雌雄於著子하나
아 이　국 진 자 수　자 웅 안 재
俄而오 局盡子收하면 雌雄安在오?

【解釋】 배우가 분 바르고, 연지 찍어 붓끝으로 아름답거나 추한 모습을 흉내내지만, 이윽고 노래가 끝나고 막이 내리면 그 아름다움과 추함이 어디 남아 있겠는가? 바둑 두는 사람이 선후를 다투면서 바둑 알로 승패를 겨루지만, 이윽고 판이 끝나 바둑 알을 거두고 나면 승패가 어디에 남아 있는가?

【解說】 인생은 마치 연극 배우가 무대 위에서 분장을 하고 공연을 하거나, 서로 지혜를 겨루며 두는 바둑의 세계와 같다. 한껏 아름답게 꾸미고 우열을 다투지만 막이 내리고 판이 끝나면 모두 허망한 잠시의 꿈이어서 아름답고 추함, 이기고 진 것이 사라지고 만다.

〖註釋〗 *優人(우인) 배우.
*傅粉(부분) 분 가루를 바름.
*調硃(조주) 연지를 찍음.
*姸醜(연추) 아름다움과 추함.
*毫端(호단) 붓 끝.
*俄而(아이) 이윽고, 갑자기.
*歌殘場罷(가잔장파) 가무가 끝나고 막이 내림.
*雌雄(자웅) 암컷과 수컷으로 승패.
*著子(착자) 바둑 알.
*子收(자수) 바둑 돌을 거둠.

〖字意〗 優 : 광대 우, 넉넉할 우 傅 : 붙일 부, 바를 부 粉 : 가루 분
硃 : 연지 주 罷 : 마칠 파 醜 : 추할 추 奕 : 바둑 혁, 클 혁
雌 : 암컷 자 局 : 마을 국

101. 조용하고 한가로운 자만이 자연을 즐긴다.

풍화지소쇄 설월지공청 유정자위지주 수목지영
風花之瀟洒이 雪月之空清은 唯靜者爲之主요, 水木之榮
고 죽석지소장 독한자조기권
枯와 竹石之消長은 獨閑者操其權이라.

【解釋】 산뜻한 바람과 꽃, 맑은 눈과 달은 오직 고요한 자만이 그것의 주인이 되고, 물과 나무의 번성하고 메마름과 대나무와 돌의 소멸되고 성장함은 유독 한가한 사람만이 그것을 소유할 수 있다.

【解說】 시원한 바람, 아름다운 꽃, 맑고 깨끗한 눈덮인 밤의 달빛은

마음이 고요한 사람만이 그것을 즐길 수 있고, 물과 나무의 영고성쇠와 대나무 바위의 소멸과 생장은 한가한 사람만이 그 변화를 즐길 수 있지 그렇지 못한 사람은 그런 경치를 느끼지 못한다.

〖註釋〗 *風花(풍화) 시원한 바람과 꽃.
*瀟洒(소쇄) 산뜻하고 깨끗함.
*雪月(설월) 눈과 달.
*空淸(공청) 깨끗하고 맑음.
*榮枯(영고) 번성함과 쇠퇴함.
*消長(소장) 없어지고 자라남. 성쇠.
*操其權(조기권) 그 권한을 잡음.

〖字意〗 瀟 : 맑을 소　洒 : 깨끗할 쇄,　雪 : 눈 설　唯 : 오직 유
榮 : 영화 영, 무성할 영　枯 : 마를 고

102. 막걸리를 마시는 농부의 생활이 가장 즐겁다.

田父野叟(전부야수)는 語以黃雞白酒(어이황계백주)하면 則欣然喜(즉흔연희)하나 問以鼎食(문이정식)하면 則不知(즉부지)하고, 語以縕袍短褐(어이온포단갈)하면 則油然樂(즉유연락)하나 問以袞服(문이곤복)하면 則不識(즉불식)하니 其天(기천)이 全(전)이라. 故(고)로 其欲淡(기욕담)이니 此是人生第一個境界(차시인생제일개경계)라.

【解釋】 시골 농부는 닭이나 막걸리 같은 음식에 대해 말하면 흐뭇해 하고 기뻐하지만, 고급 요리에 대해서 물으면 알지 못하며, 무명 두루마기에 베잠방이 같은 옷에 대해서 말하면 아주 즐거워하지만, 벼슬아치들의 옷에 대해서 물으면 알지 못하니, 그것은 천성이 온전하기 때문이다. 그러므로 그 바라는 바가 담박하니 이것이 인생 제일의 경지이다.

【解說】 농사 짓는 농부는 닭고기에 소주 마시는 것을 최상의 기쁨으로 삼으며 그 이상의 욕심을 내지 않는다. 그렇기 때문에 천성을

온전히 지키며 참다운 삶을 누린다.

〖註釋〗 *田父野叟(전부야수)농부와 들일 하는 늙은이.
*黃鷄(황계) 털이 누런 닭.
*白酒(백주) 막걸리, 또는 소주.
*鼎食(정식) 잘 갖추어진 고급 요리.
*縕袍(온포) 솜을 넣은 무명 도포.
*短褐(단갈) 베잠방이.
*袞服(곤복) 곤룡포. 고관대작의 예복.
*天全(천전) 천성이 완전함.

〖字意〗 叟:늙은이 수 欣:기뻐할 흔 鼎:솥 정 縕:솜옷 온
褐:굵은 베옷 갈 油:기름 유 服:입을 복 第:차례 제

103. 사념이 없으면 자기 성찰이 필요 없다.

心無其心(심무기심)이면 何有於觀(하유어관)이리오? 釋氏曰(석씨왈) 觀心者(관심자)는 重增其障(중증기장)이라 物本一物(물본일물)이니 何待於齊(하대어제)리요? 莊氏曰(장씨왈) 齊物者(제물자)는 自剖其同(자부기동)이라.

【解釋】 마음에 사념이 없다면 마음 속을 관찰할 필요가 무엇이겠는가? 석가가 말하는 '마음 속을 관찰한다'는 것은 거듭 그 장애를 더할 뿐이다. 만물은 본래 일체인데, 어찌 가지런하기를 기다리겠는가? 장자가 말하는 '만물을 가지런히 한다'라 함은 스스로 동일한 것을 나누는 것이다.

【解說】 마음에 아무런 생각을 두지 않으면 마음 속을 살필 필요가 없는 것이니 석가가 말한 '마음을 살핀다.'라는 말은 장애만 될 뿐이고, 만물은 본래 하나이니 가지런하게 할 필요가 없다. 그러니 장자가 말한 '사물을 가지런히 한다.'는 말은 하나인 것을 스스로 나누는 것이 된다.

〖註釋〗 *其心(기심) 사념(邪念). 망령된 생각.
*觀心(관심) 심성(心性)이 어떤 상태인가 관찰함. 자기 성찰
*莊氏(장씨) 장자(莊子). 본래 성명은 장주(莊周). 노자(老子)의 학설을 계승하여 《장자(莊子)》33편을 남겼음.
*齊物(제물) 《장자》의 편 명으로 제물론(齊物論)을 가리킴.

〖字意〗 增 : 더할 증　障 : 막힐 장　莊 : 씩씩할 장　同 : 한가지 동
剖 : 쪼갤 부, 가를 부

104. 자제할 줄 아는 사람이 되라.

笙歌正濃處(생가정농처)에 便自拂衣長往(변자불의장왕)하니 羨達人撒手懸崖(선달인살수현애)하고, 更漏已殘時(경루이잔시)에 猶然夜行不休(유연야행불휴)하니 咲俗士沈身苦海(소속사침신고해)니라.

【解釋】 피리 불고 노래 소리가 한창 무르익었을 때, 스스로 옷을 털고 일어나 멀리 가버림은 마치 통달한 사람이 낭떠러지에서 손을 놓고 활보하는 것 같아 부럽고, 밤이 늦어 시간이 이미 다했는데도 여전히 쉬지 않고 밤길을 쏘다님은, 마치 속된 선비가 몸을 고해(苦海)에 담그는 것 같아서 우습다.

【解說】 풍악이 막 절정에 이르렀는데 옷을 떨치고 훌쩍 그 자리를 뜨는 과단성있는 사람은, 마치 달관한 사람이 낭떠러지에 매달려 있으면서 손을 떼어 버리는 것만큼이나 어려운 일이어서 부럽고, 밤이 늦은 시각에 이권(利權)을 위해 쏘다니는 것을 보면, 속된 선비가 고해(苦海)에 몸을 빠뜨리는 것이어서 우습다.

〖註釋〗 *正濃處(정농처) 흥이 한참 무르익었을 때.
*拂衣長往(불의장왕) 옷을 털고 멀리 떠남.
*撒手懸崖(살수현애) 낭떠러지에서 손을 놓고 활보함.
*更漏(경루) 시간을 알리는 물시계.

*已殘(이잔) 이미 다 없어짐.

*猶然(유연) 어슬렁거리며 걷는 모양.

〖字意〗 笙 : 생황 생. 관악기의 일종 撒 : 뿌릴 살, 흩어버릴 살 懸 : 매달릴 현 崖 : 절벽 애 更 : 다시 갱, 시간 경

105. 욕망의 유혹을 견뎌라.

把握未定(파악미정)이어든 宜絶跡塵囂(의절적진효)하여 使此心(사차심)으로 不見可欲而不亂(불견가욕이불란)하여 以澄吾靜體(이징오정체)하고, 操持旣堅(조지기견)이어든 又當混跡風塵(우당혼적풍진)하여 使此心(사차심)으로 見可欲而亦不亂(견가욕이역불란)하여 以養吾圓機(이양오원기)라.

【解釋】 마음이 확고히 정해지지 않았거든 번잡한 속세를 떠나서 자기 마음으로 하여금 욕심날 만한 것을 보지 못하게 하고, 어지럽혀지지 않게 하여 나의 고요한 심체를 맑게 해야 한다. 그리고 마음을 이미 굳게 잡았거든 마땅히 속세에 섞여 살아 자기 마음으로 하여금 욕심날 만한 것을 보아도 어지럽혀지지 않게 함으로써, 나의 원만한 심기를 길러야 한다.

【解說】 마음이 확고히 정해지지 않아 흔들리는 상태에 있는 사람은 유혹당할 만한 것은 보지 말아야 하고, 마음이 굳혀진 사람은 세상 풍진에 섞여 살면서 유혹을 당해도 혼란을 일으키지 않는 원만한 기개를 길러야 한다.

〖註釋〗 *把握(파악) 확실히 이해함.

*絶跡塵囂(절적진효) 속되고 떠들썩한 곳에서 발자취를 끊음.

*靜體(정체) 고요한 마음의 바탕.

*操持(조지) 붙잡아 가짐.

*圓機(원기) 원만한 기상.

〖字意〗 把 : 잡을 파 囂 : 시끄러울 효, 떠들썩할 효 亂 : 어지러울 란 澄 : 맑을 징 操 : 잡을 조 堅 : 굳을 견

106. 남과 나를 동일시하라.

喜寂厭喧者는 往往避人以求靜하니 不知意在無人하면 便成我相하고 心著於靜하면 便是動根이라. 如何到得人我一視하고 動靜兩忘的境界리오?

(희적염훤자 왕왕피인이구정 부지의재무인 변성아상 심착어정 변시동근 여하도득인아일시 동정양망적경계)

【解釋】 고요함을 좋아하고 시끄러움을 싫어하는 자는 흔히 사람을 피함으로써 고요함을 찾지만, 사람이 없는 데를 찾는 데 뜻을 두는 것 자체가 곧 자아에 사로 잡히게 되는 것을 모르며, 마음이 고요함에 집착하는 것이 바로 동요의 근본임을 모른다. 이래서야 어찌 남과 나를 동일시하고 동요와 고요를 둘 다 잊어버리는 경지에 다다를 수 있겠는가?

【解說】 고요함을 누리기 위해 사람을 피해 혼자 있는 사람은 무아(無我)의 경지에 들지 못한 사람이다. 고요하고자 하는 마음 그 자체가 집착이며 동요이기 때문이다. 참으로 달통한 사람은 동요와 고요 두 가지를 다 잊고 남과 나를 동일시하게 된다.

〖註釋〗 *喜寂厭喧(희적염훤) 고요한 것을 좋아하고, 시끄러운 것을 싫어함.
*我相(아상) 망상에 의한 자기모양.
*往往(왕왕) 이따금
*動根(동근) 동요의 근본.
*人我一視(인아일시) 남과 나를 동일하게 여김.

〖字意〗 厭 : 싫어할 염　往 : 갈 왕　避 : 피할 피　視 : 볼 시

107. 산중 생활의 즐거움을 알라.

산거 흉차청쇄 촉물개유가사 견고운야학
山居하면 胸次淸洒하여 觸物皆有佳思하니, 見孤雲野鶴하면
이기초절지상 우석간류천 이동조설지사 무로
而起超絶之想하고 遇石澗流泉하면 而動澡雪之思하며 撫老
회한매 이경절정립 여사구미록 이기심돈망
檜寒梅하면 而勁節挺立하고 侶沙鷗麋鹿하면 而機心頓忘이라.
약일주입진환 무론물불상관 즉차신 역속췌류의
若一走入塵寰하면 無論物不相關이나 卽此身이亦屬贅旒矣라.

【解釋】 산에 살면 가슴 속이 맑고 시원하여 대하는 것마다 모두 아름다운 생각을 갖게 한다. 외로운 구름과 들의 학을 보면 속세를 초월한 생각이 일어나고, 흐르는 시내와 돌 틈의 샘물을 만나면 때 묻은 마음이 씻기는 생각이 일어나며, 늙은 전나무와 찬 매화를 어루만지노라면 굳센 절개가 우뚝 솟아나고, 모래밭의 갈매기나 사슴, 고라니를 벗하면 번거로운 마음이 잊혀진다. 그러나 만약 한번 속세에 뛰어 들어가면 비록 외물과 상관하지 않을지라도, 곧 나 자신 또한 쓸 데 없는 존재가 되어 버릴 것이다.

【解說】 산골에 살면 가슴이 탁트이고 생각이 깨끗해져 아름다운 경치나 거기에 사는 새, 짐승들의 순진한 모습에 동화된다. 그러다가 문득 속세에 들어오면 조신을 해도 속되고 마니, 이는 환경의 탓이다.

〖註釋〗 *胸次(흉차) 가슴 속.
*淸洒(청쇄) 맑고 산뜻함.
*觸物(촉물) 사물에 접촉함.
*超絶之想(초절지상) 세속을 초월하는 생각.
*澡雪(조설) 씻어 버림.
*老檜寒梅(노회한매) 늙은 전나무와 차가운 눈 속에 핀 매화.
*勁節(경절) 굳은 절개.
*挺立(정립) 우뚝 섬.
*頓忘(돈망) 갑자기 잊어 버림.
*塵寰(진환) 티끌 세상. 속세.

*贅旒(췌류) 췌(贅)는 혹, 유(旒)는 면류관 앞뒤에 늘인 구슬. 곧 무용지물.

〖字意〗 澡 : 씻을 조 撫 : 어루만질 무 檜 : 전나무 회 梅 : 매화 매 勁 : 굳셀 경 挺 : 솟을 정, 뛰어날 정 沙 : 모래 사 鹿 : 사슴 록 寰 : 천하 환, 세계 환 贅 : 혹 췌, 붙일 췌 旒 : 면류관 구슬 류

108. 들의 새와 지는 꽃이 내 벗이다.

興逐時來(홍축시래)면 芳草中(방초중)에 撤履閒行(철리한행)하니 野鳥忘機時作伴(야조망기시작반)이요,
景與心會(경여심회)면 落花下(락화하)에 披襟兀坐(피금올좌)하니 白雲無語漫相留(백운무어만상류)니라.

【解釋】 홍취가 때때로 일어나 향기로운 풀밭을 맨발로 한가히 거닐면 들의 새들도 경계하는 마음을 잊어버려 때때로 벗이 되고, 마음에 드는 경치가 흡족하여 떨어지는 꽃 아래 옷깃을 풀어헤치고 우두커니 앉아 있노라면, 흰 구름이 말 없이 멋대로 와서 머문다.

【解說】 홍이 일 때면 맨발로 풀밭을 거닐면서 들새와 벗을 삼고, 마음에 드는 경치를 만나면 꽃 그늘에 앉아 구름과 말 없는 대화를 나눈다.

〖註釋〗 *逐時(축시) 때를 따라.
*撤履(철리) 신을 벗음. 맨발.
*閒行(한행) 한가히 거님.
*忘機(망기) 경계하는 마음을 버림.
*披襟兀坐(피금올좌) 옷깃을 풀어헤치고 우두커니 앉아 있음.
*漫(만) 제멋대로 느릿느릿.
*相留(상류) 곁에 머물음.

〖字意〗 撤 : 거둘 철 披 : 풀어헤칠 피 襟 : 옷깃 금 兀 : 오뚝한 모양 올, 멍청한 모양 올

109. 행복, 불행은 욕심에 달려 있다.

人生福境禍區는 皆念想造成이라 故로 釋氏云하되 「利慾熾然하면 即是火坑이요 貪愛沈溺하면 便爲苦海나, 一念清淨하면 烈焰成池하고 一念警覺하면 船登彼岸이라」 하니, 念頭稍異면 境界頓殊라 可不愼哉아?

【解釋】 인생의 행복과 재앙은 모두 마음이 만들어 내는 것이다. 그러므로 석가는 말하기를 '욕심이 불같이 타오르면 그것이 곧 불구덩이요, 탐욕과 애착에 빠져 들면 그것이 곧 고해가 된다. 한결같이 마음이 깨끗하면 거센 불꽃도 연못이 되고, 한번 마음에 큰 깨달음이 있으면 배가 피안에 오른다.'라고 하였다. 생각이 약간만 달라져도 그 경계가 크게 달라지니, 신중하지 않을 수 있겠는가?

【解說】 행복과 불행은 모두 마음에 달린 것이다. 끝없는 이욕과 탐애에 시달리는 사람은 불행하고, 깨끗한 마음을 지니면 바로 행복인 것이다.

〚註釋〛 ***福境禍區(복경화구)** 행복의 경지와 재앙의 구역, 즉 행복과 불행.

***熾然(치연)** 활활 타오르는 모양.

***火坑(화갱)** 불구덩이.

***沈溺(침닉)** 빠짐.

***烈焰(열렴)** 거센 불꽃.

***彼岸(피안)** 열반(涅槃)하여 모든 번뇌와 고통에서 벗어난 깨달음의 경지. 극락 세계.

***頓殊(돈수)** 확 달라짐. 크게 차이가 남.

〚字意〛 **區**: 감출 구　**船**: 배 선　**岸**: 언덕 안　**殊**: 다를 수, 벨 수　**愼**: 삼갈 신

110. 부단히 노력하면 도를 터득한다.

승거목단 수적석천 학도자 수가력색 수도
繩鋸木斷하고 水滴石穿하니 學道者는 須加力索이라. 水到
거성 과숙체락 득도자 일임천기
渠成하고 瓜熟蒂落하니 得道者는 一任天機니라.

【解釋】 새끼줄 톱이 나무를 자르고, 낙수물도 돌을 뚫는다. 도를 배우는 사람은 모름지기 찾기 위한 노력을 더해야 한다. 물이 모이면 개천이 이루어지고, 참외가 익으면 꼭지가 떨어지는 것이니, 도를 얻으려는 사람은 한결같이 하늘의 섭리에 맡기면 된다.

【解說】 부단한 노력 끝에 도(道)를 얻을 수 있으니 도를 얻고자 하거든 모름지기 노력해야 하고, 도를 한번 얻고 나거든 물이 모여 시내를 이루고 참외가 익으면 저절로 꼭지가 떨어지듯 인위(人爲) 없는 자연에 맡겨야 한다.

〖註釋〗 *繩鋸木斷(승거목단) 새끼줄로 톱질하여 나무가 잘라짐.
*水滴石穿(수적석천) 낙수물에 돌이 파임.
*力索(역색) 힘써 찾음. 노력.
*水到渠成(수도거성) 물이 모여 내를 이룸.
*天機(천기) 천지 자연의 기묘한 작용.

〖字意〗 繩 : 새끼줄 승 鋸 : 톱 거 滴 : 물방울 적 渠 : 개천 거 熟 : 익을 숙 蒂 : 꼭지 체 (蔕와 같음).

111. 마음을 쉬면 고해를 벗어난다.

기식시 변유월도풍래 불필고해인세 심원처
機息時에 便有月到風來하니 不必苦海人世요 心遠處에
자무거진마적 하수고질구산
自無車塵馬迹하니 何須痼疾丘山이리오?

【解釋】 마음을 쉬면 달빛이 비치고 바람이 불어오니 반드시 인생이 고해라고 만은 할 수 없고, 마음을 멀리한 곳에는 스스로 수레의 먼지와 말굽 소리가 들리지 않으니 어찌 산수를 그리워하여 병이 들겠는가?

【解說】 무엇을 바라는 마음을 기심(機心)이라 한다. 이 기심을 버리면 밝은 달과 시원한 바람의 소유자가 되니 세상이 반드시 고해만은 아니게 되며, 마음을 속세 멀리에 두면 시끄러운 수레나 말발굽 소리가 들리지 않을 것인데 하필 깊은 산을 그리워하겠는가?

〖註釋〗 *機(기) 마음의 활동. 마음씀.
*心遠(심원) 마음을 속세에서 멀리 둠.
*車塵馬迹(거진마적) 수레에서 이는 먼지와 말발굽 소리.
*痼疾丘山(고질구산) 산수를 사랑하는 고질된 병. 천석고황(泉石膏肓).

〖字意〗 車 : 수레 거 痼 : 고질 고 丘 : 언덕 구

112. 천지는 살리기를 좋아한다.

초목 재령락 변로맹영어근저 시서 수응한
草木이 纔零落하면 便露萌穎於根底하고 時序가 雖凝寒이나
종회양기어비회 숙살지중 생생지의 상위지주
終回陽氣於飛灰라. 肅殺之中에 生生之意가 常爲之主하니
즉시가이견천지지심
即是可以見天地之心이라.

【解釋】 초목이 막 시들어 잎이 떨어졌는가 하면 곧바로 뿌리에 싹이 돋아나고, 계절이 비록 추워 얼어붙더라도 끝내는 날아 오는 재로부터 생동하는 봄 기운이 돌아온다. 그러므로 차가운 살기 가운데도 생성발육하는 기운이 항상 위주가 되니 이에서 천지의 마음을 알 수 있다.

【解說】 초목은 낙엽이 지면 곧 새싹을 내고, 추운 겨울에도 봄의 따뜻한 기운은 예비되고 있다. 만물을 죽이는 살기(殺氣)에도 이처럼 살리기를 좋아하는 뜻으로 주를 이루는 것이 천지의 마음이다.

〖註釋〗 ***零落(영락)** 시들어 떨어짐.
***萌穎(맹영)** 식물의 싹.
***時序(시서)** 계절.
***凝寒(응한)** 얼어붙는 추위. 엄동설한(嚴冬雪寒).
***肅殺(숙살)** 만물을 시들게 하는 가을의 쌀쌀한 기운.
***生生之意(생생지의)** 만물을 생성발육(生成發育)하게 하는 기운.

〖字意〗 **萌**: 싹 **맹** **底**: 밑 **저** **序**: 차례 **서** **肅**: 엄숙할 **숙**
殺: 죽일 **살**

113. 비 개인 후의 산 색이 더 아름답다.

> 雨餘(우여)에 觀山色(관산색)하면 景象(경상)이 便覺新姸(변각신연)하고, 夜靜(야정)에 聽鐘聲(청종성)하면 音響(음향)이 尤爲淸越(우위청월)이라.

【解釋】 비가 개인 후에 산 빛을 바라보면 경치가 더욱 새롭고 아름답게 느껴지며, 고요한 밤중에 종소리를 들으면 소리가 더욱 맑고 뛰어나게 들린다.

【解說】 비 개인 뒤 산은 산뜻해 보이고, 고요한 밤의 종소리는 그 소리가 더욱 맑다. 갈등을 이기고 평정을 찾으면 우리의 마음도 이와 같게 될 것이다.

〖註釋〗 ***雨餘(우여)** 비가 온 뒤.
***景象(경상)** 경치.
***新姸(신연)** 청신하고 아름다움.
***夜靜(야정)** 고요한 밤.
***淸越(청월)** 맑고 뛰어남.

〖字意〗 **餘**: 남을 **여** **新**: 새로울 **신** **音**: 소리 **음** **響**: 소리 **향**
越: 넘을 **월**

114. 비나 눈이 오는 밤, 책을 읽으면 정신이 맑아진다.

등고 사인심광 임류 사인의원 독서어우
登高하면 使人心曠하고 臨流하면 使人意遠하며 讀書於雨
설지야 사인신청 서소어구부지전 사인흥매
雪之夜면 使人神淸하고 舒嘯於丘阜之巓하면 使人興邁라.

【解釋】 높은 산에 오르면 사람의 마음이 넓어지고, 흐르는 물가에 이르면 사람의 뜻이 원대해지며, 비나 눈이 오는 밤에 책을 읽으면 사람의 정신이 맑아지고, 언덕 마루에 올라 휘파람을 불면 사람의 흥취가 고매해진다.

【解說】 사람의 마음은 환경에 따라 정취가 달라지게 마련이다. 그러므로 학문을 하고 도를 구하는 사람은 좋은 환경에 처해야 한다.

〖註釋〗 *意遠(의원) 뜻이 원대함.
*舒嘯(서소) 휘파람을 불음.
*丘阜(구부) 언덕.
*興邁(흥매) 흥취가 고매(高邁)해짐.

〖字意〗 曠 : 넓을 광 臨 : 임할 림 嘯 : 휘파람 소 阜 : 언덕 부
巓 : 산마루 전 興 : 일어날 흥, 흥취 흥 邁 : 뛰어날 매

115. 마음이 광활하면 만금도 질항아리로 본다.

심광 즉만종 여와부 심애 즉일발 사거륜
心曠하면 則萬鍾도 如瓦缶요, 心隘하면 則一髮도 似車輪이라.

【解釋】 마음이 넓으면 만종의 큰 봉록도 질항아리처럼 여기고, 마음이 좁으면 머리카락 한 올도 마치 수레바퀴같이 크게 생각한다.

【解說】 마음이 넓은 사람은 많은 녹봉도 질항아리처럼 하찮게 여기지만, 좁은 사람은 머리칼처럼 작은 이익도 수레바퀴처럼 크게 여긴다.

〖註釋〗 *萬鍾(만종) 많은 봉록(俸祿). 1종(鍾)은 64말(斗).
*瓦缶(와부) 흙으로 만든 항아리.
*似車輪(사거륜) 수레바퀴처럼 크게 보임.

〖字意〗 瓦 : 기와 와 缶 : 장군 부, 목이 좁은 독 부 隘 : 좁을 애, 막힐 애 輪 : 바퀴 륜

116. 정욕과 기호도 다스리기 나름이다.

無風月花柳(무풍월화류)면 不成造化(불성조화)하고 無情欲嗜好(무정욕기호)면 不成心體(불성심체)라. 只以我轉物(지이아전물)하고 不以物役我(불이물역아)면 則嗜慾(즉기욕)도 莫非天機(막비천기)요, 塵情(진정)도 則是理境矣(즉시리경의)라.

【解釋】 바람과 달, 꽃과 버들이 없으면 천지의 조화도 이루어지지 못하고, 정욕과 기호가 없으면 마음의 본체가 이루어진다고 할 수 없다. 다만 내 의지로 사물을 움직이고 사물에 얽매여 내가 부림을 당하지 않는다면 기호와 정욕도 천지의 작용 아닌 것이 없고, 세속적인 마음도 곧 진리의 경지가 되는 것이다.

【解說】 세상 만물은 모두 조물주가 필요에 의하여 만든 것이며, 우리 마음 속에 있는 정욕(情欲)과 기호(嗜好)까지도 심체를 이루는데 필요한 것이다. 다만 우리가 이 정욕이나 기호를 억눌러 그 부림을 받지 않으면 그 자체가 나쁜 것이 되지 않을 것이다.

〖註釋〗 *造化(조화) 조물주의 기교.
*心體(심체) 마음의 본체
*嗜慾(기욕) 기호와 정욕.
*天機(천기) 하늘의 작용.
*塵情(진정) 세속적인 마음.
*理境(이경) 진리의 경지.

〖字意〗 嗜 : 즐길 기　慾 : 탐낼 욕, 욕심 욕　轉 : 돌릴 전
塵 : 티끌 진, 오래될 진　莫 : 말 막, 나물 모　境 : 경계 경

117. 천하를 천하로 돌리면 세상을 초월한다.

就一身(취일신)하여 了一身者(요일신자)는 方能以萬物(방능이만물)로 付萬物(부만물)하고 還天下於天下者(환천하어천하자)는 方能出世間於世間(방능출세간어세간)이라.

【解釋】 자기 한 몸에 나아가 자기 한 몸에 대해 깨달은 사람은 능히 만물로써 만물에게 부여할 수 있고, 천하를 천하에 돌리는 자는 바야흐로 세속 안에서 세속을 초월한다.

【解說】 자기 자신만의 존재를 깨달은 사람은 만물을 만물 그 자체로 여기고, 천하를 천하 사람의 것으로 돌리는 사람은 세속에 묻혀 살면서도 세속을 초월할 수가 있다.

〖註釋〗 ***以萬物付萬物(이만물부만물)*** 만물에 만물 자체의 천성을 부여하여 각기 제 맡은 바를 담당하게 함.
還天下於天下(환천하어천하) 천하의 모든 사물을 천하의 되어가는 바에다 돌려 주어 상관 않음.
出世間於世間(출세간어세간) 세속에 있으면서 세속을 초월함.

〖字意〗 就 : 나아갈 취　了 : 깨달을 료　還 : 돌릴 환

118. 너무 한가하면 잡념이 생긴다.

人生(인생)이 太閒(태한)하면 則別念(즉별념)이 竊生(절생)하고 太忙(태망)하면 則眞性(즉진성)이 不現(불현)이라 故(고)로 士君子(사군자)는 不可不抱身心之憂(불가불포신심지우)하고 亦不可不耽風月之趣(역불가불탐풍월지취)라.

【解釋】 인생이 너무 한가하면 딴 생각이 슬그머니 생겨나고, 너무 바쁘면 본성이 나타나지 않는다. 그러므로 군자는 신심의 근심을 지니지 않아서도 안 되며, 또한 풍월을 즐기는 흥취를 누리지 않아서도 안 된다.

【解說】 사람이 너무 한가하게 살면 온갖 잡념이 다 일어나 순수한 마음을 해치게 마련이다. 또 잡념이 일어나는 데서 그치는 것이 아니라 예사 사람은 그 충동에 따라 행동하여 자칫 악의 구렁텅이에 빠지기 쉽다. 한편 너무 바빠도 우리의 참다운 성품을 해치기 쉬우므로, 군자는 근심할 때에는 근심하지만 풍류를 즐기는 멋도 함께 지녀야 한다.

〖註釋〗 ***竊生(절생)** 모르는 사이에 생겨남.
***眞性(진성)** 천진한 성품. 본성.
***風月之趣(풍월지취)** 자연을 즐기는 흥취.

〖字意〗 **竊** : 몰래 절, 훔칠 절 **耽** : 즐길 탐, 빠질 탐 **抱** : 안을 포

119. 생각이 많으면 진심을 잃는다.

인심 다종동처실진 약일념불생 징연정좌 운
人心은 **多從動處失眞**이라. **若一念不生**하여 **澄然靜坐**하면 **雲**
흥이유연공서 우적이냉연구청 조제이흔연유회
興而悠然共逝하고 **雨滴而冷然俱淸**하며 **鳥啼而欣然有會**하고
화락이소연자득 하지비진경 하물비진기
花落而瀟然自得하니 **何地非眞境**이며 **何物非眞機**리오?

【解釋】 사람의 마음은 흔히 동요되는 데서 진심을 잃는다. 만일 한 가지 생각도 하지 않고 맑게 고요히 앉아 있다면 구름이 일어나면 한가로이 함께 가고, 빗방울이 떨어지고 서늘하여 같이 맑아지며, 새가 울면 흐뭇하게 느끼고, 꽃이 지면 산뜻하게 저절로 감동을 얻으니, 어디인들 참 경지가 아닐 것이며 어떤 것인들 참 기운이 아니겠는가?

【解說】 우리의 마음은 움직일 때에 잘못을 저지르기 쉽다. 마음에 한 생각도 머물러 두지 않고 조용히 앉아 있으면 자연과 내가 일체가 되어 모두 참다운 경지가 되고 참다운 기틀이 된다.

〖註釋〗 *澄然(징연) 맑은 모양.
*悠然(유연) 한가한 모양.
*雨滴(우적) 빗방울이 떨어짐.
*冷然(냉연) 서늘한 모양.
*有會(유회) 느끼는 바가 있음.
*蕭然(소연) 깨끗한 모양.
*眞機(진기) 천지의 참다운 활동.

〖字意〗 多 : 많을 다, 뛰어날 다　失 : 잃을 실　逝 : 갈 서
滴 : 물방울 적 떨어질 적　俱 : 함께 구　啼 : 울 제

120. 역경을 근심하지 말라.

子生而母危(자생이모위)하고 鏹積而盜窺(강적이도규)하니 何喜非憂也(하희비우야)리오? 貧可以節用(빈가이절용)하고 病可以保身(병가이보신)하니 何憂非喜也(하우비희야)리오? 故(고)로 達人(달인)은 當順逆一視(당순역일시)하여 而欣戚兩忘(이흔척양망)이라.

【解釋】 자식이 태어날 때는 어머니가 위험하고, 돈꾸러미가 쌓이면 도둑이 엿보게 되니 어찌 기쁨은 근심이 아니겠는가. 가난은 씀씀이를 절약할 수 있게 해 주고, 병은 몸을 보호할 수 있도록 해 주니 어찌 근심은 기쁨이 아니겠는가? 그러므로 통달한 사람은 순경과 역경을 동일시하고 기쁨과 근심을 둘 다 잊어버린다.

【解說】 기쁨은 바로 근심의 전조이다. 아들을 보는 기쁨, 돈을 모은 기쁨은 크지만 어머니의 생명을 위태롭게 하고, 도둑이 들 근심을 수반한다. 가난에 따르는 걱정, 병약한 걱정은 바꾸어 생각하면 절약하고 몸을 보호하여 큰 잘못이 없을 것이니 기쁜 일이다. 그러므로 달통한 사람은 근심과 기쁨을 모두 잊고 지낸다.

〖註釋〗 *順逆(순역) 순조로운 때와 거스름에 처한 때. 곧 순경(順境)과 역경(逆鏡).

*欣戚(흔척) 기쁨과 슬픔. 흔쾌함과 근심.

〖字意〗 鏹: 돈꿰미 강 盜 : 도적 도 窺 : 엿볼 규 戚 : 겨레 척, 근심할 척 兩 : 둘 양 忘 : 잊을 망

121. 귀로 듣는 말은 모두 잊으라.

耳根(이근)은 似飇谷投響(사표곡투향)하여 過而不留(과이불류)하면 則是非俱謝(즉시비구사)하고, 心境(심경)은 如月池浸色(여월지침색)하여 空而不著(공이불착)하면 則物我兩忘(즉물아양망)이라.

【解釋】 귀는 마치 거센 바람이 골짜기에 메아리 치듯 지나간 후 처럼 머물러 두지 않으면 시비가 모두 사라지고, 마음은 마치 달빛이 연못에 잠기듯 텅 비게 하여 집착하지 않으면 사물과 나를 둘 다 잊게 된다.

【解說】 귀로 들은 말은 골짜기의 메아리처럼 들은 다음 잊어버리면 시비가 없게 되고, 마음은 못에 비친 달빛처럼 비워서 집착하지 않으면 나와 남을 다 잊게 된다.

〖註釋〗 *耳根(이근) 귀.
*飇谷(표곡) 광풍(狂風)이 부는 골짜기.
*投響(투향) 메아리침.
*俱謝(구사) 함께 사라짐.

*月池浸色(월지침색) 못에 비치는 달 빛.
*空而不著(공이불착) 텅 비어, 집착하지 않음.

〖字意〗 池 : 연못 지 著 : 붙을 착, 지을 저 浸 : 빠질 침

122. 세상 자체는 고해가 아니다.

世人(세인)은 爲榮利纏縛(위영리전박)하여 動曰(동왈) 「塵世苦海(진세고해)라」하며, 不知雲白山靑(부지운백산청)하고 川行石立(천행석립)하며 花迎鳥笑(화영조소)하고 谷答樵謳(곡답초구)하니, 世亦不塵(세역부진)이요 海亦不苦(해역불고)언마는 彼自塵苦其心爾(피자진고기심이)라.

【解釋】 세상 사람들은 영화와 명리(名利)에 매어서 걸핏하면 '진세(塵世)'이니, '고해(苦海)'이니 말하면서, 흰 구름, 푸른 산, 흐르는 시내, 서 있는 바위, 반기는 꽃, 우는 새, 나무꾼이 노래하면 골짜기가 응답하는 정경을 모른다. 티끌 세상도 아니요, 괴로운 바다도 아니건만, 저들은 스스로 그 마음을 티끌로 하고 괴로움을 만들 뿐이다.

【解說】 세상이 고해(苦海)인 것이 아니라 내 마음에 있는 영리(榮利)에 대한 집념이 바로 고해를 만든다. 이런 욕망을 버리고 백운, 청산, 시내, 바위, 꽃, 새들을 벗삼아 노닐면 어찌 고해가 되며 진세이겠는가?

〖註釋〗 *纏縛(전박) 구속당함. 속박.
*苦海(고해) 불교 용어로 고통이 많은 세상.
*谷答樵謳(곡답초구) 골짜기에 나무꾼의 노래가 메아리침.

〖字意〗 謳 노래할 구　　答 : 대답할 답　　彼 : 저 피

123. 반쯤 핀 꽃이 아름답다.

花看半開(화간반개)하고 酒飮微醺(주음미훈)하면 此中(차중)에 大有佳趣(대유가취)라. 若至爛漫酕醄(약지란만모도)면 便成惡境(변성악경)하니 履盈滿者(이영만자)는 宜思之(의사지)라.

【解釋】 꽃은 반쯤 피었을 때 보고, 술은 거나하게 취할 정도로 마시면 이러한 가운데 아름다운 멋이 있다. 만약 꽃이 활짝 피고 술이 질탕하게 취하는 데 이르면 고약한 상태가 되는 것이니, 절정의 위치에 처한 사람은 마땅히 이를 생각해야 할 것이다.

【解說】 꽃은 반쯤 피었을 때가 더 아름답고 술은 약간 덜 취했을 때 기분이 좋다. 이 경지를 넘어서면 추해지고 악에 빠지기 쉽다.

〖註釋〗 *微醺(미훈) 조금 취함. 거나하게 취함.
*佳趣(가취) 아름다운 멋.
*爛漫(난만) 꽃이 활짝 핀 모습.
*酕醄(모도) 흠뻑 술에 취함. 만취(滿醉)..
*履盈滿(이영만) 가득 차서 절정에 다다른 위치를 누림.

〖字意〗 開 : 필 개, 열 개 醺 : 훈훈히 취할 훈 酕 : 아주 취할 모
醄 : 취할 도 履 : 밟을 리, 신발 리 盈 : 찰 영, 넘칠 영
滿 : 가득할 만

124. 세상 법도에 물들지 말라.

산효 불수세간관개 야금 불수세간환양 기
山肴는 不受世間灌漑하고 野禽은 不受世間豢養이라 其
미개향이차렬 오인 능불위세법소점염 기취미
味皆香而且冽하니, 吾人도 能不爲世法所點染하면 其臭味
불형연별호
不迥然別乎아?

【解釋】 산나물은 세간에서 가꾸어지지 않고, 들새는 세간 먹이를 먹으며 길러지지 않아서 그 맛이 모두 향기롭고 또한 뛰어나다. 우리도 세상의 법도에 물들지 않을 수 있다면 그 품위가 월등히 높고 각별하지 않겠는가?

【解說】 산나물은 세상 물을 먹지 않고 자라 그 맛이 향기롭고, 들새는 세상 모이를 먹지 않아 그 맛이 시원하다. 이처럼 우리 사람도

세상 법도(法度)에 물들지 않으면 그 취미가 고상하고 별나지 않을까?

〖註釋〗 *山肴(산효) 산채 안주.
*灌漑(관개) 물을 대줌. 인공적으로 가꿈.
*豢養(환양) 먹여서 기름.
*世法(세법) 세상의 법도. 세속적인 눈으로 볼 때 타당하게 여겨지는 법도.
*點染(점염) 물들음.
*臭味(취미) 냄새와 맛. 품위와 인격을 뜻함.

〖字意〗 肴 : 안주 효, 나물 효 灌 : 물댈 관 漑 : 물댈 개, 닦을 개
逈 : 빛날 형, 멀형(迥)의 古자 豢 : 기를 환

125. 자연을 즐기는 데도 요령이 있다.

재화종죽 완학관어 우요유단자득처 약도류연
栽花種竹하고 **玩鶴觀魚**하되 **又要有段自得處**니 **若徒留連**
광경 완롱물화 역오유지구이 석씨지완공이이
光景하여 **玩弄物華**하면 **亦吾儒之口耳**요 **釋氏之頑空而已**니
유하가취
有何佳趣리오?

【解釋】 꽃을 가꾸고, 대나무를 심으며, 학을 감상하고, 물고기를 바라보는 데도 그 가운데 일단의 스스로 깨닫는 바가 있어야 하는 것이다. 만약 헛되이 경치에만 탐닉하여 겉 모습의 화려함만을 감상하고 즐긴다면, 이는 우리 유가에서 말하는 '입과 귀로 하는 학문'이요, 불가에서 말하는 '완공(頑空)'일 뿐이니 무슨 아름다운 멋이 있으리오?

【解說】 꽃과 대나무를 가꾸고, 학과 물고기를 기르며 감상하는 것은 좋으나, 그냥 좋아하지만 말고 수양하는 데 도움이 되게 해야 한다.

〖註釋〗 *自得(자득) 스스로의 마음 속에서 깨달음.
*留連(유련) 산수 놀이에 반하여 돌아올 줄 모름.
*玩弄(완롱) 감상하고 즐김.
*物華(물화) 겉 모습의 아름다움.
*口耳(구이) 입과 귀로만 익히고, 실천에 옮기지 않은 학문. 구이지학(口耳之學)의 준말.
*頑空(완공) 완고하게 공(空)이라는 관념에만 사로잡힘.

〖字意〗 **裁**: 헤아릴 **재**, 기를 **재** **玩**: 희롱할 **완**, 감상할 **완** **連**: 이을 **련** **弄**: 희롱할 **롱**

126. 욕심 많은 거간꾼으로 전락하는 것은 죽음보다 못하다.

산 림 지 사 청 고 이 일 취 자 요 농 야 지 부 비 략 이 천
山林之士는 **清苦而逸趣自饒**하고 **農野之夫**는 **鄙略而天**
진 혼 구 약 일 실 신 시 정 장 쾌 불 약 전 사 구 학 신 골 유
眞渾具하니, **若一失身市井駔儈**하면 **不若轉死溝壑**이 **神骨猶**
청
清이라.

【解釋】 산림에 은거한 선비는 청아하고 빈곤하나 뛰어난 취미가 넉넉하고, 농부는 거칠고 속되지만 천진한 본성을 온전히 다 갖추고 있다. 만일 잘못하여 한 번 몸을 시장 바닥의 거간꾼으로 전락시키면, 이것은 구렁에 굴러 떨어져 죽더라도 몸과 마음을 깨끗하게 하는 것만 못하다.

【解說】 산림에 묻혀 청고한 생활을 하는 도사나 천진스런 농부가 유혹을 이기지 못하고 시장 거간꾼으로 전락하면 그것은 죽는 것만 못하다. 그럴 바에는 골짜기에 굴러 떨어져 몸과 마음을 깨끗이 보존하는 것이 낫다.

〖註釋〗 *清苦(청고) 청아하고 빈곤함.
*逸趣(일취) 세속을 초월한 높은 취미.
*鄙略(비략) 거칠고 꾸밈이 없음.
*市井(시정) 시장과 여염.

*駔儈(장쾌) 중개인. 거간꾼.
*轉死溝壑(전사구학) 도랑이나 골짜기에 굴러 떨어져 죽음.

〖字意〗 饒 : 풍족할 요 略 : 간략할 략 渾 : 흐릴 혼 俱 : 갖출 구 井 : 우물 정 駔 : 거간꾼 장 儈 : 거간꾼 쾌

127. 분수에 넘치는 복은 화를 부른다.

非分之福(비분지복)과 無故之獲(무고지획)은 非造物之釣餌(비조물지조이)면 即人世之機阱(즉인세지기정)이라. 此處(차처)에 著眼不高(착안불고)하면 鮮不墮彼術中矣(선불타피술중의)라.

【解釋】 분수 아닌 복과 까닭 없이 얻은 이득은 조물주의 낚시밥이 아니면 곧 인간 세상의 함정이니, 이러한 때에 눈을 높이 들어 조심하지 않으면 그 술수에 떨어지지 않을 자가 드물다.

【解說】 분수 밖의 복이나 까닭 없이 생긴 돈은 재앙을 부르기 쉬우니, 이것은 조물주가 나를 시험하기 위한 미끼가 아니면 세상 사람들이 나를 빠뜨리려는 함정이다. 이럴 때에 높은 안목으로 잘 대처하지 않으면 그들의 꾀에 빠지고 만다.

〖註釋〗 *非分之福(비분지복) 분수에 넘치는 복.
*無故之獲(무고지획) 까닭 없이 얻은 이득.
*釣餌(조이) 낚시밥.
*機阱(기정) 함정.
*著眼不高(착안불고) 안목이 높지 않음.

〖字意〗 獲 : 잡을 획 釣 : 낚시 조 餌 : 미끼 이 阱 : 함정 정 眼 : 눈 안 鮮 : 드물 선 墮 : 떨어질 타 術 : 기술 술, 술책 술

128. 자유 없는 꼭두각시가 되지 말라.

인생 원시일괴뢰 지요근체재수 일선불란 권
人生은 原是一傀儡니 只要根蒂在手라. 一線不亂하여 卷
서자유 행지재아 일호불수타인제철 변초출차
舒自由하고 行止在我하여 一毫不受他人提掇하면 便超出此
장중의
場中矣라.

【解釋】 인생은 본디 하나의 꼭두각시 놀음이니, 오직 그 근본을 자신의 손에 쥐고 있어야 한다. 일사분란하게 하여 감았다 풀었다 함이 자유롭고, 움직이고 멈춤이 내 뜻에 있어서 털끝만큼도 남의 간섭을 받지 않는다면, 곧 꼭두각시 무대를 벗어날 수 있게 된다.

【解說】 꼭두각시는 연결된 끈에 의해 조종하는 사람의 뜻에 따라 움직인다. 우리의 일생도 그와 같아서 자신의 일은 자신이 알아서 자신의 책임 하에 이루어져야 행동이 자유롭다. 그렇지 못하고 그 조종하는 끈을 남에게 맡기면 그 인생은 꼭두각시 놀음에 불과하다.

〖註釋〗 *傀儡(괴뢰) 꼭두각시.
*根蒂(근체) 뿌리와 꼭지, 근본.
*行止(행지) 행동거지.
*提掇(제철) 간섭.
*此場中(차장중) 인생의 무대인 세상 가운데.

〖字意〗 傀 : 꼭두각시 괴　儡 : 꼭두각시 뢰　蒂 : 꼭지 체, 가시 대
線 : 실 선　掇 : 주울 철　場 : 장소 장, 마당 장

129. 장수가 되려면 군사 1만 명이 희생된다.

一事起(일사기)면 則一害生(즉일해생)이라 故(고)로 天下常以無事爲福(천하상이무사위복)이라. 讀前人詩(독전인시)에 云(운)하되 「勸君莫話封侯事(권군막화봉후사)하라. 一將功成萬骨枯(일장공성만골고)라」 하고, 又云(우운)하되 「天下常令萬事平(천하상령만사평)하면 匣中不惜千年死(갑중불석천년사)라」 하니, 雖有(수유) 雄心猛氣(웅심맹기)나 不覺化爲冰霰矣(불각화위빙산의)라.

【解釋】 한 가지 일이 생기면 한 가지 해로움도 생긴다. 그러므로 천하는 항상 일이 없는 것을 복으로 삼는다. 옛 사람의 시를 읽어보니 거기에 이르기를 '그대에게 권하노니 제후에 봉하여지는 일은 말하지 마오. 한 장수가 공적을 이루려면 1만 명의 뼈가 마른다.'하고, 또 이르기를 '천하가 항상 만사를 평화롭게 만든다면 칼이 집 속에서 천 년을 썩어도 아깝지 않으리라.'라고 하였으니, 비록 영웅의 야심과 용맹한 기개가 있다 하여도 모르는 사이에 얼음과 눈처럼 되어 버릴 것이다.

【解說】 어떤 일에든 반드시 해로움이 따르기 마련이다. 그래서 차라리 아무 일이 없는 그 자체를 복으로 여긴다. 제후(諸侯)가 되기 위해 공을 세우려면 1만 명의 부하를 희생시켜야 하니 바랄 바가 아니다. 이런 것을 생각하면 비록 영웅심을 가진 사람이라 하더라도 그런 욕망이 얼음처럼 녹고 말 것이다.

〖註釋〗 *萬骨枯(만골고) 수만 명의 부하가 전사하여 그 뼈가 말라 있음.

*匣中不惜千年死(갑중불석천년사) 칼이 칼집 속에서 천년을 썩어도 아깝지 않음.

*雄心猛氣(웅심맹기) 영웅다운 마음과 용맹스러운 기개.

*冰霰(빙산) 얼음과 싸락눈. 결국은 녹아 버리는 허망한 것.

〘字意〙 話 : 말씀 화　匣 : 상자 갑, 궤 갑　猛 : 사나울 맹
覺 : 깨달을 각　霰 : 싸락눈 산

130. 사찰도 바르지 못한 사람의 소굴이다.

음분지부　교이위니　열중지인　격이입도　청
淫奔之婦가 矯而爲尼하고, 熱中之人도 激而入道하니, 清
정지문　상위음사연수야여차
淨之門이 常爲淫邪淵藪也如此라.

【解釋】 음란한 여인이 극단에 흘러 여승이 되고, 세상 일에 열중하던 사람이 격분하여 불도에 들어가니, 맑고 깨끗해야 할 불문이 항상 음란과 사악의 소굴이 됨이 이와 같다.

【解說】 음란한 여자가 뉘우침 없이 비구니가 되고, 세상사에 열중하던 사람이 갑자기 입도 하여 깨끗해야 할 불문이 도리어 이런 사람들의 소굴이 되니 안타깝다.

〘註釋〙 *淫奔(음분) 음란함.
*矯(교) 극단적으로 돌변함.
*清淨之門(청정지문) 부처의 세계. 불문(佛門).
*淵藪(연수) 물고기가 모이는 연못과 짐승이 모이는 숲.

〘字意〙 淫 : 음란할 음　矯 : 바로잡을 교, 굳셀 교　尼 : 여승 니
激 : 물결 격　淨 : 깨끗할 정　常 : 항상 상　淵 : 못 연
藪 : 큰늪 수, 덤불 수

131. 몸은 일에 매어 있어도 마음은 높은 곳에 두라.

파랑　겸천　주중부지구　이주외자한심　창광
波浪이 兼天에 舟中不知懼나 而舟外者寒心하고, 猖狂이
매좌　석상　부지경　이석외자색설　고　군자
罵座에 席上은 不知警이나 而席外者咋舌이라 故로 君子는
신수재사중　심요초사외야
身雖在事中이나 心要超事外也라.

【解釋】 사나운 물결이 일어 하늘에 맞닿을 때에 배에 탄 사람은 두려움을 몰라도 배 밖에서 보는 사람은 마음이 서늘해지며, 미치광이가 좌중에서 욕을 할 때, 그 자리에 있는 사람은 경계할 줄 몰라도 자리 밖에 있는 사람은 혀를 찬다. 그러므로 군자는 몸은 비록 일 가운데 있을지라도 마음은 일 밖에 벗어나 있어야 한다.

【解說】 격랑에 휩싸인 배를 보면 그 안에 타고 있는 사람보다 밖에서 바라보는 사람의 마음이 더 아찔하고, 미친 사람의 행패도 그 좌중에 있는 사람보다 밖에 있는 사람이 더 혀를 찬다. 그러므로 군자는 몸은 비록 일에 묻혀 지나더라도 마음은 그 일 밖의 것을 생각해야 한다.

〖註釋〗 ***兼天(겸천)** 하늘에 닿음.
***寒心(한심)** 가슴이 서늘함. 걱정하는 마음.
***罵座(매좌)** 좌중에 대고 욕함.
***咋舌(색설)** 혀를 참.

〖字意〗 **兼** : 겸할 **겸** **懼** : 두려워할 **구** **罵** : 욕할 **매** **座** : 자리 **좌**
舟 : 배 **주** **猖** : 미칠 **창** **狂** : 미칠 **광** **席** : 자리 **석**
警 : 경계할 **경** **咋** : 씹을 **색**

132. 늘이기에 애쓰지 말고 줄이는 데 힘쓰라.

> 인생 감생일분 변초탈일분 여교유감 변면
> **人生**이 **減省一分**하면 **便超脫一分**하니 **如交遊減**하면 **便免**
> 분요 언어감 변과건우 사려감 즉정신불모
> **紛擾**하고 **言語減**하면 **便寡愆尤**하며 **思慮減**하면 **則精神不耗**
> 총명감 즉혼돈가완 피불구일감 이구일증
> 하고 **聰明減**하면 **則混沌可完**이라. **彼不求日減**하고 **而求日增**
> 자 진질곡차생재
> **者**는 **眞桎梏此生哉**로다.

【解釋】 인생에서 한 푼을 덜고 줄이면, 한 푼만큼 그 일에서 벗어날 수 있다. 사람들과의 교제를 줄이면 소란을 면할 수 있고, 말을 줄이면 허물이 적어지고, 생각을 줄이면 정신이 소모되지 않고,

총명을 줄이면 본성을 온전히 할 수 있다. 이처럼 날로 줄이기를 구하지 않고 날로 늘리기만을 구하는 사람은 진정 삶을 속박하는 것이다.

【解說】 무슨 일이거나 조금씩 줄이는 것이 미덕이다. 친구의 숫자를 줄이고, 말 수를 줄이고, 생각을 줄이고, 총명을 줄이면 실수가 적다. 그렇지 않고 날로 늘여 나가면 자신의 생에 차꼬를 채우는 것이다.

〖註釋〗 *減省(감생) 덜어내어 줄임.
*交遊(교유) 교제.
*紛擾(분요) 시끄럽고 소란함.
*愆尤(건우) 허물. 과실.
*混沌(혼돈) 천지가 구분되기 전의 상태로. 본성(本性)을 말함.
*桎梏(질곡) 족쇄와 수갑. 속박.

〖字意〗 擾 : 어지럽힐 요, 흔들릴 요 愆 : 허물 건 沌 : 어리석을 돈, 돌 돈
耗 : 덜을 모, 어지럽게 할 모 求 : 구할 구 增 : 더할 증
桎 : 차꼬 질 梏 : 수갑 곡

133. 마음을 평정하게 하기가 가장 어렵다.

천운지한서 이피 인세지염량 난제 인세지염
天運之寒暑는 易避나 人世之炎凉은 難除하고, 人世之炎
량 이제 오심지빙탄 난거 거득차중지빙탄 즉
凉은 易除나 吾心之冰炭은 難去니, 去得此中之冰炭하면 則
만강 개화기 자수지 유춘풍의
滿腔이 皆和氣하여 自隨地에 有春風矣라.

【解釋】 천지가 운행하는 추위와 더위는 피하기 쉬워도, 인간 세상의 염량세태는 제거하기 어렵고, 인간 세상의 염량세태는 제거하기 쉬워도, 내 마음의 얼음처럼 냉정했다가 숯처럼 열렬해지는 변덕은 없애기 어렵다. 이 마음 속의 변덕을 없애 버릴 수 있다면 가슴은 온화한 기분으로 가득 차고, 가는 곳마다 저절로 봄바람이 있을 것이다.

【解說】 더위나 추위보다는 세력이 있으면 붙고, 권세가 없으면 푸대접하는 염량세태가 어렵고 염량세태를 피하는 것보다는 자신의 마음을 안정시키기가 더 어렵다. 마음의 격정과 냉정을 제거하면 화기가 충만하여 가는 곳마다 봄바람처럼 훈훈한 사람이 될 것이다.

〖註釋〗 ***天運(천운)** 하늘의 운행.
***人世之炎涼(인세지염량)** 염량세태(炎涼世態). 권세가 있으면 아첨하고, 권세가 없으면 냉담한 세상 인심.
***氷炭(빙탄)** 숯과 얼음. 사람에 따라 차갑고 따뜻하게 대하는 변덕.
***滿腔(만강)** 가슴에 가득참.
***隨地(수지)** 이르는 곳마다.

〖字意〗 **寒**:추울 **한** **暑**:더울 **서** **避**:피할 **피** **運**:움직일 **운** **炎**:불꽃 **염** **腔**:가슴 **강**

134. 맛 좋은 차와 술만을 찾지 말라.

茶不求精(차불구정)하니 而壺亦不燥(이호역부조)하고 酒不求冽(주불구렬)하니 而樽亦不空(이준역불공)하며 素琴(소금)은 無絃而常調(무현이상조)하고 短笛(단적)은 無腔而自適(무강이자적)하면 縱難(종난) 超越羲皇(초월희황)이나 亦可匹儔嵇阮(역가필주혜완)이라.

【解釋】 좋은 차만 찾지 않으니 차 주전자가 마르지 않고, 맛이 좋은 술만 찾지 않으면 술통이 비지 않으며, 장식 없는 거문고는 줄 없이 항상 타고, 짧은 피리는 구멍이 없어도 저절로 쾌적하니, 비록 복희 씨를 뛰어 넘기는 어려워도 혜강과 완적쯤은 필적할 수 있으리라.

【解說】 좋은 차가 아니더라도 차 주전자가 비지 않고, 좋은 술이 아니라도 술통이 비지 않으면 된다. 줄 없는 거문고를 타고, 구멍 없는 피리를 불면서 유유자적하면 옛날 복희 씨의 생활을 바라보

진 못해도 진(晉) 나라 때의 죽림칠현(竹林七賢)에는 미칠 수가 있다.

〖註釋〗 *素琴(소금) 장식이 없는 소박한 거문고.
*羲皇(희황) 중국 태고 시대의 전설적인 황제. 복희씨(伏羲氏).
*嵇阮(혜완) 혜강(嵇康)과 완적(阮籍). 중국 진(晉)나라 때 죽림칠현(竹林七賢) 중의 두 사람.

〖字意〗 茶:차 다 撙:누를 준, 꺾을 준 壺:병 호 羲:황제 이름 희 皇:임금 황 儔:짝 주 嵇:성 혜 阮:성 완

135. 완전하기만을 바라지 말라.

釋氏隨緣(석씨수연)과 吾儒素位(오유소위)의 四字(사자)는 是渡海的浮囊(시도해적부낭)이라. 蓋世路茫茫(개세로망망)하여 一念求全(일념구전)하면 則萬緒紛起(즉만서분기)하니 隨寓而安(수우이안)이면 則無入不得矣(즉무입부득의)라.

【解釋】 불교에서 말하는 '수연(隨緣)'과 우리 유가에서 말하는 '소위(素位)' 이 넉 자는 바다를 건너는 부낭이다. 대개 세상을 살아가는 길은 아득히 먼 것이어서, 한결같은 생각으로 완전한 것만을 구한다면 만 가지 잡념의 실마리가 어지럽게 일어나게 되니, 경우에 따라서 안주하면 어디를 가든지 얻지 못함이 없을 것이다.

【解說】 인연에 따라 행동하고 본분을 지키는 것이 세파를 건너는 구명대(救命袋)이다. 너무 완전하기만을 구하면 잡념이 이는 법이니 경우에 따라 안주(安住)하면 매사가 제대로 될 것이다.

〖註釋〗 *隨緣(수연) 인연을 따름.
*素位(소위) 자기 본분을 지켜 행함.
*浮囊(부낭) 바다를 건널 때 쓰는 가죽으로 만든 도구. 구명대(救命袋)
*茫茫(망망) 아득히 먼 모양.

*萬緖(만서) 만 갈래 생각의 실마리.

*紛起(분기) 어지럽게 일어남.

*無入不得(무입부득) 가는 곳마다 깨달음을 얻지 못함이 없음.

〖字意〗 四 : 넉 사 渡 : 건널 도 浮 : 뜰 부 茫 : 아득할 망 緖 : 실마리 서 寓 : 살 우, 맡길 우

—終—

世界教養思想百選 · 1

菜 根 譚

著 者 : 洪 自 誠
譯 者 : 趙 洙 翼
發行者 : 南 溶
發行所 : 一信書籍出版社

주소 : 121-110
서울 마포구 신수동 177-3
등록 : 1969. 9. 12. NO. 10-70
전화 : 영업부 / 703-3001~6
편집부 / 703-3007~8
F A X / 703-3009

값 12,000원 * 파본된 책은 바꿔 드리겠습니다.